Basiswissen Soziale Arbeit

Band 6

Die richtigen Grundlagen sind essentiell für ein erfolgreiches Studium und einen guten Einstieg in die Berufspraxis. Orientiert an den Modulen der Studiengänge im Feld ‚Soziale Arbeit' bietet die Reihe in sich abgeschlossene Themenlehrbücher, die jeweils relevantes Wissen aufbereiten. In komprimierten Einführungen, die wesentliche Grundlagen in verständlichen Erläuterungen und klaren Definitionen enthalten, vermitteln kompetente Autorinnen und Autoren gesicherte Informationen, die im Kontext von Vorlesungen oder in Seminaren herangezogen werden können. Alle Bände ‚Basiswissen Soziale Arbeit' eignen sich hervorragend zur selbsttätigen Erarbeitung von Themen und zur Vorbereitung von Prüfungen: kompakt und kompetent.

Weitere Bände in der Reihe http://www.springer.com/series/13171

Kirsten Aner · Peter Hammerschmidt

Arbeitsfelder und Organisationen der Sozialen Arbeit

Eine Einführung

Kirsten Aner
Fachbereich Humanwissenschaften
Universität Kassel
Kassel, Deutschland

Peter Hammerschmidt
Fakultät für Angewandte
Sozialwissenschaften
Hochschule München
München, Deutschland

ISSN 2512-0603 ISSN 2512-0611 (electronic)
Basiswissen Soziale Arbeit
ISBN 978-3-658-20563-8 ISBN 978-3-658-20564-5 (eBook)
https://doi.org/10.1007/978-3-658-20564-5

Die Deutsche Nationalbibliothek verzeichnet diese Publikation in der Deutschen Nationalbibliografie; detaillierte bibliografische Daten sind im Internet über http://dnb.d-nb.de abrufbar.

Springer VS
© Springer Fachmedien Wiesbaden GmbH, ein Teil von Springer Nature 2018
Das Werk einschließlich aller seiner Teile ist urheberrechtlich geschützt. Jede Verwertung, die nicht ausdrücklich vom Urheberrechtsgesetz zugelassen ist, bedarf der vorherigen Zustimmung des Verlags. Das gilt insbesondere für Vervielfältigungen, Bearbeitungen, Übersetzungen, Mikroverfilmungen und die Einspeicherung und Verarbeitung in elektronischen Systemen.
Die Wiedergabe von Gebrauchsnamen, Handelsnamen, Warenbezeichnungen usw. in diesem Werk berechtigt auch ohne besondere Kennzeichnung nicht zu der Annahme, dass solche Namen im Sinne der Warenzeichen- und Markenschutz-Gesetzgebung als frei zu betrachten wären und daher von jedermann benutzt werden dürften.
Der Verlag, die Autoren und die Herausgeber gehen davon aus, dass die Angaben und Informationen in diesem Werk zum Zeitpunkt der Veröffentlichung vollständig und korrekt sind. Weder der Verlag noch die Autoren oder die Herausgeber übernehmen, ausdrücklich oder implizit, Gewähr für den Inhalt des Werkes, etwaige Fehler oder Äußerungen. Der Verlag bleibt im Hinblick auf geografische Zuordnungen und Gebietsbezeichnungen in veröffentlichten Karten und Institutionsadressen neutral.

Gedruckt auf säurefreiem und chlorfrei gebleichtem Papier

Springer VS ist ein Imprint der eingetragenen Gesellschaft Springer Fachmedien Wiesbaden GmbH und ist ein Teil von Springer Nature
Die Anschrift der Gesellschaft ist: Abraham-Lincoln-Str. 46, 65189 Wiesbaden, Germany

Inhalt

1 Einleitung 1
   1.1 Wozu dieses einführende Buch? 1
   1.2 Was ist Soziale Arbeit? 2
   1.3 Wie ist die Einführung aufgebaut, wie ist sie zu nutzen? ... 5

I. Arbeitsfelder

2 Allgemeine und wirtschaftliche Hilfen 11
   2.1 Zur Entwicklung der allgemeinen
       und wirtschaftlichen Hilfen 12
   2.2 Armut im bundesdeutschen Sozialstaat 16
   2.3 Möglichkeiten und Grenzen der allgemeinen
       und wirtschaftlichen Hilfen zur Bearbeitung
       von Armutslagen 20

3 Kinder- und Jugendhilfe 29
   3.1 Zur Geschichte der Kinder- und Jugendhilfe bis 1990 29
   3.2 Zur Kinder- und Jugendhilfe ab 1990 31
   3.3 Zu den Leistungen, Aufgaben und Strukturen
       der Jugendhilfe 33
   3.4 Die Kinder- und Jugendhilfe in Zahlen 39
   3.5 Aktuelles und Ausblick 44

4	Gesundheitsbezogene Hilfen		49
	4.1	Zur Geschichte der gesundheitsbezogenen Hilfen	49
	4.2	Gesundheit und Krankheit als soziale Phänomene	52
	4.3	Bereiche gesundheitsbezogener Sozialer Arbeit	54
	4.4	Professionalität und Stellung gesundheitsbezogener Sozialer Arbeit	58
5	Weitere ausdifferenzierte Arbeitsfelder		65
	5.1	Altenhilfe	66
	5.2	Behindertenhilfe	69
	5.3	Familienhilfe	75

II. Organisationen

a) Öffentliche Organisationen

6	Das Sozialamt		83
	6.1	Zur Entwicklung des Sozialamts	83
	6.2	Die Aufgaben des Sozialamts	88
	6.3	Zur Organisation des Sozialamts	93
7	Das Jugendamt		97
	7.1	Zur Geschichte des Jugendamtes	97
	7.2	Das kommunale Jugendamt ab 1990	98
	7.3	Jugendhilfeplanung und Hilfeplan-Erstellung als besondere Aufgaben des Jugendamtes	102
	7.4	Landesjugendämter und die Rolle des Bundes	105
8	Das Gesundheitsamt		109
	8.1	Zur Geschichte des Öffentlichen Gesundheitsdienstes und des Gesundheitsamtes	109
	8.2	Organisation und Aufgaben des Öffentlichen Gesundheitsdienstes	112
	8.3	Aufgaben und Zielgruppen der Gesundheitsämter	114

9	Der Allgemeine soziale Dienst (ASD)	123
9.1	Von der Familienfürsorge (FaFü) zum ASD	123
9.2	Die Organisation des ASD heute	126
9.3	Aufgaben, Qualitäts- und Qualifikationsanforderungen des ASD	129

b) Freie Organisationen

10	Die Wohlfahrtsverbände	139
11	Die Jugendverbände	153
12	Fachverbände und Berufsverbände	167
12.1	Der Deutsche Verein für öffentliche und private Fürsorge	168
12.2	Die Arbeitsgemeinschaft für Kinder- und Jugendhilfe	171
12.3	Berufsverbände der Sozialen Arbeit	173
13	Soziale Einrichtungen und Dienste und soziale Berufe	179
13.1	Soziale Einrichtungen und Dienste	179
13.2	Soziale Berufe	184

Einleitung 1

▶ **Teaser:** In dieser Einleitung erfahren Sie, warum wir dieses Buch geschrieben haben, aber auch schon einige grundlegende Dinge über die Soziale Arbeit selbst: Was ist Soziale Arbeit? Wie ist sie entstanden? Woraus folgt ihre Entwicklungsdynamik? Zudem geben wir Ihnen Hinweise zum Aufbau und zur Nutzung dieser Einführung.

1.1 Wozu dieses einführende Buch?

Es gibt eine Reihe von Nachschlagewerken zur Sozialen Arbeit in Deutschland, zu ihren Theorien und Methoden, Feldern, Organisationsformen, Trägern und AdressatInnengruppen, die zum Teil schon „Klassiker" genannt werden können, und zahlreiche Kompendien zu speziellen Themen. Ist angesichts dessen noch eine „Einführung in die Arbeitsfelder und Organisationen der Sozialen Arbeit" nötig?

Aus unserer Sicht ist sie zumindest sinnvoll. In mittlerweile fast zwei Jahrzehnten haben wir unzählige Seminare und Vorlesungen für angehende SozialarbeiterInnen angeboten, studentische Arbeiten gelesen und mit Studierenden und KollegInnen – auch aus den Bezugsdisziplinen der Sozialen Arbeit – diskutiert: über Licht und Schatten der hochschulischen Lehre, Möglichkeiten der Anregung zum kritischen Denken und Wege der Vermittlung von Wissen über die Soziale Arbeit, das auf Verstehen und Einsichten beruht. Ein Ergebnis unserer Erfahrungen und des Austauschs mit anderen Lehrenden und Lernenden ist, dass die Nachschlagewerke oft sehr umfang- und detailreich sind, so auch die Übersichten zu einzelnen Arbeitsfeldern und Organisationen. Dem soll nun eine Einführung hinzugefügt werden, die einen Überblick über die Arbeitsfelder und Organisationen der Sozialen Arbeit in der BRD in einem Band zusammenfasst und erste, grundlegende Vorstellungen über den Zusammenhang zwischen Arbeitsfeldern und Organisationsformen ermöglicht.

Dieser Überblick kann und soll als eine Art roter Faden nur das Wesentliche erfassen, sodass Studierende (und vielleicht auch die in den einschlägigen Studiengängen lehrenden PraktikerInnen Sozialer Arbeit und WissenschaftlerInnen kooperierender Disziplinen) auf seiner Grundlage die von ihnen jeweils bearbeiteten Details in das „System" Soziale Arbeit einordnen können. Bildlich: Mit Hilfe der vorliegenden Einführung soll man das Gelände ein erstes Mal überfliegen können, ohne die Orientierung zu verlieren. Umgekehrt soll dieses Buch ermöglichen, aus dem Dickicht des eher spezialisierten Alltags von Lehre und Praxis aufzuschauen und den eigenen Standort zu bestimmen.

Unsere Einführung zielt trotz oder gerade wegen ihrer nötigen Reduktion auf das Wesentliche der Sozialen Arbeit. Dabei ergibt sich jedoch eine Schwierigkeit: Was als dieses Wesentliche gelten kann, hängt vom Begriff oder der Theorie der Sozialen Arbeit ab. In den darauf bezogenen Fachdiskussionen herrscht bei Weitem keine Einigkeit. In einem einführenden Buch können weder die Breite dieser Diskussionen noch die verschiedenen Theorien Sozialer Arbeit ausführlich dargelegt werden (vgl. dazu Hammerschmidt et al. 2017b). Doch zumindest müssen und wollen wir an dieser Stelle unseren eigenen Begriff von Sozialer Arbeit für die interessierten LeserInnen offenlegen.

1.2 Was ist Soziale Arbeit?

Unter Sozialer Arbeit verstehen wir – in der gebotenen Kürze formuliert – „eine personenbezogene soziale Dienstleistung, die im sozialstaatlichen Rahmen zur Bearbeitung sozialer Probleme eingesetzt wird, damit die AdressatInnen im gesellschaftlichen Interesse bei der Bewältigung von Lebensproblemen so unterstützt werden, dass sie in die Lage versetzt werden, gesellschaftlichen (Normalitäts-)Anforderungen zu entsprechen" (Hammerschmidt et al. 2017b, S. 13). Soziale Arbeit entstand und entfaltete sich in der bürgerlich-kapitalistischen Lohnarbeitsgesellschaft. Sie war und ist auf die Normalitätserwartungen dieser Gesellschaft ausgerichtet. Als Handlungsmaxime der Sozialen Arbeit gilt „Hilfe zur Selbsthilfe":

> **Wissensbaustein: Hilfe zur Selbsthilfe**
>
> „,Hilfe zur Selbsthilfe' (HzS) gilt als Leitidee und Handlungsmaxime Sozialer Arbeit. Hilfe als Zentralkategorie Sozialer Arbeit erhält damit auf einer allgemeinen Ebene eine Bestimmung ihres Zwecks, der Voraussetzung ihrer Gewährung und ihrer Grenze. Hilfe in der Form von Geld-, Sach- und Dienstleistungen soll so ausgestaltet werden, dass der Hilfeempfänger in die Lage versetzt wird, sich selbst zu helfen, also von Fremdhilfe unabhängig zu werden. Hilfe soll erst und nur dann gewährt werden, wenn der Einzelne sich nicht selbst helfen kann. Die nicht zu überschreitende Grenze der Hilfe, ihr Maß und ihre maximale Dauer, ist erreicht, wenn die Selbsthilfefähigkeit des Einzelnen (wieder) (re-)situiert ist. Die Definition von legitimer, unterstützungsbegründender Hilfebedürftigkeit sowie die konkrete Ausgestaltung von HzS unterliegen dabei dem sozialgeschichtlichen und gesellschaftspolitischen Wandel." (Aner/Hammerschmidt 2012, S. 428)

Soziale Arbeit ist stets gekennzeichnet durch das doppelte Mandat der Hilfe und Kontrolle:

> **Wissensbaustein: Hilfe und Kontrolle, doppeltes Mandat**
>
> Das traditionelle Selbstverständnis der Sozialen Arbeit zentriert sich um den Hilfebegriff. Seit den 1960er Jahren wurde in Deutschland zunächst von Personen, die politisch mit der sog. Studentenbewegung (68er-Bewegung) im Zusammenhang standen, deutlich darauf hingewiesen, dass Soziale Arbeit (auch) Kontrolle und/oder Herrschaftssicherung sei. Daraufhin wurde es üblich, von Sozialer Arbeit als „Hilfe und Kontrolle" zu sprechen oder, gleichbedeutend, vom „doppelten Mandat". Lothar Böhnisch und Hans Lösch präsentierten 1973 der (Fach-)Öffentlichkeit eine Theoretisierung des „doppelten Mandates" der Sozialen Arbeit, nach der Soziale Arbeit immer beides gleichzeitig ist.
>
> Diese Gleichzeitigkeit, die sich auch als Doppelcharakter verstehen lässt, ist aber nicht immer ohne Weiteres zu erkennen. So kann es sein, dass Aktivitäten der Sozialen Arbeit als „reine" Kontrolle erscheinen, was etwa bei

> der Jugendgerichtshilfe oder Bewährungshilfe naheliegt. Andere dagegen erscheinen als „reine" Hilfe, etwa die Wahrnehmung eines freiwilligen Beratungsangebotes. Aber auch bei der Jugendgerichts- oder Bewährungshilfe, hilft Soziale Arbeit ihren AdressatInnen, selbst wenn diese Hilfe „nur" darin unterstützt, sich den gesellschaftlichen Normen anzupassen. Umgekehrt nimmt Soziale Arbeit selbst bei freiwilligen und niederschwelligen Angeboten wie der Beratung oder der offenen Jugendhilfe in Jugendzentren immer zugleich eine Kontrollfunktion wahr, und sei es, dass sie „nur" in Notfällen eingreift.

Soziale Arbeit ist Ergebnis der Geschichte, die im 19. Jahrhundert maßgeblich geprägt wurde durch den Kampf des aufstrebenden Bürgertums – gegen den herrschenden Adel und zugleich auch gegen die sich herausbildende Arbeiterklasse, die sich anschickte, Ansprüche zu formulieren und zu erkämpfen. Grundsätzlich wurden und werden diese Kämpfe um gesellschaftliche Gestaltungsansprüche und in diesem Zusammenhang auch um die Verteilung des gesellschaftlichen Reichtums und natürlicher Ressourcen geführt. Dazu gehören seit jeher Kämpfe um kulturelle Hegemonie und Diskurshoheit, in denen für die Soziale Arbeit bedeutsame Fragen gestellt und Antworten ausgehandelt werden: Wie soll eine Gesellschaft insgesamt ausgestaltet werden? Welche Normalität wird angestrebt, in welchem Umfang werden Normabweichungen toleriert und welche Abweichungen werden in welcher Art und Weise sanktioniert? Im engen Zusammenhang damit stehen Fragen wie die folgenden: Was gilt als soziales Problem und was nicht? Wie sind soziale Probleme zu bearbeiten? Welche Vorstellungen von Gerechtigkeit sollen die Oberhand gewinnen und welche benachteiligten Gruppen der Bevölkerung sollen integriert werden, welche nicht? Welche Art der Integration ist die erwünschte und auf welche Weise soll sie erreicht werden?

Nicht die vorliegende Einführung, sondern nur eine umfangreiche Universalgeschichte der Sozialen Arbeit könnte die in verschiedenen historischen Epochen jeweils gefundenen Antworten und ihre Bedeutung für die jeweiligen Felder der Sozialen Arbeit angemessen entfalten. Wenn wir diese Fragen dennoch hier aufgeworfen haben, dann zum einen deshalb, weil sie in der einen oder anderen Form, mal sehr direkt und deutlich, mal indirekt und vielleicht schwer zu erkennen, auch in unserem Überblick über die Arbeitsfelder und Organisationen der Sozialen Arbeit eine Rolle spielen. Zum anderen wollen wir deutlich machen, dass Soziale Arbeit als historisches Produkt, als ein Ergebnis des Zusammenspiels von ökonomischen, politischen und kulturellen Verhältnissen einer permanenten Dynamik unterliegt. Das heißt auch, dass das einmal Erreichte keinesfalls davor gefeit ist, unter die Räder wirtschaftlicher Macht und politischer Interessen zu geraten. Ein Rückfall hinter die bisher erreichte gesellschaftliche Zivilisierung, Demokratisierung und Integrationswilligkeit des bürgerlichen Staates hätte massive Auswirkungen, sowohl auf die AdressatInnen als auch auf die Fachkräfte der Sozialen Arbeit, ihre normativen Vorgaben und Handlungsmöglichkeiten.

1.3 Wie ist die Einführung aufgebaut, wie ist sie zu nutzen?

Der Hauptteil diese Buches gliedert sich in zwei Teile: Im ersten stellen wir die Arbeitsfelder vor, im zweiten die Organisationen der Sozialen Arbeit. Dieser zweite Teil führt sowohl in die öffentlichen Organisationen, also die „klassischen" Ämter und den Allgemeinen Sozialen Dienst, als auch in die freien Organisationen ein. Die Kapitel sind einheitlich aufgebaut:

- Teaser
- Zentrale Informationen zum Arbeitsfeld/zur Organisation
- Fragen zur Reflexion
- Literatur zur Vertiefung
- Quellen
- Zusammenfassung

Nach den Teasern, die kurz benennen was Gegenstand des jeweiligen Kapitels ist, folgt der Hauptteil der Darstellung (das jeweilige Arbeitsfeld bzw. die jeweilige Organisation). Die Hauptteile beginnen mit einem historischen Abriss zur Entstehung und Entwicklung der Arbeitsfelder bzw. der Organisationen, die weiteren Ausführungen beziehen sich dann auf die aktuelle Ausgestaltung. Wo nötig, verweisen wir auf das rahmende (Sozial-)Recht, wo es sinnvoll möglich ist, zudem exemplarisch auf andere interdisziplinäre Bezüge, etwa zur Armutsforschung. Als Darstellungselemente verwenden wir optisch hervorgehobene Definitionen und Wissensbausteine, zudem Abbildungen in Form von Organigrammen und Bildern sowie tabellarische Übersichten und statistisches Material, das wichtige zusätzliche Informationen bietet. Die anschließend platzierten Fragen zur Reflexion sollen nach der Lektüre der Kapitel dazu anhalten zu prüfen, inwieweit das Gelesene verstanden wurde. Unter der Rubrik „Literatur zur Vertiefung" verweisen wir auf Schriften, die sich für die weitere Beschäftigung mit dem jeweiligen Thema besonders eignen. Dazu gehören unseres Erachtens generell die entsprechenden Stichworte in den einschlägigen Nachschlagewerken (Handbücher, Wörterbücher, Lexika der Sozialen Arbeit). Denn vor der Lektüre umfangreicher Bücher oder spezieller Beiträge aus Fachzeitschriften ist es für Studierende oft hilfreich, zunächst einmal dort nachzuschlagen. Fünf orientierende Nachschlagewerke finden Sie am Ende dieser Einleitung zu unserer Einführung unter „Weiterführende Literatur".

Mit diesem Verweis auf weiterführende Quellen ist ein weiteres Mal verdeutlicht, dass es sich bei dem vorliegenden Band um einen ersten und knappen Überblick handelt. Ein solcher Überblick kann weder den Blick in die empfohlenen Nachlagewerke, noch die vertiefte Beschäftigung mit einzelnen Arbeitsfeldern ersetzen. Doch er kann hoffentlich als eine Art (Taschen-)Kompass im Meer der vielfältigen konkreten Erscheinungsformen, Orientierungen und Spannungsfelder Sozialer Arbeit dienen.

Danksagung

Unser Dank gilt der BAG Freie Wohlfahrtspflege, dem Deutschen Bundesjugendring, dem Deutschen Berufsverband für Soziale Arbeit und der Arbeitsgemeinschaft für Kinder- und Jugendhilfe für Erlaubnis, ihre Organisationslogos zu verwenden. Der Bundeszentrale für gesundheitliche Aufklärung danken wir für die Zustimmung zur Verwendung eines Motivs aus der Kampagne „Liebesleben" und dem Institut Arbeit und Qualifikation an der Universität Duisburg-Essen für die Erlaubnis, bei Darstellung „EmpfängerInnen von Hilfen zur Pflege" eine der Infografiken ihres Informationsportals www.sozialpolitik-aktuell zu verwenden. Stefanie Laux und Daniel Hawig danken wir für die Begleitung von seiten des Verlags. Unser Dank geht auch an Studierende der Sozialen Arbeit: Jessica Arndt danken wir für Literaturrecherchen. Inhaltliche Hinweise verdanken wir Sebastian Lehn, Eva Maria Löffler und Ruth Hansmann. Besonders wichtig ist uns ein Dank an Elena Blum und Ruth Hansmann, die uns engagiert bei der Erstellung der Tabellen und Abbildungen unterstützten. Ruth Hansmann half uns außerdem sehr kompetent bei der Endredaktion.

Literatur zur Vertiefung (für alle Kapitel dieses Buches)

- ▶ Deutscher Verein für öffentliche und private Fürsorge (Hrsg.) (2016): Fachlexikon der Sozialen Arbeit. 8. Aufl. Frankfurt: Nomos.
- ▶ Ehlert, Gudrun; Funk, Heide; Stecklina, Gerd (Hrsg.) (2011): Wörterbuch Soziale Arbeit und Geschlecht. Weinheim und München: Beltz Juventa

- Hammerschmidt, Peter; Weber, Sascha; Seidenstücker, Bernd (2017a): Soziale Arbeit – die Geschichte. 1. Aufl. Leverkusen: UTB – Leverkusen: Barbara Budrich
- Kreft, Dieter; Mielenz, Ingrid (Hrsg.) (2017): Wörterbuch Soziale Arbeit. 8. Aufl. Basel und Weinheim: Beltz Juventa
- Otto, Hans-Uwe; Thiersch, Hans (Hrsg.) (2018): Handbuch der Sozialarbeit/Sozialpädagogik. 6. Aufl. Neuwied, Kriftel: Reinhardt Verlag.
- Thole, Werner (Hrsg.) (2012): Grundriss Soziale Arbeit. Ein einführendes Handbuch. 4. Aufl. Wiesbaden: VS

Quellen

Aner, Kirsten; Hammerschmidt, Peter (2012): Hilfe zur Selbsthilfe. In: Horn, Klaus-Peter; Kemnitz, Heidemarie; Marotzki, Winfried; Sandfuchs, Uwe (Hrsg.): Klinkhardt Lexikon Erziehungswissenschaft. Stuttgart 2012: Klinkhardt, S. 42 f.

Böhnisch, Lothar; Lösch, Hans (1998 [1973]): Das Handlungsverständnis des Sozialarbeiters und seine institutionelle Determination. In: Thole, Werner; Galuske, Michael; Gängler; Hans (Hrsg.): KlassikerInnen der sozialen Arbeit. Sozialpädagogische Texte aus zwei Jahrhunderten – ein Lesebuch. Neuwied u. a.: Luchterhand, S. 367–383

Hammerschmidt, Peter; Aner, Kirsten; Weber, Sascha (2017): Zeitgenössische Theorien Sozialer Arbeit. Basel und Weinheim: Beltz Juventa

Zusammenfassung

Die Einführung bietet einen Überblick über die historische und aktuelle Entwicklung der Arbeitsfelder und Organisationen der Sozialen Arbeit. Diese Skizze kann dazu dienen, die Zusammenhänge zwischen den Feldern und Organisationen zu verstehen und spätere Vertiefungen zu einzelnen Themen immer wieder systematisch in das komplexe Gesamtgefüge der Sozialen Arbeit sowie in ihre ökonomischen, politischen und kulturellen Rahmenbedingungen einzuordnen.

Keywords: Soziale Arbeit, Fürsorge, Hilfe zur Selbsthilfe, Hilfe und Kontrolle, doppeltes Mandat

I. Arbeitsfelder

Allgemeine und wirtschaftliche Hilfen 2

▶ **Teaser:** Im Folgenden werden die allgemeinen und wirtschaftlichen Hilfen als Teil der kommunalen Daseinsvorsorge beschrieben. Sie entstanden aus der Armenpflege und entwickelten sich zu einem System der Unterstützung für verschiedene Gruppen der Bevölkerung. Weil die Bearbeitung sozialer Benachteiligung dennoch im Zentrum des Arbeitsfeldes steht, wird außerdem Armut als zentraler Gegenstand der Hilfen thematisiert.

Den Arbeitsbereich der „allgemeinen und wirtschaftlichen Hilfen" zu erfassen, erscheint zunächst einmal schwierig. Zum einen ist der Ausdruck an sich vergleichsweise unspezifisch. Zum anderen sind Umfang und Konturen dieses Bereichs tatsächlich unscharf. Im Gegensatz dazu scheinen die beiden anderen der drei „klassischen" Bereiche Sozialer Arbeit auch für „EinsteigerInnen" einfacher zu erfassen, weil sie spezialisiert sind: entweder altersspezifisch (die Kinder- und Jugendhilfe, neuerdings auch die Altenhilfe) oder sachlich (die gesundheitsbezogenen Hilfen).

Ganz allgemein bezeichnet der Begriff „allgemeine und wirtschaftliche Hilfen" soziale Hilfen schlechthin. Er ist also ein Oberbegriff für die Gewährung von Geld-, Sach- und Dienstleistungen an Hilfebedürftige durch Städte und Gemeinden im Rahmen der kommunalen Daseinsvorsorge. Spezifischer betrachtet ist dieser Terminus ein Sammelbegriff für sehr unterschiedliche Hilfen und Leistungen, die aus der Armenfürsorge entstanden sind.

2.1 Zur Entwicklung der allgemeinen und wirtschaftlichen Hilfen

In geschichtlicher Perspektive lässt sich feststellen, dass das, was wir heute „allgemeine und wirtschaftliche Hilfen" nennen, der Kern der (Armen-)Fürsorge war und auch noch ist. Fürsorge ist dabei als Verbindung von materieller Unterstützung und persönlicher Einflussnahme und Kontrolle bedürftiger Menschen zu verstehen. Aus dieser Fürsorge in kommunaler Verantwortung entwickelte das städtische Bürgertum im Verlauf des 19. Jahrhunderts weitere Angebote und Maßnahmen. Im Zusammenspiel mit staatlicher Sozialpolitik kam es aus der Fürsorge heraus schon während des Deutschen Kaiserreichs zur Ausdifferenzierung einer Gesundheits- und einer Jugendfürsorge. Zwecks Unterscheidung der Fürsorge von diesen neuen Bereichen wurde sie von nun an nicht mehr bloß „Fürsorge", sondern „Allgemein-Fürsorge und Wirtschaftsfürsorge", teilweise auch „Universalfürsorge" genannt. Universalfürsorge ist demnach alles was Fürsorge ist, außer der Jugend- und Gesundheitsfürsorge.

Seit den 1960er Jahren wurde der (nun als bevormundend kritisierte) Begriff „Fürsorge" sukzessive durch den Begriff der „sozialen Hilfen" verdrängt. In der Folge wurden auch aus der „Allgemein- und Wirtschaftsfürsorge" semantisch die „allgemeinen sozialen und wirtschaftlichen Hilfen". Damals wie heute handelt es sich dabei um eine Residualkategorie (Restkategorie).

> ▸ **Definition: Allgemeine und wirtschaftliche Hilfen**
> Heute umfasst der Begriff „allgemeine und wirtschaftliche Hilfen" sowohl unspezifische Unterstützungsleistungen (häufig in Form von Beratung und Betreuung) als auch hochspezialisierte Angebote für bestimmte Problembereiche oder Personengruppen. Träger dieser sozialen Hilfen sind die Kommunen im Rahmen der kommunalen Daseinsvorsorge. Die wichtigste Rechtsgrundlage ist das Sozialhilferecht (SGB XII). Die wichtigsten zuständigen Organisationen sind die kommunalen Sozialämter (→ Kap. 6).

In den 1950er bis 1960er Jahren kristallisierten sich aus den allgemeinen und wirtschaftlichen Hilfen zunehmend drei große Teilbereich heraus, die ab den 1970er Jahren auch statistisch gesondert ausgewiesen wurden: Altenhilfe, Behindertenhilfe und Familienhilfe. Auch diese neueren Teilbereiche sind im SGB XII (vormals im Bundessozialhilfegesetz/BSHG als Hilfen in besonderen Lebenslagen/ HbL) geregelt. Da in diesem Buch ein gesondertes Kapitel für diese weiteren aus-

Abbildung 2.1 Ausdifferenzierung der Fürsorge ab dem 19. Jahrhundert

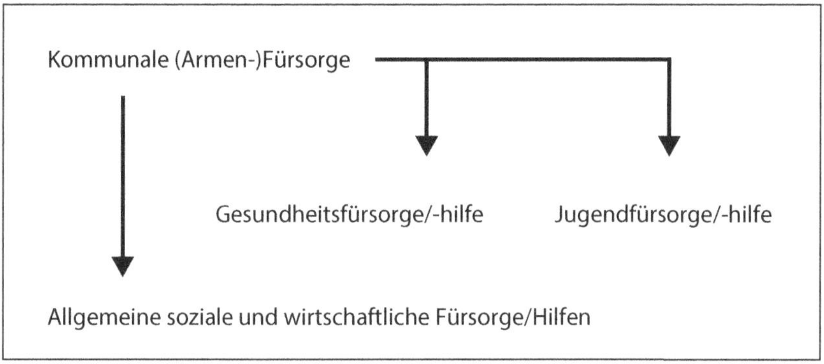

```
Kommunale (Armen-)Fürsorge ─────────┬───────────────┐
         │                          ▼               ▼
         │              Gesundheitsfürsorge/-hilfe   Jugendfürsorge/-hilfe
         ▼
Allgemeine soziale und wirtschaftliche Fürsorge/Hilfen
```

Quelle: eig. Darstellung ©

differenzierten Arbeitsfelder zu finden ist (→ Kap. 5), soll an dieser Stelle der Hinweis darauf genügen.

Die Vielfalt und den Umfang der Angebote, mit denen die verschiedenen „Dimensionen von Unterversorgung" (→ Kap. 2.2) bearbeitet werden, verdeutlicht die Statistik der Bundesarbeitsgemeinschaft der Freien Wohlfahrtspflege (vgl. Tab. 2.1).

Aus der Übersicht in Tab. 2.1 ist auch abzulesen, dass

a) sich bestimmte Praxisfelder/Einrichtungen nahezu ausschließlich an Arme richten,
b) andere die sog. Normalbevölkerung adressieren, jedoch in der Realität von Armen besonders in Anspruch genommen werden.

Als Zwischenfazit lässt sich an dieser Stelle festhalten, dass zwar auch die Entwicklung der allgemeinen und wirtschaftlichen Hilfen naturgemäß eng mit dem Prozess der sog. Normalisierung der Fürsorge bzw. des wohlfahrtsstaatlichen Unterstützungssystems verbunden war. Jedoch folgten sie in ihrer Entwicklung stärker als andere Felder zugleich den Entwicklungslinien der Armut in der Bundesrepublik. Heute ist zu berücksichtigen, dass die Grenzen – zwischen den Gruppen und somit auch der Inanspruchnahme der Angebote – zunehmend fließend geworden sind, da auch vormals als gesichert geltende Bevölkerungsgruppen einem steigenden Armutsrisiko ausgesetzt sind.

Tabelle 2.1 Hilfen für Personen in besonderen sozialen Situationen

Art der Einrichtung	Einrichtungen	Betten/Plätze	Vollzeitbeschäftigte	Teilzeitbeschäftigte
a) Stationäre Einrichtungen	1 154	33 239	3 498	4 157
Übernachtungswohnheime und Notunterkünfte	257	10 883	988	993
Heime, Wohngemeinschaften und betreutes Wohnen für gefährdete Erwachsene (nach Haft)	374	8 681	1 156	1 204
Wohnheime für Migranten	161	2 326	381	337
Betreutes Wohnen/Nachsorgeeinrichtungen für Menschen mit Abhängigkeitserkrankungen	127	7 207	221	151
b) Tageseinrichtungen	1 145	20 411	7 845	4 637
Tagesstätten/Zentren für Migranten u. Angehörige	172	783	90	103
Tagesstätten/Zentren für Arbeitslose	146	1 625	227	223
Werkstätten/Tageseinrichtungen für Suchtkranke	52	624	177	192
Beschäftigungs- und Qualifizierungseinrichtungen bzw. -projekte für erwerbslose Menschen	624	14 729	6 940	3 765
Tagesstätten/Beschäftigungseinrichtungen für z. B. Wohnungslose, Menschen nach Haftentlassung	108	1 767	293	198
Tagesstätten für Personen in besonderen Lebensverhältnissen mit sozialen Schwierigkeiten nach § 67 ff. SGB XII	38	483	101	139
Förderschulen/Tagesinternate	5	400	17	17

Zur Entwicklung der allgemeinen und wirtschaftlichen Hilfen

Tabelle 2.1 Fortsetzung

Art der Einrichtung	Einrichtungen	Betten/Plätze	Vollzeitbeschäftigte	Teilzeitbeschäftigte
c) Beratungsstellen/ambulante Dienste	6 531		7 121	11 740
Migrationsdienst: Migrationsberatung für erwachsene Zuwanderer	1 356		658	1 626
Jugendmigrationsdienst	371		394	652
Beratungs- und Betreuungsstellen für straffällige und haftentlassene Menschen	231		242	293
Beratungs- und Betreuungsstellen für Wohnungslose	554		540	1 051
Rechtsberatungsstellen für Migranten	32		38	59
Schuldnerberatungsstellen/Schuldner- und Verbraucherinsolvenzberatung	852		659	1 176
Telefonseelsorge, Telefonberatungsstellen	166		99	314
Suchdienste, Heimatortskarteien	460		185	458
Bahnhofsmission und Bahnhofsdienste	208		103	460
Beratungsstellen für Betreuer und Beistände	596		1 040	1 360
Beratungsstellen für erwerbslose Menschen	351		949	752
ambulant betreutes Wohnen für Menschen mit Abhängigkeitserkrankungen	91		75	170
Beratungs-/Betreuungsstellen für Menschen mit Abhängigkeitserkrankungen	1 281		2 139	3 369
Gesamt	8 830	53 650	18 464	20 534

Quelle: Gesamtstatistik BAG FW 2012

2.2 Armut im bundesdeutschen Sozialstaat

Anspruch von Sozialstaaten wie dem bundesdeutschen ist, Armut durch sozialstaatliche Regelungen zu vermeiden bzw. zu überwinden. In den 1960er Jahren schien dies gelungen zu sein. In den 1970er und 1980er Jahren jedoch wurde vor allem seitens der Sozialen Arbeit zunehmend infrage gestellt, dass dieser Anspruch verwirklicht und die Armut überwunden sei. In diesem Diskussionsrahmen legte der Paritätische Wohlfahrtsverband 1989 einen Armutsbericht vor, der ein erhebliches Maß an Armut in Westdeutschland dokumentierte. Dies war der erste derartige Bericht für die Bundesrepublik Deutschland. Die Bundespolitik zögerte lange, eine umfassende Armutsberichterstattung überhaupt in Auftrag zu geben. Es schien politisch nicht opportun, die Existenz von Armut im nennenswerten Umfang in einem reichen Land mit einem ausgebauten Sozialstaat zuzugeben. Der Sozialstaat galt als probates Mittel, Armut zu verhindern, allen Menschen ein menschenwürdiges Leben und die freie Entfaltung der Persönlichkeit (Art. 1 u. 2 GG) zu ermöglichen. In Deutschland, so hieß es lange, gäbe es keine Armut, sondern allenfalls „bekämpfte Armut". Jede/r, die oder der nicht anderweitig abgesichert sei, könne schließlich auf die Sozialhilfe zurückgreifen, die das sozio-ökonomische Existenzminimum gewähre. Erst 2001 erschien unter dem Titel „Lebenslagen in Deutschland. Armuts- und Reichtumsbericht der Bundesregierung" eine erste offizielle Bestandsaufnahme. Seitdem legt die Bundesregierung alle vier Jahre einen Armuts- und Reichtumsbericht vor. Aber auch dort findet sich die These, dass in Deutschland aufgrund der etablierten Mindestsicherungssysteme, unter anderem der Sozialhilfe, nur „bekämpfte Armut" zu finden sei (s. Wissensbaustein: Sozialhilfe als Instrument der Armutsbekämpfung).

Wissensbaustein: Sozialhilfe als Instrument der Armutsbekämpfung

Die Sozialhilfe unterstützt diejenigen, deren Einkommen oder Vermögen zur Deckung des Existenzminimums nicht ausreicht, z. B. weil sie keine Ansprüche aus den vorgelagerten Versicherungs- und Versorgungssystemen erwerben konnten (Nachrang). Der soziale Rechtsstaat hat für diese Fälle mit der Sozialhilfe ein mit Rechtsansprüchen ausgestattetes Sicherungssystem geschaffen, das vor Armut und sozialer Ausgrenzung schützen soll. Dabei hat sich die Hilfegewährung nach der Besonderheit des Einzelfalles, vor allem nach der Person des Hilfempfängers, der Art seines Bedarfs und den örtlichen Verhältnissen zu richten (Individualisierung). Mit der Bereitstel-

> lung der zum Leben notwendigen Mittel ist die Sozialhilfe ein wirksames Instrument zur Bekämpfung von Armut und materiellen Notlagen. Sie beschränkt sich nicht auf das zum physischen Überleben Erforderliche, sondern sichert darüber hinaus auch Beziehungen zur Umwelt und eine Teilnahme am kulturellen Leben (soziokulturelles Existenzminimum). Aufgabe der Sozialhilfe ist es, den Empfänger der Hilfe die Führung eines Lebens zu ermöglichen, das der Würde des Menschen entspricht. Gleichzeitig soll durch die Hilfe der Empfänger so weit wie möglich befähigt werden, unabhängig von ihr zu leben; hierbei muss er nach seinen Kräften mitwirken (Hilfe zur Selbsthilfe).
> *Quelle: BMAS 2001, S. 74*

Gleichwohl weisen die Armuts- und Reichtumsberichte der Bundesregierung wie auch andere Studien die Existenz von Armut in erheblichem Umfang nach (ausführlich: BMAS 2017a). So teilte das Statistische Bundesamt, gestützt auf eine Erhebung der Europäischen Union, mit, dass im Jahr 2016 in Deutschland 16 Mio. Menschen von Armut und sozialer Ausgrenzung betroffen sind, was 19,7 % der Bevölkerung entspricht.[1] Hierbei werden drei Kategorien ausgewiesen, die sich teilweise überschneiden und deshalb nicht einfach addiert werden können:

- 16,5 % (13,4 Mio. Menschen) leiden unter Einkommensarmut, d.h. ihr Einkommen lag unter 60 % des mittleren Einkommens der Gesamtbevölkerung.[2]
- 3,7 % der Bevölkerung in Deutschland waren im Jahr 2016 von erheblicher materieller Entbehrung betroffen, d.h. ihre Lebensbedingungen waren so eingeschränkt, dass sie etwa Rechnungen und Miete nicht zahlen oder ihre Wohnung nicht angemessen heizen konnten.

---

1 Statistisches Bundesamt (2017a): 19,7 % der Bevölkerung Deutschlands von Armut oder sozialer Ausgrenzung bedroht. Pressemitteilung Nr. 392 vom 08.11.2017. Alle folgenden Angaben in der Aufzählung aus dieser Quelle.
2 Der Schwellenwert (60 % des mittleren haushaltsgewichteten Nettoäquivalenzeinkommens) lag 2016 bei für eine alleinlebende Person in Deutschland bei 1 064 Euro im Monat, für zwei Erwachsene mit zwei Kindern unter 14 Jahren bei 2 234 Euro im Monat. Das Nettoäquivalenzeinkommen wird in der bundesdeutschen Sozialberichterstattung nach der OECD-Skala (OECD-modified scale) berechnet. Nach dieser Skala geht der Hauptbezieher des Einkommens mit dem Faktor 1,0 in die Gewichtung ein, alle anderen Mitglieder des Haushaltes im Alter von 14 und mehr Jahren mit 0,5 und alle weiteren Personen unter 14 Jahren mit 0,3.

- 9,6 % leben in Haushalten, mit sehr niedriger Erwerbsbeteiligung, d. h. die Erwerbsbeteiligung der erwerbsfähigen Haushaltsmitglieder im Alter von 18 bis 59 lag unter 20 % eines Normalarbeitsverhältnisses.

Dabei sind einige soziale Gruppen besonders stark von Armut betroffen: Alleinlebende zu 32,9 %, Alleinerziehende zu 32,5 %, Menschen mit niedriger Bildung zu 30,9 %, Arbeitslose zu 70,5 %, wie folgende Tabellen (2.2 und 2.3) zeigen.

Tabelle 2.2 Armutsquote in Deutschland nach dem Haushaltstyp (monetäre Armut nach Sozialleistungen)

Haushaltstyp	Erhebungsjahr								
	2008	2009	2010	2011	2012	2013	2014	2015	2016
	Anteil in %								
Insgesamt	15,3	15,5	15,7	15,9	16,1	16,2	16,7	16,7	16,5
Personen in Haushalten ohne Kind	17	17,4	16,5	17,5	18	18,4	18,9	19,2	18,7
Alleinlebende	29,2	29,3	30	32,3	32,4	31,9	32,9	33,1	32,9
Männer	27,7	29,3	30,7	32,3	32	31,5	33,5	33,9	32,5
Frauen	30,5	29,2	29,5	32,2	32,7	32,2	32,3	32,4	33,1
zwei Erwachsene, jünger als 65 J.	12,3	14	10,3	11,3	10,5	12,4	11,6	13,2	11,7
zwei Erwachsene, mind. einer 65 Jahre oder älter	11	10,7	10,8	10,3	11,4	10,4	11,4	11,3	12,2
Haushalte mit Kind(ern)1	13,1	13	14,6	13,7	13,5	13,2	13,7	13,2	13,5
Alleinerziehende[1]	35,9	37,5	43	37,1	38,8	35,2	29,4	33,7	32,5
zwei Erwachsene mit einem Kind	9,3	9,8	9	9,8	10,6	11,1	11,5	10,1	10,7
zwei Erwachsene mit zwei Kindern	8,3	7,7	8,8	8,7	7,7	8,5	10,9	8,7	7,8

[1] Kind(er) bis 18 Jahre. Eine Person zwischen 18 und 24 Jahren zählt dann als Kind, wenn sie nicht erwerbstätig beziehungsweise arbeitsuchend ist und mit mindestens einem Elternteil zusammen lebt.

Quelle: StaBuAmt 2017b

Tabelle 2.3 Armutsquote in Deutschland nach dem überwiegenden Erwerbsstatus im Vorjahr und dem Bildungsstand (monetäre Armut nach Sozialleistungen)[1]

Soziodemografische Untergliederung	Erhebungsjahr								
	2008	2009	2010	2011	2012	2013	2014	2015	2016
	Anteil in %								
erwerbstätig	7,1	6,8	7,2	7,7	7,8	8,6	9,9	9,7	9,5
nicht erwerbstätig	22,8	24	23,9	24	24,4	24,3	25,8	26,3	26,6
arbeitslos	56,8	62	70,3	67,8	69,3	69,3	67,4	69,1	70,5
im Ruhestand	15	14,9	13,4	14	15,1	15	16,7	17	18
nach Bildungsstand									
niedrig	22,8	23,2	25,3	25,8	25,5	25,7	29,1	29,8	30,9
mittel	13,7	14,6	14,1	14,7	14,8	15,4	16	16,2	16,1
hoch	8,6	8,1	7,9	7,7	8,3	9	10,5	10,2	9,3

[1] Personen ab 18 Jahren. Überwiegender Erwerbsstatus über einen Zeitraum von mehr als sechs Monaten im Vorjahr der Erhebung.

Quelle: StaBuAmt 2017b

In der Armutsberichterstattung der Bundesregierung wird Armut zum einen – wie international üblich – „relational" bestimmt, also im Vergleich zum insgesamt verfügbaren Reichtum (s. Fußnote 2). Zum anderen wird Armut „mehrdimensional" bestimmt, d. h. Armut wird als „Unterversorgungslage" in verschiedenen Dimensionen verstanden. Neben der ersten und wichtigsten Dimension, der Einkommensarmut und der Frage nach Vermögen und Verschuldung, wird auch Unterversorgung in den Dimensionen Bildung, gesellschaftliche Teilhabe (insbesondere am Erwerbsleben) und Wohnraumversorgung berücksichtigt.[3]

---

3 Die Dimension Gesundheit, die für die „Lebenslagen" ebenfalls von großer Bedeutung ist, wird in den Armuts- und Reichtumsberichten vergleichsweise wenig thematisiert. Sie spielt naturgemäß in der Gesundheitsberichterstattung eine größere Rolle und wird dort insbesondere mit den Dimensionen Einkommen und Bildung korreliert (→ Kap. 4 und 8).

> **Wissensbaustein: Armuts- und Mindestsicherungsquote**
>
> Einen Hinweis auf den Anteil armer Menschen in der Bundesrepublik liefert auch die sog. Mindestsicherungsquote, die angibt, welcher Anteil der Bevölkerung auf Leistungen der Mindestsicherung – Empfänger von Sozialhilfe, SGB II-Leistungen und Leistungen nach dem Asylbewerberleistungsgesetz – angewiesen ist, um seinen Lebensunterhalt zu bestreiten. Insgesamt erhalten derzeit fast acht Millionen Menschen diese Leistungen.

In Verbindung mit der zuvor schon angeführten Zahl der Arbeitslosen, die in Armut leben (70,5 %), wird damit auch deutlich, dass Menschen durch Sozialhilfe und andere Fürsorgeleistungen eben nicht vor Armut geschützt werden. Der wesentliche Grund liegt darin, dass die Logik der Berechnung der Einkommensarmut eine andere ist, als die der Festlegung der Regelsätze der Geldleistungen nach dem SGB II und SGB XII (→ Kap. 6). Als einkommensarm gilt, wer mit 60 % des mittleren haushaltsgewichteten Nettoäquivalenzeinkommens oder weniger auskommen muss. Die Regelsätze werden allerdings nicht daran gemessen, sondern für sie gilt das „Lohnabstandsgebot", nach dem die Höhe von Fürsorgeleistungen (inkl. Mietkosten) niedriger liegen soll, als ein Netto-Arbeitsentgelt (inkl. Kinder- und Wohngeld) aus einer Tätigkeit in unteren Lohngruppen.

2.3 Möglichkeiten und Grenzen der allgemeinen und wirtschaftlichen Hilfen zur Bearbeitung von Armutslagen

Nach den Ausführungen über Einkommensarmut und das Lohnabstandgebot im Abschnitt 2.2 dürfte deutlich sein, dass es der Sozialen Arbeit mit ihrer Tätigkeit im Bereich der allgemeinen und wirtschaftlichen Hilfen nicht gelingen kann, Armut zu vermeiden. Was kann Soziale Arbeit stattdessen tun? Sie kann zumindest dort, wo AdressatInnen bestehende Sozialleistungsansprüche nicht nutzen, Armutslagen etwas mildern – z. B. versuchen, die Chance der Inanspruchnahme im Rahmen einer Rechtsberatung zu den Ansprüchen oder durch Begleitung zu Behörden zu steigern. Denselben Effekt kann die Information über Vergünstigungen wie die Befreiung von Rundfunkgebühren, Preisnachlässe für Verkehrsmittel oder den Eintritt in öffentliche Einrichtungen wie Schwimmbäder und Museen haben.

Welche grundsätzlichen Möglichkeiten – und Grenzen – die Soziale Arbeit hat, die verschiedenen Armutsdimensionen bzw. Unterversorgungslagen zu bearbeiten, lässt sich mit dem Lebenslagenansatz verdeutlichen. Dieser Ansatz (in seiner Ausformulierung durch den Soziologen Gerhard Weisser, vgl. Weisser 1957; 1978) liegt auch der deutschen Armutsberichterstattung zugrunde. Er soll hier anhand dreier Abbildungen erläutert werden.

(1) Der Lebenslagenansatz kann erklären, wie eine spezifische Lebenslage – hier eine Unterversorgungslage – zustande gekommen ist (Abb. 2.2).

Je nach Zugehörigkeit zu einer sozialen Klasse, also je nachdem, ob Personen Produktionsmittel besitzen oder ihre Arbeitskraft verkaufen müssen, um ihren Lebensunterhalt zu verdienen, sind sie unterschiedlichen sozialen Risiken ausgesetzt. Wer von Kapitaleinkünften leben kann, muss nicht arbeiten. Wer dies nicht kann, muss Niedriglohnarbeit und Arbeitslosigkeit fürchten. Von diesen Risiken sind jedoch nicht alle gleichermaßen betroffen. Wie groß das Risiko ist,

Abbildung 2.2 Lebenslage als zu erklärender Sachverhalt (Explandandum)

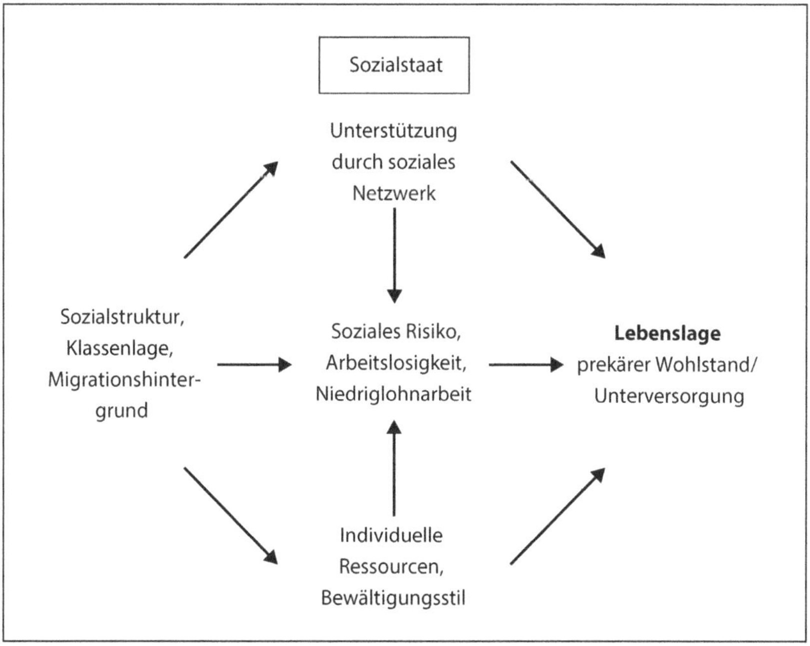

Quelle: eig. Darstellung in Anlehnung an Voges 2011, S. 24 ©

hängt von weiteren sozialstrukturellen Variablen, wie z. B. (Bildungs-)Milieu, Geschlecht und Migrationshintergrund ab. Individuelle (z. B. Bewältigungsstile) und überindividuelle Ressourcen (z. B. die Unterstützung durch soziale Netzwerke) können diese Risiken moderieren oder – wenn nicht vorhanden – verschärfen. Das Ergebnis dieses Zusammenspiels verschiedener Faktoren ist ein bestimmter Handlungsspielraum, der als Lebenslage bezeichnet wird und sich etwa als (prekärer) Wohlstand oder als (deutliche) Unterversorgungslage darstellen kann.

(2) Der Lebenslagenansatz kann aber auch erklären, wie sich eine spezifische Lebenslage – hier eine Unterversorgungslage – auswirken und wie den möglichen Auswirkungen durch (sozial-)politische und individuelle Unterstützung entgegen gewirkt werden kann (Abb. 2.3). Je nachdem, welche individuellen Bewältigungsressourcen aktiviert werden können und wie die Unterstützung durch ein soziales Netz organisiert werden kann, fällt das Risiko für weitere Benachteiligun-

Abbildung 2.3 Lebenslage als erklärender Sachverhalt (Explanans)

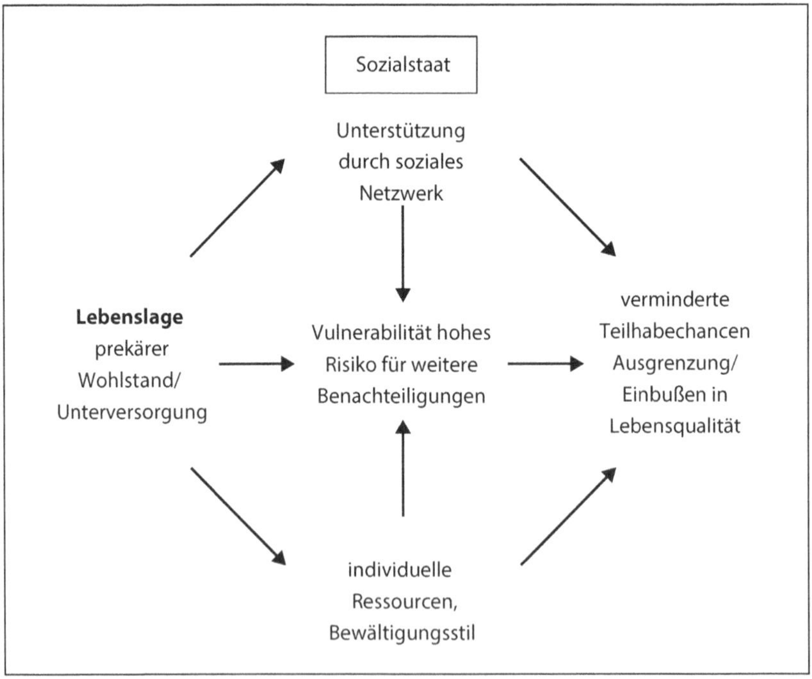

Quelle: eig. Darstellung in Anlehnung an Voges 2011, S. 27 ©

gen, die sog. Vulnerabilität, mehr oder weniger hoch aus. Erkennbar wird, dass sozialstaatliche Unterstützung auf verschiedenen Ebenen ansetzen kann: Neben der unmittelbaren Beseitigung der Unterversorgung durch ausreichende Geldleistungen – auch im Falle von Niedriglohn und Arbeitslosigkeit (Erhöhung der Regelsätze der Ergänzungs- und Ersatzleistungen) – sind soziale Unterstützungsangebote (z. B. Nachbarschaftstreffs), wie auch individuelle Hilfen (z. B. Beratung, Begleitung, sozialtherapeutische Angebote) mögliche Mittel, mit denen das Risiko weiterer Benachteiligungen bis hin zur verminderten sozialen Teilhabe und Lebensqualität minimiert werden kann. Auf der zuerst genannten Ebene ist (sozial-)politisches Handeln gefragt, auf den beiden zuletzt genannten Ebenen liegen Handlungsmöglichkeiten der Sozialen Arbeit.

(3) Der Lebenslagenansatz kann erklären, dass Lebenslagen zugleich Folgen und Ursachen und somit auf verschiedenen Ebenen zu bearbeiten sind. Dazu kombiniert man beide Perspektiven und setzt sie in einen zeitlichen Zusammenhang (Abb. 2.4).

In allen drei Abbildungen wird deutlich, dass sowohl auf der politischen als auch auf der individuellen Ebene – wenn auch unterschiedlich weitgehende – Einflussmöglichkeiten bestehen. Die allgemeinen und wirtschaftlichen Hilfen, die im Rahmen der kommunalen Sozialpolitik von den sozialen Fachkräften angeboten bzw. vermittelt werden, sind i. d. R. auf der individuellen Ebene angesiedelt. Hier werden soziale Probleme pädagogisch bearbeitet.

Gerhard Weißer kommt das Verdienst zu, schon früh Lebenslagen als Folgen und Ursachen beschrieben zu haben. Er wies nicht nur auf diese Dynamik hin, sondern auch darauf, dass das Wissen darüber zugleich ermöglicht, an „neuralgischen" Punkten zu intervenieren. So könne verhindert werden, dass aus einer Unterversorgungslage in einer Dimension, Unterversorgungslagen in anderen hervorgehen, sich die Lebensqualität spürbar verschlechtert und die Benachteiligung verfestigt.

In diesem Zusammenhang ist auf die moderne Armutsforschung zu verweisen. Sie beschränkt sich nicht mehr auf Bestandsaufnahmen aktueller Armut, sondern untersucht die Entwicklung von Armutsverläufen, also Armutsdynamiken. In dieser Perspektive zeigt sich, dass Armut eine „Episode" in Lebensläufen sein kann. Bestimmte Faktoren können z. T. sehr rasch zur Armut führen, andere hingegen sehr rasch Armutslagen überwinden. Das gilt etwa auch für typische Lebensereignisse, wie etwa Trennung/Scheidung oder Elternschaft. Als besonders „störanfällig" wurden in dieser Forschung die sog. Statuspassagen, also Übergänge von einem Status in einen anderen identifiziert (Abb. 2.5). Bei diesen Übergängen bestehen deutliche Armutsrisiken, nicht nur für ohnehin benachteiligte Gruppen, sondern auch für ansonsten besser Situierte.

Abbildung 2.4 Lebenslage als Folge und Ursache

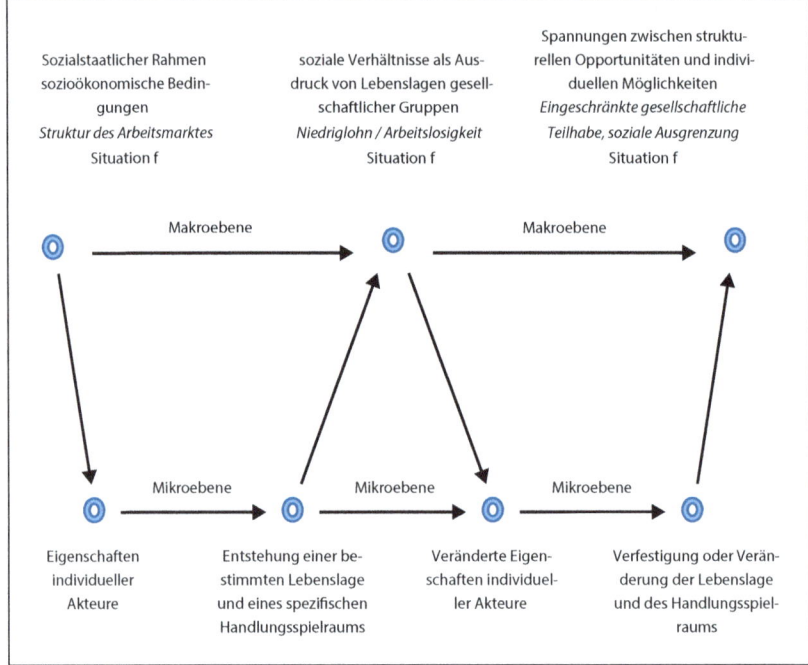

Quelle: eig. Darstellung in Anlehnung an Voges 2011, S. 30 ©

Abbildung 2.5 Risikoreiche Statuspassagen

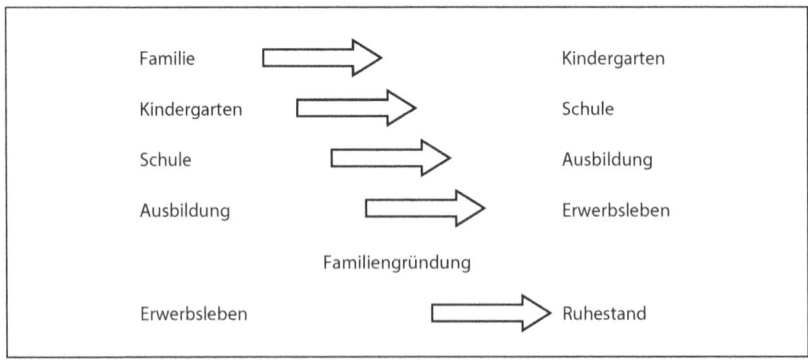

Quelle: eig. Darstellung ©

Welche Möglichkeiten der Bearbeitung von Armutslagen gibt es?
Die Kommunen gewähren den – vorübergehend (evtl. an einer Statuspassage) oder dauerhaft – von Armut Betroffenen die finanziellen und sachlich-infrastrukturellen Pflichtleistungen. Darüber hinaus gewähren einzelne Kommunen freiwillige Leistungen wie Sozialtickets für den öffentlichen Nahverkehr, Ermäßigungen auf den Eintritt für öffentliche Einrichtungen wie Schwimmbäder, Theater und Museen, um die soziale Teilhabe zu fördern.

Die Soziale Arbeit ist insbesondere mit den (psycho-)sozialen Wirkungen befasst, die sich aus dauerhaften Armutslagen ergeben. Eine Fülle von Beratungs- und Unterstützungsangeboten richtet sich aber auch an Menschen, die von Armut bedroht sind oder am Beginn einer möglichen Armutskarriere stehen. Dabei kann Soziale Arbeit zwar Einkommensarmut, die durch Erwerbslosigkeit eintritt, nicht verhindern. Mit ihren Angeboten kann jedoch versucht werden, Folgeprobleme zu mindern, z. B. indem in Beratungsstellen über kommunale freiwillige Leistungen wie Sozialtickets informiert wird. Bei einkommensbedingt drohender Wohnungslosigkeit, sei es durch Arbeitslosigkeit, Trennung und Scheidung oder Eintritt ins Rentenalter, ggf. verbunden mit weiteren Benachteiligungen wie einem geringen Bildungsstand oder Sprachbarrieren, können spezifische Angebote, wie eine Wohngeld- und/oder Schuldnerberatung, die Begleitung zu Gesprächen mit Vermietern und Hausverwaltungen, die Unterstützung bei der Suche nach einer anderen Wohnung, evtl. auch einer Notunterkunft, dazu beitragen, gesellschaftliche Teilhabe zu sichern. In Quartieren, in denen sich soziale Benachteiligungen häufen, z. B. in ehemaligen Werkssiedlungen am Stadtrand, in denen oft verwitwete ältere Menschen, junge Familien und MigrantInnen mit geringem Einkommen leben, sind Nachbarschaftstreffs und/oder Stadtteilzentren geeignete Orte, an denen kulturelle Teilhabe realisiert wird, Beratungen stattfinden oder auf Angebote wie die Suchtberatung verwiesen werden kann. Dort besteht zugleich auch die Möglichkeit, soziale Netzwerke (weiter) zu entwickeln.

Soziale Arbeit mit randständigen und von Randständigkeit bedrohten Gruppen ist eine dauerhafte Aufgabe der Sozialen Arbeit, denn die der Armut zugrunde liegenden gesellschaftlichen Strukturprobleme zu lösen, ist ihr weder möglich noch ihre Aufgabe. Diese Lösungen sind Gegenstand von Sozial- u. Ordnungspolitik, während Soziale Arbeit die Aufgabe hat, lebenspraktische Probleme zu bearbeiten, die sich aus den gesellschaftlichen Strukturproblemen ergeben (Scherr 2007).

Fragen zur Reflexion

- Was sind allgemeine soziale und wirtschaftliche Hilfen?
- Welche Träger bieten allgemeine soziale und wirtschaftliche Hilfen an?
- Wo liegen die Möglichkeiten, wo die Grenzen der Kommunen und der Sozialen Arbeit bei der Bearbeitung von Armutsproblemen?

Literatur zur Vertiefung

▶ Chassé, Karl August; Wensierski, Hans-Jürgen von (Hrsg.) (2008): Praxisfelder der Sozialen Arbeit. 4. akt. Aufl. Weinheim und München: Juventa

Quellen

BAGFW (Bundesarbeitsgemeinschaft Freie Wohlfahrtspflege) (2012): Gesamtstatistik 2012

BMAS (Bundesministerium für Arbeit und Sozialordnung) (2001): Erster Armuts- und Reichtumsbericht der Bundesregierung. Lebenslagen in Deutschland. Bonn

BMAS (Bundesministerium für Arbeit und Soziales (2017a): Lebenslagen in Deutschland. Fünfter Armuts- und Reichtumsbericht der Bundesregierung. Berlin

BMAS (Bundesministerium für Arbeit und Soziales (2017b): Sozialbericht 2017. Berlin

Scherr, Albert (2007): Soziale Probleme, Soziale Arbeit und menschliche Würde. In: Hering, Sabine (Hrsg.): Bürgerschaftlichkeit und Professionalität. Wirklichkeit und Zukunftsperspektiven Sozialer Arbeit. Wiesbaden: VS, S. 67–75

StaBuAmt/DeStatis (Statistisches Bundesamt) (2017b): Zahlen und Fakten zu Einkommen. Konsum, Lebensbedingungen, Wohnen [https://www.destatis.de/DE/ZahlenFakten/GesellschaftStaat/EinkommenKonsumLebensbedingungen/LebensbedingungenArmutsgefaehrdung/LebensbedingungenArmutsgefaehrdung.html;jsessionid=6FF6A66560105AEDA296AC01EA75FF83.InternetLive1; 8.11.2017]

Voges, Wolfgang (2011): Leben im Sozialstaat. In: Hammerschmidt, Peter, Sagebiel, Juliane (Hrsg.): Die Soziale Frage zu Beginn des 21. Jahrhunderts. Neu-Ulm: AG Spak, S. 21–37

Weisser, Gerhard (1957): Einige Grundbegriffe der Sozialpolitiklehre (unveröffentlichtes Manuskript). Köln.

Weisser, Gerhard (1978): Grundsätze der Verteilungspolitik. In: ders.: Beiträge zur Gesellschaftspolitik. Göttingen: Schwartz, S. 359–386

Zusammenfassung

Allgemeine und wirtschaftliche Hilfen sind Teil der kommunalen Daseinsvorsorge. Sie umfassen sowohl unspezifische Unterstützungsleistungen (häufig in Form von Beratung und Betreuung) als auch stark spezialisierte Angebote für bestimmte Problembereiche oder Personengruppen. Dabei ist Armut die zentrale Problemdimension der Hilfen. Die wichtigste Rechtsgrundlage ist das Sozialhilferecht (SGB XII und SGBII). Die Organisation in den Kommunen erfolgt über die Sozialämter, im Bereich des SGB II über die Jobcenter.

Keywords: kommunale Daseinsvorsorge, soziale Hilfen, wirtschaftliche Hilfen, Armut

Kinder- und Jugendhilfe 3

▶ **Teaser:** Die Kinder- und Jugendhilfe ist heute das größte Arbeitsfeld der Sozialen Arbeit. Wie sich dieses Feld entwickelt hat, welche Akteure hier eine Rolle spielen und welche Praxisfelder, Einrichtungen und Dienste hier in welcher Größenordnung bestehen, erfahren Sie in diesem Kapitel.

Die Kinder- und Jugendhilfe wurde in den letzten Jahrzehnten in Deutschland enorm ausgebaut. Sie bildet mit ihren vielen ausdifferenzierten Arbeitsbereichen und Praxisfeldern inzwischen das größte Arbeitsfeld der Sozialen Arbeit. Ungefähr ein Drittel aller SozialarbeiterInnen und SozialpädagogInnen in der Bundesrepublik sind in den Einrichtungen und Diensten der Kinder- und Jugendhilfe beschäftigt.

3.1 Zur Geschichte der Kinder- und Jugendhilfe bis 1990

Die Wurzeln der Kinder- und Jugendhilfe reichen zum Teil sehr weit in die Geschichte zurück. So existierten etwa schon im Mittelalter Waisenhäuser oder Regelungen für verwaiste Kinder. Private, häufig konfessionelle, später dann auch kommunale Akteure schufen im Verlauf des 19. Jahrhunderts eine Fülle sehr verschiedener neuer Einrichtungen und Maßnahmen. Hintergrund dafür waren gesellschaftliche Verwerfungen, die mit der Herausbildung der bürgerlichen Gesellschaft einhergingen, wie etwa die umfassende Vermarktlichung, die auch die Arbeitskraft betraf, die Industrialisierung und Verstädterung. Die ZeitgenossInnen bezeichneten die Folgen dessen als „Soziale Frage".

Diese ökonomischen und politischen Entwicklungen brachten für viele Kinder, Jugendliche und ihre Familien neue Lebenslagen mit sich. Diese galten für den zunächst noch vom Adel beherrschten Staat aber auch für die konfessionellen und die aufstrebenden bürgerlichen Gruppen als problematisch. Um der Verelendung der Familien, insbesondere aber der jüngeren Generation, gegenzusteuern, wurden zum Beispiel (konfessionelle) Rettungshäuser geschaffen, Kinderbewahranstalten eingerichtet, die Kinderarbeit (etwas) eingeschränkt (1839), das Zieh- und Haltekinderwesen einer öffentlichen Aufsicht unterstellt und Regelungen für das Vormundschaftswesen mit der Etablierung von Berufsvormündern geschaffen. Daneben erwuchsen aus der Pädagogisierung des Strafrechts ab Mitte des 19. Jahrhunderts Anfänge einer staatlichen Zwangserziehung für „verwahrloste" Jugendliche, die dann in den 1870er Jahren durch gesonderte Zwangserziehungsgesetze der Länder auf eine breitere Grundlage gestellt wurde. Die Möglichkeiten staatlicher Zwangserziehung erweiterten die Länder dann um die Jahrhundertwende: Auf der Grundlage von sog. Fürsorgeerziehungsgesetzen wurden nun nicht mehr nur die Kinder- und Jugendlichen, die sich etwas zuschulden kommen ließen, oder die Eltern, die durch schuldhaftes Verhalten zur Verwahrlosung ihrer Kinder beitrugen, erfasst und ggf. bestraft. Es ging in diesen Gesetzen um (unmittelbar) drohende Verwahrlosung. Mit anderen Worten: Durch ordnungspolitische Regelungen und mit (Jugend-)Fürsorgemaßnahmen wurde auf (drohende) normabweichende Entwicklungen reagiert. Daneben finden sich nach der Jahrhundertwende auch erste Maßnahmen einer – präventiven – Jugendpflege, die durch sog. Jugendpflegeerlasse gestaltet wurde. Hier stellte der Staat Finanzmittel zur Verfügung, die für die entstehende Arbeit der Jugendverbände (→ Kap. 10) beantragt werden konnten, wenn deren Arbeit einen Beitrag zur „vaterländischen Erziehung der Jugend", zu deren „Gottesfurcht" und Patriotismus leistete.

Die unübersichtliche Fülle von Regelungen, die Kinder und Jugendliche betrafen, fasste das 1922 vom Reichstag verabschiedete Reichsjugendwohlfahrtsgesetz (RJWG) zusammen, systematisierte sie dabei und legte Zuständigkeiten fest. Nicht integriert waren dabei das Schulrecht und die Strafrechtspflege, für die es ab 1923 mit dem Reichsjugendgerichtsgesetz (RJGG) eine besondere Rechtsgrundlage gab.

Das RJWG verankerte ein „Recht auf Erziehung" (vgl. Abb. 3.1), fasste unter den beiden synonymen Oberbegriffen „Jugendwohlfahrt" und „Jugendhilfe" die beiden Bereiche Jugendfürsorge und Jugendpflege zusammen, schrieb die Einrichtung von Jugendämtern und Landesjugendämtern und verbindlichen Aufgaben für diese vor. Und schließlich regelte es das Zusammenwirken der öffentlichen (kommunalen) Jugendhilfe mit den sog. freien Einrichtungen und Trägern.

Das RJWG stellte mit seinem umfassenden Integrationsversprechen für alle Kinder und Jugendlichen einen sozialpolitischen Fortschritt dar und für die Jugendhilfe und ihre Einrichtungen und Träger wurde ein einendes Band geflochten. Gleichwohl stieß es auch und vor allem in Fachkreisen auf Kritik: Das RJWG sei ein bloßes Organisations- und Zuständigkeitsgesetz, nämlich ein Jugend*amts*-

Abbildung 3.1   Paragraf 1 RJWG ©

> **Reichsgesetz für Jugendwohlfahrt. Vom 9. Juli 1922.**
>
> Der Reichstag hat das folgende Gesetz beschlossen, das mit Zustimmung des Reichsrats hiermit verkündet wird:
>
> **Abschnitt 1**
> **Allgemeines**
> **§ 1**
>
> Jedes deutsche Kind hat ein Recht auf Erziehung zur leiblichen, seelischen und gesellschaftlichen Tüchtigkeit.
>
> Das Recht und die Pflicht der Eltern zur Erziehung werden durch dieses Gesetz nicht berührt. Gegen den Willen des Erziehungsberechtigten ist ein Eingreifen nur zulässig, wenn ein Gesetz es erlaubt.
>
> Insoweit der Anspruch des Kindes auf Erziehung von der Familie nicht erfüllt wird, tritt, unbeschadet der Mitarbeit freiwilliger Tätigkeit, öffentliche Jugendhilfe ein.

gesetz, sein Schwerpunkt läge auf der Jugendfürsorge, es regle vor allem staatliche Eingriffe usw. Diese Kritiken erhoben sich schon bei seiner Verabschiedung und sie sollten nicht verstummen, bis dann 1990/91, nach jahrzehntelangen Diskussionen, Aushandlungen und gescheiterten Gesetzgebungsverfahren das heutige SGB VIII an seine Stelle trat (grundlegend: Sachße 2018). Diese Einwände waren durchaus begründet, nicht nur gegenüber der Ursprungsfassung von 1922, sondern auch noch nach den Novellen von 1953 und 1961. Gleichwohl bot das Gesetz den engagierten Trägern der Kinder- und Jugendhilfe sowie den Jugend- und Landesjugendämtern die Grundlage, um dann verstärkt zunächst in den 1920er und dann nochmals ab den 1970er Jahren die Jugendhilfe breit auszugestalten und zu differenzieren. Die bis dahin geschaffenen innovativen Angebote, Einrichtungen und Maßnahmen konnten 1990 im neuen Kinder- und Jugendhilfegesetz (SGB VIII) gesetzlich festgeschrieben werden.

3.2 Zur Kinder- und Jugendhilfe ab 1990

Vergleicht man § 1 des SBG VIII mit dem des RJWG (s. Abb. 3.1), lassen sich Parallelen aber auch Neuerungen erkennen, die für die Kinder- und Jugendhilfe von grundlegender Bedeutung sind: Grundsätzlich dieselben Aussagen finden sich trotz zeitgemäßer Formulierungen in den Absätzen 1 und 2. Neu ist in Absatz 3 das Ziel, Benachteiligungen zu vermeiden oder abzubauen. Neu und in seiner Tragweite nicht zu überschätzen ist auch Abs. 4, der von der Jugendhilfe fordert, dazu beizutragen, positive Lebensbedingungen für junge Menschen und ihre Familien sowie eine kinder- und familienfreundliche Umwelt zu erhalten oder zu schaffen. Zugleich wurden die Rechtsansprüche (der Eltern) gestärkt und die Systematisierung des Gesetzes in der Weise geändert, dass die unverzichtbaren Eingriffsaufgaben (etwa bei Gefährdung des Kindeswohls) weiter hinten im Gesetzestext platziert wurden (§§ 42 f.). Es sollte symbolisiert werden, dass hier ein „modernes Dienstleistungsgesetz" geschaffen wurde.

Abbildung 3.2 Paragraf 1 SGB VIII ©

SGB VIII § 1 Recht auf Erziehung, Elternverantwortung, Jugendhilfe

(1) Jeder junge Mensch hat ein Recht auf Förderung seiner Entwicklung und auf Erziehung zu einer eigenverantwortlichen und gemeinschaftsfähigen Persönlichkeit.

(2) Pflege und Erziehung der Kinder sind das natürliche Recht der Eltern und die zuvörderst ihnen obliegende Pflicht. Über ihre Betätigung wacht die staatliche Gemeinschaft.

(3) Jugendhilfe soll zur Verwirklichung des Rechts nach Absatz 1 insbesondere 1. junge Menschen in ihrer individuellen und sozialen Entwicklung fördern und dazu beitragen, Benachteiligungen zu vermeiden oder abzubauen,
2. Eltern und andere Erziehungsberechtigte bei der Erziehung beraten und unterstützen,
3. Kinder und Jugendliche vor Gefahren für ihr Wohl schützen,
4. dazu beitragen, positive Lebensbedingungen für junge Menschen und ihre Familien sowie eine kinder- und familienfreundliche Umwelt zu erhalten oder zu schaffen.

3.3 Zu den Leistungen, Aufgaben und Strukturen der Jugendhilfe

Grundsätzlich unterscheidet das SGB VIII zwischen *Leistungen* und *anderen Aufgaben*. Die „Leistungserbringung" erfolgt weit überwiegend nicht durch die Kommune als öffentlichem Träger selbst, sondern durch freie Träger. Diese Delegation bei gleichzeitiger öffentlicher Finanzierung entspricht dem Subsidiaritätsprinzip (→ Kap. 10) des bundesdeutschen Sozialstaats. Die „anderen Aufgaben" werden von den Kommunen selbst wahrgenommen, denn es handelt sich dabei um sog. hoheitliche Aufgaben, die nicht an freie Träger delegiert werden dürfen (vgl. Abb. 3.2; § 2 (3) SGB VIII). Nur ein öffentlicher Träger darf beispielsweise im Rahmen des staatlichen Wächteramts unter bestimmten Bedingungen in Grundrechte wie das Elternrecht auf Erziehung eingreifen.

Von besonderer Bedeutung für die Praxis ist dabei, dass die Kinder- und Jugendhilfe mit einer in der Sache widersprüchlichen rechtlichen Anforderung konfrontiert ist: Zum einen soll sie (mit ihren Leistungen) konsequent an den Bedürfnissen der Anspruchsberechtigten ausgerichtet sein. Zum anderen ist sie verpflichtet, in bestimmten Fällen (durch die Wahrnehmung der anderen/hoheitlichen Aufgaben) auch gegen den Willen der Kinder, Jugendlichen oder Eltern zu handeln. Welche Maßnahme wann im Rahmen dieses „doppelten Mandats" zu ergreifen ist, muss im Einzelfall entschieden werden. Diese Entscheidung richtet sich prinzipiell am Kindeswohl aus. Das Verfahren beim Vorliegen von Anhaltspunkten für eine Kindeswohlgefährdung ist in einem speziellen Paragrafen (§ 8a) im Jahr 2005 nachträglich umfassender als zuvor in §§ 42 ff. geregelt worden.

Die Ziele, die daraus abgeleiteten Aufgaben und die Organisationen der konkreten Umsetzung lassen sich im Überblick wie folgt darstellen:

Abbildung 3.4 verdeutlicht, dass § 1 Abs. 1 des SGB VIII das zentrale Ziel der Kinder- und Jugendhilfe formuliert. Um für alle Kinder und Jugendlichen soziale Integration und elementare Erziehungsleistungen zu gewährleisten, arbeiten öffentliche, freigemeinnützige und privatgewerbliche Träger zusammen und nutzen dabei drei grundsätzliche Strategien – politische Interventionen auf unterschiedlichen Ebenen in diversen Verfahren, Interventionen mit „allgemeinem", eher präventivem Charakter und direkt helfende Interventionen mit individuellem Zuschnitt. Die Abstimmung dieser Interventionen erfolgt auf der kommunalen Ebene durch die Jugendhilfeplanung (→ Kap. 7).

Die folgende Abbildung (Abb. 3.5) verdeutlicht die Einbindung der kommunalen öffentlichen und freien Kinder- und Jugendhilfe in die Landes- und Bundesebene und zeigt dabei, dass die gemeinsame Erfüllung der Aufgaben durch öffentliche und freigemeinnützige Träger auf allen Ebenen gegeben ist.

Abbildung 3.3 Leistungen und Aufgaben der Jugendhilfe gemäß § 2 SGB VIII ©

§ 2. Aufgaben der Jugendhilfe
(1) Die Jugendhilfe umfasst Leistungen und andere Aufgaben zugunsten junger Menschen und Familien.
(2) **Leistungen der Jugendhilfe** sind:
1. Angebote der Jugendarbeit, der Jugendsozialarbeit und des erzieherischen Kinder- und Jugendschutzes (§§ 11 bis 14),
2. Angebote zur Förderung der Erziehung in der Familie (§§ 16 bis 21),
3. Angebote zur Förderung von Kindern in Tageseinrichtungen und in Tagespflege (§§ 22 bis 25),
4. Hilfe zur Erziehung und ergänzende Leistungen (§§ 27 bis 35, 36, 37, 39, 40),
5. Hilfe für seelisch behinderte Kinder und Jugendliche und ergänzende Leistungen (§§ 35a bis 37, 39, 40),
6. Hilfe für junge Volljährige und Nachbetreuung (§ 41).

(3) **Andere Aufgaben der Jugendhilfe** sind
1. die Inobhutnahme von Kindern und Jugendlichen (§ 42),
2. die vorläufige Inobhutnahme von ausländischen Kindern und Jugendlichen nach unbegleiteter Einreise (§ 42a),
3. die Erteilung, der Widerruf und die Zurücknahme der Pflegeerlaubnis (§§ 43, 44),
4. die Erteilung, der Widerruf und die Zurücknahme der Erlaubnis für den Betrieb einer Einrichtung sowie die Erteilung nachträglicher Auflagen und die damit verbundenen Aufgaben (§§ 45 bis 47, 48a),
5. die Tätigkeitsuntersagung (§§ 48, 48a),
6. die Mitwirkung in Verfahren vor den Familiengerichten (§ 50),
7. die Beratung und Belehrung in Verfahren zur Annahme als Kind (§ 51),
8. die Mitwirkung in Verfahren nach dem Jugendgerichtsgesetz (§ 52),
9. die Beratung und Unterstützung von Müttern bei Vaterschaftsfeststellung und Geltendmachung von Unterhaltsansprüchen sowie von Pflegern und Vormündern (§§ 52a, 53),
10. die Erteilung, der Widerruf und die Zurücknahme der Erlaubnis zur Übernahme von Vereinsvormundschaften (§ 54),
11. Beistandschaft, Amtspflegschaft, Amtsvormundschaft und Gegenvormundschaft des Jugendamts (§§ 55 bis 58),
12. Beurkundung (§ 59),
13. die Aufnahme von vollstreckbaren Urkunden (§ 60).

Leistungen, Aufgaben und Strukturen der Jugendhilfe

Abbildung 3.4 Ziele, Aufgaben, Organisationen der Kinder- und Jugendhilfe

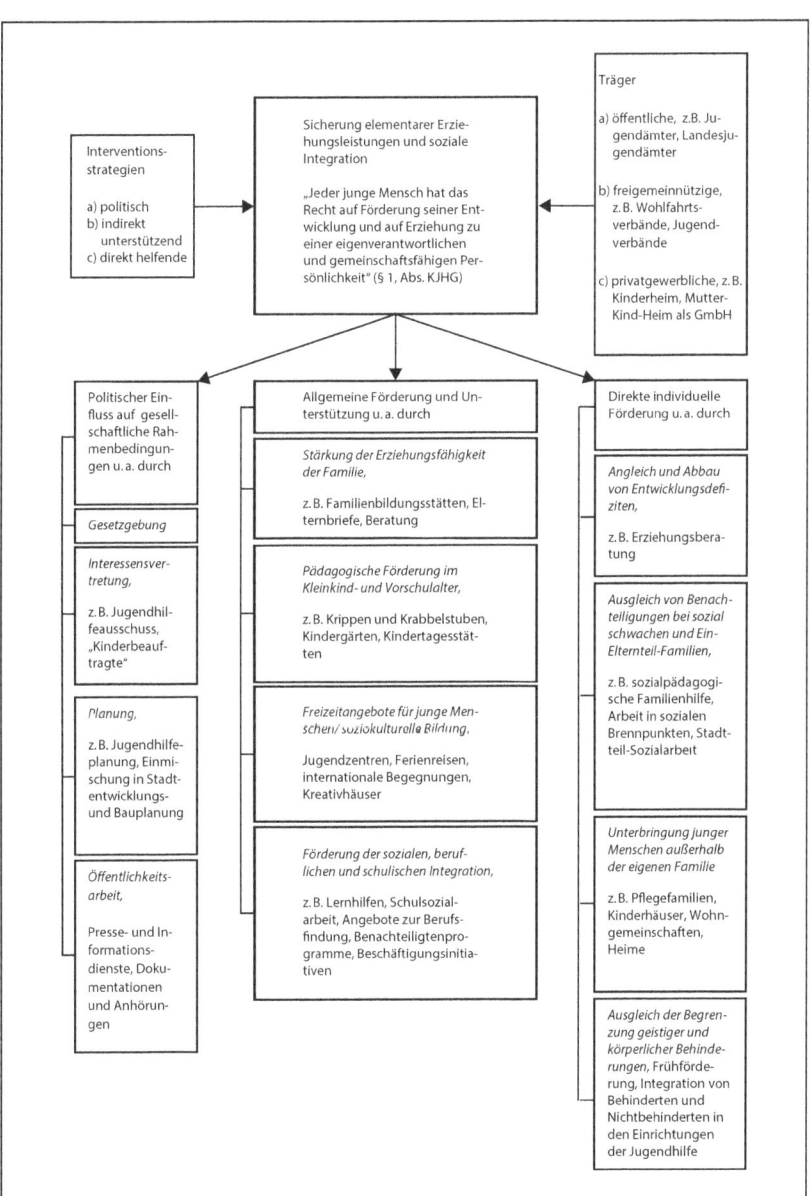

Quelle: Jordan 2005, S. 13 ©

Die oben skizzierte grundsätzliche Ausrichtung und die auch rechtlich verbrieften Möglichkeiten dürfen jedoch nicht darüber hinwegtäuschen, dass es sich bei der Kinder- und Jugendhilfe um ein Spannungsfeld handelt, in dem auf unterschiedlichen Ebenen Zielkonflikte angelegt sind. Dabei gibt es „innere" und „äußere" Zielkonflikte.

Ein grundsätzlicher (innerer) Zielkonflikt ist mit der Verpflichtung einerseits zur allgemeinen Förderung von Kindern, Jugendlichen und ihren Familien, wie

Abbildung 3.5   Die Gesamtstruktur der Kinder- und Jugendhilfe

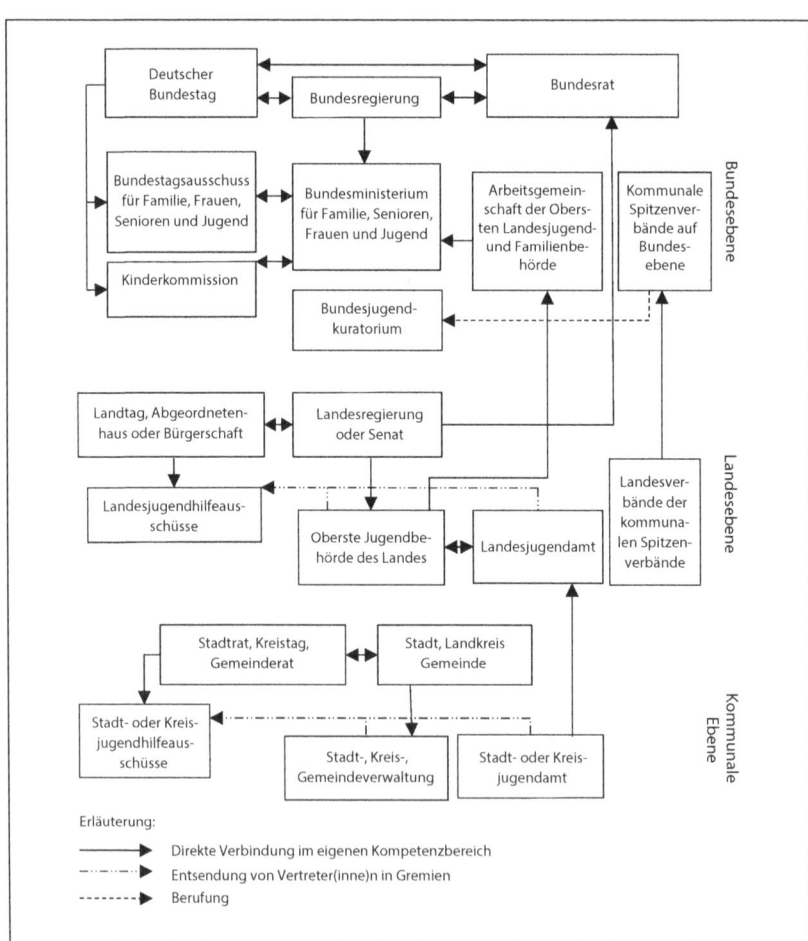

auch andererseits zu individuellen Hilfen und Schutzmaßnahmen gegeben. Die Balance zwischen präventiver Förderung aller und intervenierender Unterstützung einzelner ist fachlich immer wieder neu zu verhandeln. Ein weiterer (äußerer) Zielkonflikt ergibt sich aus der finanziellen Situation der Kommunen. Wirtschafts- und finanzschwache Kommunen mit geringen Steuereinnahmen sehen sich gezwungen, den Mangel an Haushaltsmitteln zu verwalten. Dann liegt es nahe, sich auf die Leistungen und Aufgaben der Kinder- und Jugendhilfe zu kon-

Abbildung 3.5 Fortsetzung

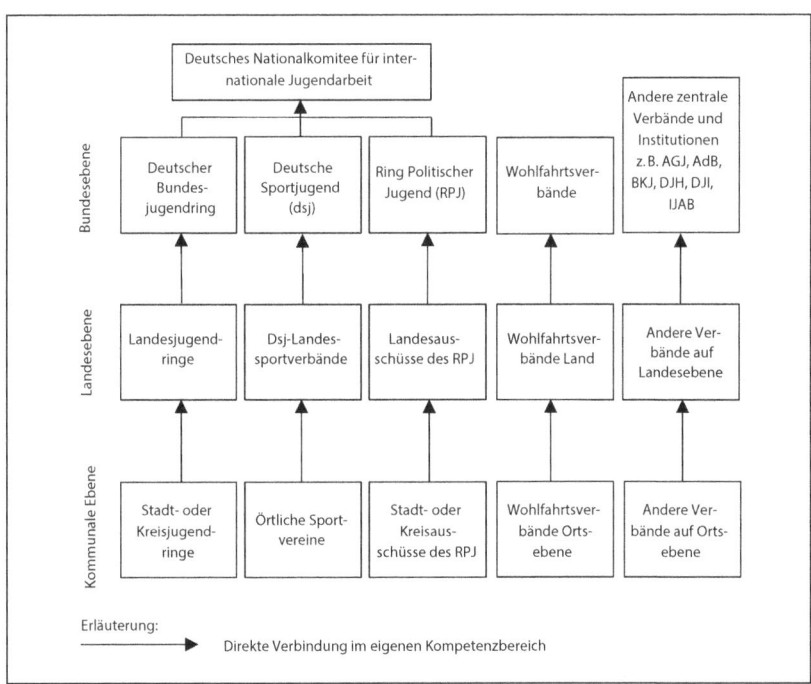

linker Abb.-Teil öffentliche, rechter Abb.-Teil freie Akteure

Quelle: IJAB 2009 [(http://www.kinder-jugendhilfe.info/wai1/showcontent.asp?ThemaID=5002; 15. 04. 2015] ©

Abbildung 3.6 Kinder- und Jugendhilfe als Spannungsfeld

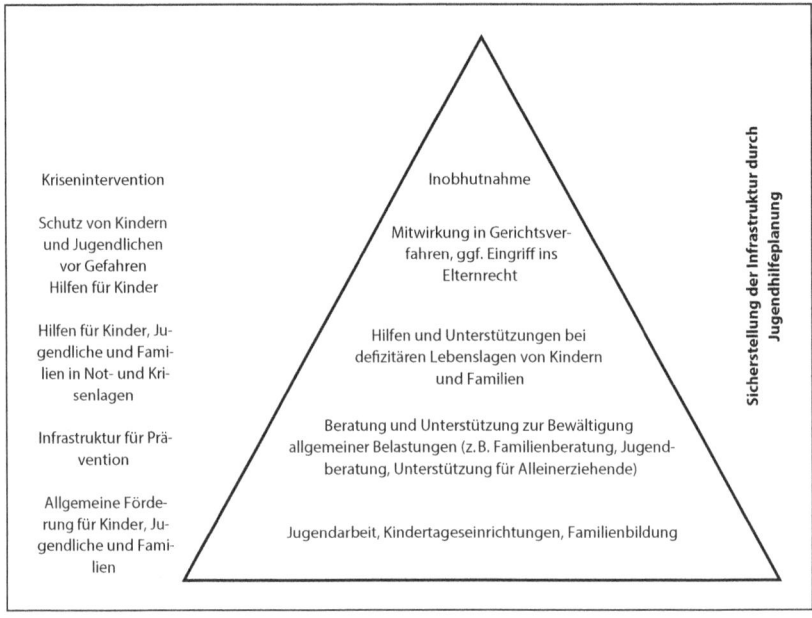

Quelle: IJAB 2009 [(http://www.kinder-jugendhilfe.info/wai1/showcontent.asp?ThemaID=50021; 15.04.2015] ©

zentrieren, die eine besondere Dringlichkeit aufweisen und/oder mit konkret einklagbaren Rechtsansprüchen einhergehen, bzw. zur Sicherung des Kindeswohls nötig sind (Verknüpfung von innerem und äußerem Zielkonflikt). Die Folge ist, dass die soziale Infrastruktur nicht weiterentwickelt werden kann, woraus dann auch fachliche Probleme für die Kinder- und Jugendhilfe erwachsen können (vgl. Abb. 3.6). Dies kann in einer Kommune z.B. daran ersichtlich werden, dass die Angebote der bestehenden Jugendzentren vermindert werden, obwohl fachlich erweiterte Angebote oder sogar ein zusätzliches Jugendzentrum als nötig erachtet werden. Gab es im Jahr 1998 noch rund 33 300 Beschäftige in der (offenen) Kinder- und Jugendarbeit, lag diese Zahl Anfang 2015 nur noch bei etwas mehr als 17 500 (→ Kap. 11).

3.4 Die Kinder- und Jugendhilfe in Zahlen

Seit dem Inkrafttreten des SGB VIII ist im Regelungsbereich des Gesetzes eine stetige Ausgabenexpansion zu verzeichnen. Lagen die Gesamtausgaben für Kinder- und Jugendhilfe um die Jahrtausendwende noch unter 20 Mrd. €, so verdoppelte sich dieser Betrag bis 2015 (die aktuellsten amtlichen Zahlen). Ein Großteil dieses Anstiegs ist auf den umfassenden Ausbau von Kindertagesstätten zurückzuführen. Seit 1996 hat jedes Kind, welches das dritte Lebensjahr vollendet hat, bis zum Eintritt der Schulpflicht nach § 24 (1) SGB VIII einen Rechtsanspruch auf frühkindliche Förderung in einer Tageseinrichtung oder in der Kindestagespflege. Seit dem 1. August 2013 haben Kinder bereits von ihrem ersten Geburtstag an einen Anspruch auf einen solchen Platz. Auch schon vor Vollendung des 1. Lebensjahres gilt dieser Anspruch unter bestimmten Voraussetzungen – wenn diese Leistung für seine Entwicklung zu einer eigenverantwortlichen und gemeinschaftsfähigen Persönlichkeit geboten ist oder die Erziehungsberechtigten a) einer Erwerbstätigkeit nachgehen, eine Erwerbstätigkeit aufnehmen oder Arbeit suchend sind, b) sich in einer beruflichen Bildungsmaßnahme, in der Schulausbildung oder Hochschulausbildung befinden oder c) Leistungen zur Eingliederung in Arbeit im Sinne des SGB II halten. Mit diesen Voraussetzungen ist die Zahl der (potenziell) Anspruchsberechtigten, denen gegenüber die Kommune per Gesetz verpflichtet ist, einen Kita-Platz oder eine Tagesmutter für die Betreuung zur Verfügung zu stellen, sehr groß. In der Folge erhöhten sich die Kosten dafür seit 1996 um das eineinhalbfache – auf mehr als 25 Mrd. € (2015).

Der zweitgrößte Ausgaben- und Aufgabenbereich sind die Hilfen zur Erziehung (HzE), die in den §§ 27 ff. des SGB VIII geregelt sind. Alle übrigen Bereiche der Kinder- und Jugendhilfe sind vergleichsweise wenig kostenintensiv. Erwähnenswert ist noch, dass diesen öffentlichen Ausgaben auch Einnahmen gegenüberstehen, etwa Gebühren für Kitas, die insgesamt aber nur einen Bruchteil der Kosten decken (vgl. Tab. 3.1).

Einen differenzierten Einblick gibt eine weitere Tabelle (Tab. 3.2), in der die Ausgaben für die übrigen Bereiche sowie eine Aufgliederung der einzelnen Maßnahmen der HzE für das Jahr 2015 angeführt werden. Die Zahlenverhältnisse zeigen sich unmittelbar in der Tabelle und brauchen deshalb hier nicht weiter ausgeführt zu werden. Stattdessen ein Hinweis auf etwas, was weniger offensichtlich ist: In der Tabellenüberschrift ist von Leistungsarten und Aufgabenfeldern die Rede. Das verweist darauf, dass das, was im SGB VIII als Leistungen vorgesehen ist, bei der praktischen Gesetzesanwendung zur Bildung von Aufgabenfeldern oder Praxisfeldern der Kinder- und Jugendhilfe führt. Recht ist nicht als eine „lästige Rahmenbedingung" oder bloß als „Fessel der Sozialen Arbeit" anzusehen, sondern eine wichtige Basis und vielfach auch ihre Voraussetzung.

Tabelle 3.1 Ausgaben und Einnahmen der öffentlichen Jugendhilfe (in 1 000 €)

Jahr	Insgesamt	darunter für Tageseinrichtungen für Kinder	Hilfe zur Erziehung Eingliederungshilfen[1]	Einnahmen	Reine Ausgaben
2001	19 210 662	10 427 626	5 124 549	2 098 195	17 112 466
2002	20 176 896	10 951 366	5 476 958	2 177 703	17 999 194
2003	20 612 447	11 290 788	5 636 946	2 212 071	18 400 376
2004	20 671 147	11 430 891	5 634 389	2 134 939	18 536 208
2005	20 865 232	11 542 452	5 668 067	2 042 990	18 822 242
2006	20 924 286	11 638 762	5 650 389	2 171 699	18 752 587
2007	22 798 216	13 091 747	5 911 269	2 247 134	20 551 082
2008	24 583 518	14 227 842	6 406 879	2 341 654	22 241 864
2009	26 906 600	16 223 407	7 104 488	2 614 958	24 291 642
2010	28 893 054	17 384 754	7 512 224	2 616 268	26 276 786
2011	30 529 519	18 490 327	7 838 176	2 634 008	27 895 510
2012	32 231 903	19 720 234	8 204 275	2 444 504	29 787 399
2013	35 526 752	22 270 131	8 706 551	2 707 200	32 819 552
2014	37 790 413	23 741 065	9 293 822	2 856 231	34 934 182
2015	40 717 755	25 389 906	10 260 262	2 990 822	37 726 932

[1] Hilfe zur Erziehung, Eingliederungshilfe für seelisch behinderte Kinder und Jugendliche, Hilfe für junge Volljährige und Inobhutnahme

Quelle: Destatis [https://www.destatis.de/DE/ZahlenFakten/GesellschaftStaat/Soziales/Sozialleistungen/ KinderJugendhife/Tabellen/AusgabenEinnahmenEntwicklung.html;jsessionid=AF9486E08E3A3C17A3BF0D96 EB3B9313.cae2; 10. 01. 2017]

Die Kinder- und Jugendhilfe in Zahlen

Tabelle 3.2 Ausgaben der KJH nach Arbeitsfeldern/Leistungsarten 2015 (in Mio. €)

Insgesamt	40 718
Kindertagesbetreuung	26 355
dav. Ausgaben für den laufenden Betrieb	24 238
Investitionsausgaben	1 152
Kindertagespflege	965
Kinder- und Jugendarbeit	1 768
Jugendsozialarbeit	513
Hilfe zur Erziehung[2]	7 276
dav. Andere erzieherische Hilfen	405
Institutionelle Beratung	79
Soziale Gruppenarbeit	95
Erziehungsbeistand/ Betreuungshelfer	261
Sozialpädagogische Familienhilfe	839
Erziehung in deiner Tagesgruppe	458
Vollzeitpflege	1 099
Heimerziehung/sonstige Betreute Wohnform	3 928
Intensive Sozialpädagogische Einzelbetreuung	113
Eingliederungshilfe für seelisch behinderte junge Menschen	1 274
Hilfen für junge Volljährige	718
Vorläufige Schutzmaßnahmen	623
Sonstige Ausgaben	2 191

Quelle: Destatis [https://www.destatis.de/DE/ZahlenFakten/GesellschaftStaat/Soziales/Sozialleistungen/ Kindertagesbetreuung/Tabellen/Tabellen_Ausgaben.html; 10. 01. 2017]

Die größte Beschäftigungsgruppe im Bereich der Kindertagesstätten bilden die ErzieherInnen. SozialpädagogInnen und SozialarbeiterInnen sind hier mit weniger als 17 000 Beschäftigten eine vergleichsweise kleine Gruppe, aber sie nehmen dort häufig Leitungspositionen ein. Ungleich größer ist die Anzahl der die Stellen für SozialpädagogInnen und SozialarbeiterInnen in den übrigen Bereichen der Kinder- und Jugendhilfe und hier insbesondere bei den Hilfen zur Erziehung.

Tabelle 3.3 Beschäftigte in Kindertageseinrichtungen 2016

Beschäftigte Insgesamt	666 455
Beschäftigte nach Hauptarbeitsbereich	
Gruppenleitung	218 916
Zweit- und Ergänzungskraft	224 278
Förderung von Kindern mit (drohender) Behinderung in der Tageseinrichtung	21 868
Leitung	30 832
Verwaltung	5 530
Gruppenübergreifend tätig	74 769
Hauswirtschaftlicher und technischer Bereich	90 262
nach Beschäftigungsumfang	
mit 38,5 und mehr Wochenstunden	208 300
mit 21 bis unter 38,5 Wochenstunden	283 908
mit unter 21 Wochenstunden	174 247
darunter pädagogisches, Leitungs- und Verwaltungspersonal nach ausgewählten Berufsausbildungsabschlüssen	
Diplom-Sozialpädagogen/-innen, Diplom-SozialarbeiterInnen	16 726
ErzieherInnen	385 456
KinderpflegerInnen	64 480
PraktikantInnen im Anerkennungsjahr	12 440
Ohne abgeschlossene. Berufsausbildung	13 526

Quelle: Destatis [https://www.destatis.de/DE/ZahlenFakten/GesellschaftStaat/Soziales/Sozialleistungen/Kindertagesbetreuung/Tabellen/Tabellen_Beschaeftigte.html; 20. 02. 2018]

Die Kinder- und Jugendhilfe in Zahlen

Tabelle 3.4 Beschäftigte in der Kinder- u. Jugendhilfe ohne Kindertageseinrichtungen (Anfang 2015)

Anzahl der Einrichtungen	32 893
davon …	
… Einrichtungen öffentlicher Träger	7 372
… Einrichtungen freier Träger	25 521
Genehmigte Plätze	310 596
Tätige Personen insgesamt	231 123
davon …	
… Pädagogisches Personal	206 734

Quelle: Statistisches Bundesamt: Statistiken der Kinder- und Jugendhilfe, 2014; eigene Berechnungen

Tabelle 3.5 Erzieherische Hilfen in den Jahren 2008 und 2015

Kinder- und Jugendhilfe
Erzieherische Hilfe, Eingliederungshilfe für seelisch behinderte junge Menschen, Hilfe für junge Volljährige

Gegenstand der Nachweisung	2008	2015
	Hilfen/Beratungen am 31.12.	
Einzelhilfen/Beratungen zusammen	335 060	431 546
Hilfe zur Erziehung § 27 SGB VIII	7 148	12 980
Erziehungsberatung § 28 SGB VIII	132 913	141 825
Soziale Gruppenarbeit § 29 SGB VIII	7 490	9 197
Einzelbetreuung § 30 SGB VIII	23 280	30 243
Erziehung in einer Tagesgruppe § 32 SGB VIII	16 997	16 204
Vollzeitpflege § 33 SGB VIII	54 429	71 501
Heimerziehung, sonstige betreute Wohnform § 34 SGB VIII	58 690	81 310
Intensive sozialpädagogische Einzelbetreuung § 35 SGB VIII	3 487	4 213
Eingliederungshilfe für seelisch behinderte junge Menschen § 35a SGB VIII	30 626	64 073
Familienorientierte Hilfen zusammen	66 539	88 168
§ 27 SGB VIII insgesamt – Familienorientiert	14 259	16 643
Sozialpädagogische Familienhilfe § 31 SGB VIII	52 280	71 525
Insgesamt	401 599	519 714

Quelle: Destatis [https://www.destatis.de/DE/Publikationen/Thematisch/Soziales/KinderJugendhilfe/ErzieherischeHilfeErziehungsberatung5225101157004.pdf?__blob=publicationFile; 20. 02. 2018]

Tabelle 3.6 Kinder in Einrichtungen der Kindertagesbetreuung am 01.03.2017

Gegenstand der Nachweisung	2012	2013	2014	2015	2016	2017
Insgesamt	3 163 599	3 213 165	3 285 126	3 341 786	3 413 553	3 499 206
0–3 Jahre	472 176	503 926	561 569	593 639	614 600	645 077
3–7 Jahre (ohne Schulkinder)	2 233 171	2 242 276	2 263 451	2 275 306	2 312 214	2 354 261
5–14 Jahre (nur Schulkinder)	452 073	460 553	453 973	468 034	480 383	494 673
7 Jahre und älter (Nicht-Schulkinder)	6 179	6 410	6 133	4 807	6 356	5 195

Quelle: Destatis [https://www.destatis.de/DE/Publikationen/Thematisch/Soziales/KinderJugendhilfe/TageseinrichtungenKindertagespflege.html; 20.02.2018]

Anhand der vorstehenden Tabellen zeigen sich Größe und Bedeutung der aktuellen Kinder- und Jugendhilfe. Summarisch: In den fast 33 000 Einrichtungen der Kinder- und Jugendhilfe (ohne Kindertagesstätten), mit mehr als 310 000 Plätzen und mehr als 230 000 Beschäftigen werden fast 520 000 Kinder, Jugendliche und junge Erwachsene (mit ihren Erziehungsberechtigten) erfasst und begleitet. Dazu kommen die Kindertagesstätten, die vormals nur als „Nothilfeeinrichtungen" galten, die inzwischen den größten Teil der Kinder in den entsprechenden Altersgruppen betreuen. Im Jahr 2017 waren das nahezu 3,5 Mio. Kinder.

3.5 Aktuelles und Ausblick

Die oben dargestellte Entwicklung der Rechtsansprüche, der Zahl und Art der Einrichtungen sowie der in diesem Bereich Beschäftigten macht deutlich, dass die Kinder- und Jugendhilfe – wie andere Felder der Sozialen Arbeit auch – im Kontext eines permanenten sozialen Wandels steht. Damit korrespondieren selbstverständlich auch Diskussionen über die fachliche Ausrichtung. Sie haben auch nach dem Inkrafttreten des SGB VIII nie an Dynamik verloren. Will man die fachlichen Debatten in der Kinder- und Jugendhilfe im Zeitverlauf nachvollziehen, können die Kinder- und Jugendberichte der Bundesregierung zu den Lebenslagen von Kindern und Jugendlichen als eine Art Nachschlagewerk genutzt werden. Sie werden seit 1965 in regelmäßigen Abständen erstellt. Die Erstellung dieser Berichte ist seit dem Inkrafttreten des SGB VIII gesetzlich geregelt.

Eines der aktuellen Themen ist das Verhältnis der Eltern- und Kinderrechte, das im Zusammenhang mit der sog. Kindeswohlgefährdung von besonderer Bedeutung ist. Die öffentliche Aufmerksamkeit dafür ist in den letzten Jahren nach Todesfällen von Kindern ebenso deutlich gestiegen wie das öffentliche Handeln (vgl. Wissensbaustein: SGB VIII § 8a: Schutzauftrag bei Kindeswohlgefährdung und Tab. 3.7).

> **Wissensbaustein: SGB VIII § 8a: Schutzauftrag bei Kindeswohlgefährdung**
>
> Werden dem Jugendamt gewichtige Anhaltspunkte für die Gefährdung des Wohls eines Kindes oder Jugendlichen bekannt, so hat es das Gefährdungsrisiko im Zusammenwirken mehrerer Fachkräfte abzuschätzen. Dabei sind die Personensorgeberechtigten sowie das Kind oder der Jugendliche einzubeziehen, soweit hierdurch der wirksame Schutz des Kindes oder des Jugendlichen nicht in Frage gestellt wird. Hält das Jugendamt zur Abwendung der Gefährdung die Gewährung von Hilfen für geeignet und notwendig, so hat es diese den Personensorgeberechtigten oder den Erziehungsberechtigten anzubieten.

Tabelle 3.7 Kindeswohlgefährdungen in Zahlen

Gegenstand der Nachweisung	2012	2013	2014	2015	2016
Verfahren insgesamt	106 623	115 687	124 213	129 485	136 925
davon …					
… akute Gefährdung	16 875	17 211	18 630	20 806	21 571
… latente Gefährdung	21 408	21 411	22 419	24 188	24 206
… keine Gefährdung, aber Hilfebedarf	33 884	37 848	41 543	43 185	46 623
… keine Gefährdung und kein (weiterer) Hilfe-/Unterstützungsbedarf	34 456	39 217	41 621	41 306	44 525

Quelle: Destatis [https://www.destatis.de/DE/ZahlenFakten/GesellschaftStaat/Soziales/Sozialleistungen/KinderJugendhilfe/KinderJugendhilfe.html; 10. 01. 2017]

Im Vergleich zum Jugendwohlfahrtsgesetz (JWG) stellt das neue Kinder- und Jugendhilfegesetz (SGB VIII) die Elternrechte stärker in den Vordergrund. Das ist auch daran erkennbar, dass die Erziehungsberechtigten nun auch häufiger als Antrags- und Anspruchsberechtigte benannt werden. Aktuell liegt der Regierungsentwurf eines „Gesetzes zur Stärkung von Kindern und Jugendlichen" (Kinder- und Jugendstärkungsgesetz – KJSG) vor, das u. a. in dieser Hinsicht eine gravierende Änderung enthält. Die Kinderrechte sollen gegenüber den Elternrechten gestärkt werden, womit zugleich die Eingriffsmöglichkeiten des Staates bei einer angenommenen Gefährdung des Kindeswohls größer werden. Diese und weitere Änderungen der bestehenden gesetzlichen Grundlagen der Kinder- und Jugendhilfe durch den Entwurf werden aktuell breit und kontrovers debattiert (zur Ambivalenz des KJSG vgl. Hünersdorf 2017).

Alle Fachdebatten und Reformen der Kinder- und Jugendhilfe stoßen jedoch an Grenzen, die sich aus gesellschaftlichen Rahmenbedingungen ergeben. Zwar können sich ihre Akteure fachlich in die Gesetzgebung einbringen, sich als Interessenvertreter engagieren, sich in kommunale Planungsprozesse über die Jugendhilfe hinaus einbringen und durch Öffentlichkeitsarbeit auf Probleme ihrer AdressatInnen aufmerksam machen. Auf Phänomene wie kriegs- und armutsbedingte Flucht, Kinderarmut, „Freisetzung" der Eltern und Jugendlichen in prekäre Arbeitsverhältnisse haben sie jedoch keinen Einfluss. Die Fachkräfte, auch ihre Berufsorganisationen und mit einschlägigen Themen befasste WissenschaftlerInnen, können darauf allenfalls reagieren.

Fragen zur Reflexion

- Welche grundsätzlichen Fortschritte wurden mit dem RJWG erzielt?
- Welche grundsätzlichen Neuerungen brachte das SGB VIII gegenüber dem RJWG mit sich?
- Was ist der Unterschied zwischen Leistungen und anderen Aufgaben der Kinder- und Jugendhilfe?
- Nach welchem Prinzip erfolgt die Übertragung von Leistungen der Kinder- und Jugendhilfe von der Kommune auf andere Träger?

Literatur zu Vertiefung

- Jordan, Erwin; Mayus, Stephan; Stuckstätte, Eva Christina (2015): Kinder- und Jugendhilfe. 4. überarb. Aufl. Weinheim und München: Beltz Juventa
- Schröer, Wolfgang; Struck, Norbert; Wolff, Mechthild (Hrsg.) (2016): Handbuch Kinder- und Jugendhilfe. Studienausgabe. Basel und Weinheim: Beltz Juventa

Quellen

Hünersdorf, Bettina (2017): Zur Ambivalenz von Kinderrechten im Kinder- und Jugendstärkungsgesetz. In: Soziale Passagen 2017/9, S. 317–328
Jordan, Erwin (2005): Kinder- und Jugendhilfe, 1. Aufl., Weinheim und München: Juventa
Sachße, Christoph (2018): Die Erziehung und ihr Recht. Vergesellschaftung und Verrechtlichung von Erziehung in Deutschland 1870–1990. Basel und Weinheim: Beltz Juventa

---

Zusammenfassung

Die Kinder- und Jugendhilfe ist das größte Arbeitsfeld für SozialarbeiterInnen und SozialpädagogInnen in der Bundesrepublik. Mit dem SGB VIII liegt für dieses Feld eine bundeseinheitliche Rechtsgrundlage vor, die als modernes Leistungsrecht bezeichnet werden kann. Das Gesetz unterscheidet zwischen Leistungen, die die Kommunen als öffentliche Träger an freie Träger delegieren können, und anderen Aufgaben, deren Übertragung nicht möglich ist. Den Kommunen obliegt auch die Infrastrukturplanung, mithin auch das Management der inneren Zielkonflikte der Kinder und Jugendhilfe, die sich in besonderer Weise im Spannungsfeld zwischen Prävention und Intervention bewegt.

Keywords: Jugendfürsorge, Jugendpflege, Kinder- und Jugendhilfe, Leistungen, Aufgaben, SGB VIII

Gesundheitsbezogene Hilfen 4

▶ **Teaser:** Dieses Kapitel verweist auf die historischen Grundlagen der gesundheitsbezogenen Hilfen und skizziert ihr ganzheitliches Verständnis von Gesundheit. Es werden außerdem die Bereiche, in denen gesundheitsbezogene Hilfen geleistet werden, und die Merkmale Sozialer Arbeit in Gesundheitsversorgung und Gesundheitswesen benannt.

4.1 Zur Geschichte der gesundheitsbezogenen Hilfen

Die sich seit Beginn des 19. Jahrhunderts rasant entwickelnde Industrie war zunehmend auf ausgebildete Arbeitskräfte angewiesen. Die Gesundheit dieser Arbeiterinnen und Arbeiter, aber auch ihrer Kinder galt nun mehr und mehr als „produktives Gut", das allerdings vielfältigen Gefährdungen ausgesetzt war. Die Industrialisierung ging mit einer Verstädterung einher. Aus Kleinstädten und Dörfern entwickelten sich innerhalb weniger Jahrzehnte Großstädte mit vielen Hunderttausenden BewohnerInnen, für die kein ausreichender Wohnraum zur Verfügung stand. In den geschaffenen „Mietkasernen" hausten nicht selten in jedem kleinen, niedrigen Zimmer ganze Familien, mit vier, sechs, acht oder mehr Personen (vgl. Abb. 4.1). Diese Zusammenballung von Menschen auf engstem Raum schuf gesundheitliche Probleme. Es entstanden Krankheits- und Seuchenherde in vorher ungekanntem Ausmaß. Dies untergrub nicht nur die benötigte Arbeitskraft des entstehenden Proletariats. Zudem war die Gefahr eines Übergreifens von Seuchen auf die bürgerlichen Viertel der Städte sehr real.

© Springer Fachmedien Wiesbaden GmbH, ein Teil von Springer Nature 2018
K. Aner und P. Hammerschmidt, *Arbeitsfelder und Organisationen der Sozialen Arbeit*, Basiswissen Soziale Arbeit 6, https://doi.org/10.1007/978-3-658-20564-5_4

50   Gesundheitsbezogene Hilfen

Abbildung 4.1   Zeitgenössische Kritik an den Mietskasernen

Zeichnung „Lieschen im Jrünen", Heinrich Zille, Berlin 1916 ©

Die bestehende Institution des städtischen Armenarztes war dem nicht gewachsen. Das städtische Bürgertum reagierte darauf im Verlauf des 19. Jahrhundert mit drei Typen von Maßnahmen: a) Aus den städtischen Spitälern und Armenhäusern wurden kommunale Krankenhäuser im heutigen Sinne entwickelt. b) Es wurden Maßnahmen zur Verhältnisprävention ergriffen, die gesundheitsschädlichen Verhältnissen entgegen wirken sollten. Dazu gehörten etwa die Versorgung mit sauberem Trinkwasser (Wasserleitungen), die Einrichtung einer Kanalisation (Abwasserbeseitigung) und Müllabfuhr sowie Badeanstalten. c) Zusätzlich wurde mit Maßnahmen reagiert, die vornehmlich auf Verhaltensprävention abzielten. Denn zu den Gefährdungen zählten für das Bürgertum auch die dem Arbeitermilieu zugeschriebenen „unvernünftigen" Verhaltensweisen. Als Lösung galt, eine „vernünftige", also eine rationale, bürgerliche Lebensführung und hygienisches Verhalten als Normen auch im Industrieproletariat zu verankern. Zu dieser „Normalisierung" sollte die Armen- und Gesundheitsfürsorge beitragen, indem sie in Ergänzung der ärztlichen Aufgaben zugleich fürsorgerisch, psychosozial und (gesundheits-)erziehend wirkt. Ärzte, Fürsorgerinnen und Mütter sollten ein Bündnis mit Vorbildwirkung für Familien und Nachbarschaften eingehen. Das Mandat der Fürsorgerinnen war ein dreifaches: Hilfe, Kontrolle und Gesundheitserziehung. Um dieses Ziel praktisch erreichen zu können, wurden Beratungs- und sonstige Angebote geschaffen. Zum einen richteten sie sich an besonders gefährdete Gruppen – etwa Schwangere, Wöchnerinnen, Säuglinge und Kleinkinder –, zum anderen auf die „großen" Volkskrankheiten wie Tuberkulose, aber auch Trunksucht und Geschlechtskrankheiten. Die Methode des individuellen Aufsuchens (Besuchsprinzip) der Familien wurde von der klassischen Armenfürsorge übernommen und durch das Aufsuchen von Schulen ergänzt. Darüber hinaus erfolgte die Einrichtung von Fürsorgestellen, an die sich die KlientInnen selbst wenden konnten. Die „richtige" Haushaltsführung, einschließlich Säuglingsernährung und Sauberkeitstraining sowie der Umgang mit Kranken, waren häufig vermittelte Inhalte, Zielgruppen dementsprechend meist Frauen und Kinder (Hammerschmidt/Tennstedt 2002). Gegen Ende des Kaiserreichs richteten Kommunen zunehmend besondere Ämter für ihre gesundheitsbezogenen Aktivitäten ein: das waren die (kommunalen) Gesundheitsämter (→ Kap. 8). Eine Ergänzung fanden diese städtischen Angebote durch vergleichbare seitens der freien sozial-caritativen Träger (vgl. ebd., S. 67 f.).

Das dreifache Mandat von Hilfe, Kontrolle und Gesundheitserziehung trug das strukturelle Risiko der Instrumentalisierung von Beginn an in sich, insbesondere durch die Konstruktion von „Risikogruppen", die nach dem Ende der Weimarer Republik im faschistischen deutschen Staat mit der NS-Rassenhygiene unmenschliche Qualität und Ausmaße annahm (→ Kap. 8). Gerade die Konstruktion von Risikogruppen beruhte auf einem eindimensional medizinischen, zudem subjektivierenden Verständnis von Gesundheit als Norm und Krankheit als Abweichung. Die gesundheitsbezogenen Selbsthilfe- und Reformbewegungen in der Bundesrepublik der 1970er und 1980er Jahre kritisierten dieses Verständnis und den Umgang mit denjenigen, die von den Gesundheitsnormen abwichen. Sie konnten ihre Position auf wissenschaftliche Erkenntnisse stützen. So belegen sozialepidemiologische Daten den engen Zusammenhang zwischen Armut und gesundheitlichen Einschränkungen. In Ergänzung dazu kann die Versorgungsforschung zeigen, dass sozial benachteiligte Menschen, sowohl präventive als auch kurative und rehabilitative Angebote des Gesundheitswesens seltener als andere in Anspruch nehmen.

4.2 Gesundheit und Krankheit als soziale Phänomene

Einen wesentlichen Schub in Richtung eines lebenslagen-, lebenslauf- und lebensweltbezogenen Verständnisses von „Gesundheit" brachte die sog. Ottawa-Charta der Weltgesundheitsorganisation (WHO) von 1986 mit sich. Schon seit ihrer Konstitution im Jahr 1946 definiert die WHO (vgl. WHO 2006): „Gesundheit ist ein Zustand des völligen körperlichen, geistigen und sozialen Wohlbefindens und nicht nur die Abwesenheit von Krankheit." Weiter ging dann noch die Ottawa-Charta der WHO von 1986 (s. Def.: Gesundheitsförderung)

▶ **Definition: Gesundheitsförderung**
Gesundheitsförderung zielt auf einen Prozess, allen Menschen ein höheres Maß an Selbstbestimmung über ihre Gesundheit zu ermöglichen und sie damit zur Stärkung ihrer Gesundheit zu befähigen. Um ein umfassendes körperliches, seelisches und soziales Wohlbefinden zu erlangen, ist es notwendig, dass sowohl einzelne als auch Gruppen ihre Bedürfnisse befriedigen, ihre Wünsche und Hoffnungen wahrnehmen und verwirklichen sowie ihre Umwelt meistern bzw. sie verändern können. In diesem Sinne ist die Gesundheit als ein wesentlicher Bestandteil des alltäglichen Lebens zu verstehen und nicht als vorrangiges Lebensziel. Gesundheit steht für ein positives Konzept, das die Bedeutung sozialer und individueller Ressourcen für die Gesundheit ebenso betont wie die körperlichen Fähigkeiten. Die Verantwortung für Gesundheitsförderung liegt deshalb nicht nur bei dem Gesundheitssektor, sondern bei allen Politikbereichen und zielt über die Entwicklung gesünderer Lebensweisen hinaus auf die Förderung von umfassendem Wohlbefinden.
Grundlegende Bedingungen und konstituierende Momente von Gesundheit sind Frieden, angemessene Wohnbedingungen, Bildung, Ernährung, ein stabiles Öko-System, eine sorgfältige Verwendung vorhandener Naturressourcen, soziale Gerechtigkeit und Chancengleichheit. Jede Verbesserung des Gesundheitszustandes ist zwangsläufig fest an diese Grundvoraussetzungen gebunden.

Damit ist Gesundheit mehr als die Abwesenheit von Krankheit (die man als folgenreiche Verletzung körperlicher, seelischer, leistungsbezogener Identität bezeichnen kann). Die WHO-Definition erlaubt, Gesundheit als Ergebnis der eigenen Lebensweise wie auch als Ergebnis einer gesunden Umwelt zu betrachten (vgl. Abb. 4.2).

Auf diese Weise werden Individuen, Umwelt und Gesellschaft miteinander in Beziehung gesetzt, wird Gesundheit zum Gegenstand nicht nur ärztlicher, sondern auch politischer und sozialer Gestaltung und werden die Aufgabenbereiche

Gesundheit und Krankheit als soziale Phänomene 53

Abbildung 4.2   Gesundheit und Krankheit

Gesundheit und Krankheit

Abwesenheit von Krankheit ⟷ Störung der Physis, der Psyche/ der Funktion, des Sozialen

Normalität? — Normen kulturell bestimmt Geschlechts- und altersspezifisch subjektiv — Normabweichung negative Bestimmungen

neben negativen Abgrenzungen: (Beschwerdefreiheit etc.)

positive Bestimmungen Seelisches Wohlbefinden, Freude am Leben Leistungsfähigkeit (körperlich, sozial) Erleben von Kompetenz, Zufriedenheit

Gesundheit als Ereignis der eigenen Lebensweise und/ oder einer gesunden / behindertengerechten Umwelt

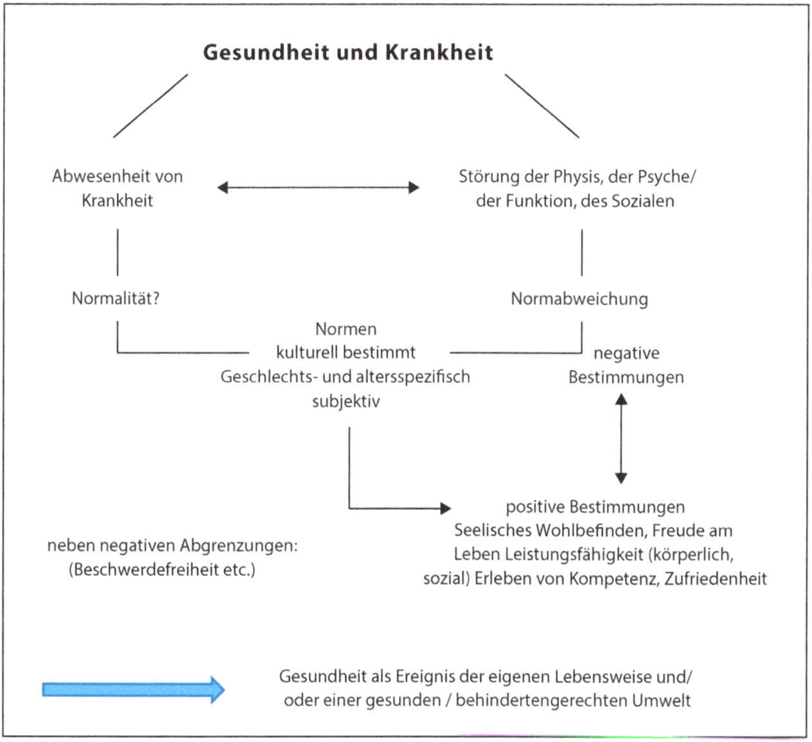

Quelle: eig. Darstellung ©

Sozialer Arbeit im Kontext von „Gesundheit" breiter. Mit dieser ganzheitlichen (weniger pathogenetischen als salutogenetischen)[4] Sichtweise werden Gesundheit und Krankheit nicht als zwei sich ausschließende Kategorien, sondern als Pole auf einem *Gesundheits-Krankheits-Kontinuum* verstanden. Der jeweilige Gesundheitsstatus jedes Menschen wäre demnach irgendwo zwischen diesen Polen anzusiedeln (Daiminger 2015, S. 58 f.). Damit eröffnet sich zugleich eine neue Sicht auf (Krankheits-)Prävention und auf Ansatzmöglichkeiten für eine Gesundheitsförderung (vgl. Abb. 4.3).

---

4   Der Begriff und das Konzept „Salutogenese" begründete der Gesundheitssoziologe Antonovsky (1997), der die herkömmliche Frage: Was macht uns krank? (Pathogenese) durch die Frage: Was hält uns gesund? (Salutogenese) ergänzt.

Abbildung 4.3 Krankheitsprävention und Gesundheitsförderung

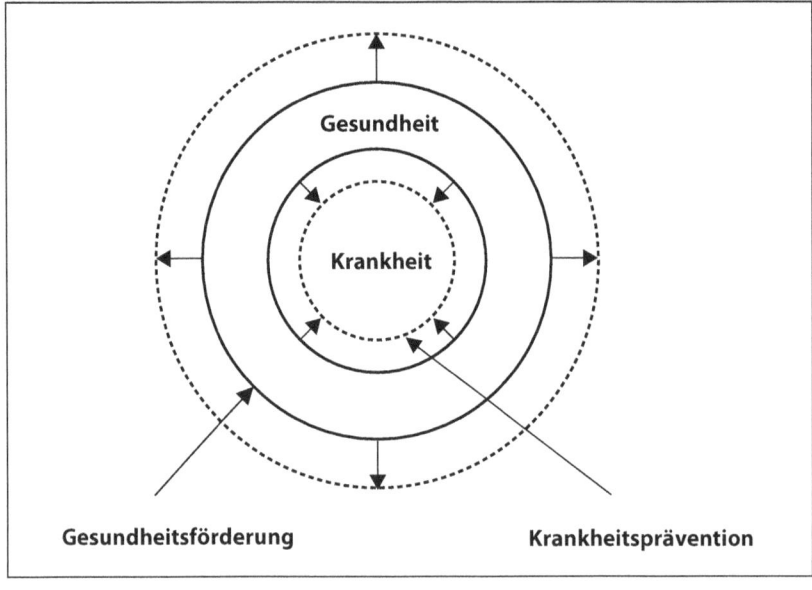

Quelle: eig. Darstellung in Anlehnung an Hurrelmann 2003, S. 99 ©

Hurrelmann (2003, S. 99), dessen grafische Darstellung von Gesundheit hier wiedergegeben wird, erläutert dazu: Wäre Gesundheit eine Scheibe, dann wäre eine Krankheit ein Loch in dieser Scheibe. Krankheitsprävention zielt dann darauf, dass kein Loch entsteht bzw. ein vorhandenes Loch zu schließen. Ein „Gesundheitsgewinn" soll dabei durch Zurückdrängen von Krankheiten erreicht werden. Die Gesundheitsförderung dagegen zielt auf „Gesundheitsgewinne" durch Vergrößerung der Scheibe durch die Verbesserung der Bedingungen für Gesundheit (vgl. Daiminger et al. 2015, S. 19).

4.3 Bereiche gesundheitsbezogener Sozialer Arbeit

Die oben skizzierte weite Definition von Gesundheit macht eine Abgrenzung gesundheitsbezogener Arbeitsbereiche nicht einfach, zumal sich im konkreten Fall Überschneidungen zu den allgemeinen und wirtschaftlichen Hilfen, insbesondere zu den Gesundheitshilfen für nicht krankenversicherte Personen, den Eingliederungshilfen für behinderte Menschen, den Hilfen zur Pflege und den Familienhilfen ergeben. Der Unterschied zwischen den Bereichen besteht im Fokus, der hier auf die Gesundheit, also das umfassende Wohlbefinden, und dort auf die existenzielle Sicherung gerichtet ist.

▸ **Definition: Gesundheitsbezogene Hilfen**
Gesundheitsbezogene Hilfen umfassen alle von der Sozialen Arbeit verantworteten Angebote und Maßnahmen, die darauf gerichtet sind, Gesundheit zu fördern, zu erhalten oder – sofern eine Erkrankung vorliegt – wiederherzustellen.

Die Rechtsgrundlagen für diese Hilfen sind komplex. § 1 SGB V schreibt seit dem Jahr 2002 den Krankenkassen vor, Primärprävention mit dem Ziel gesundheitlicher Chancengleichheit zu betreiben. In der Praxis beruhen die gesundheitsbezogenen Hilfen jedoch fast ausschließlich auf den historisch gewachsenen, darunter auch neueren, von der Selbsthilfebewegung angestoßenen Angeboten.

Traditionelle Bereiche sind die Krankenhaussozialarbeit und die Soziale Arbeit im Öffentlichen Gesundheitsdienst (→ Kap. 8), hier insbesondere die Arbeit mit psychisch und/oder suchtkranken Menschen und mit Kindern, Jugendlichen und Familien (Gesundheitsförderung).

Neu entstandene Bereiche sind spezialisierte Beratungsstellen (zu den Themen Drogen, AIDS, Schwangerschaft/§ 218), die Arbeit mit Selbsthilfegruppen, die betriebliche Gesundheitsförderung, die Gesundheitsförderung im Alter und die (kommunale) Planung und Vernetzung von gesundheitsbezogenen Hilfen. Die organisatorische Zuordnung dieser neu entstandenen Bereiche ist von Kommune zu Kommune unterschiedlich (→ Kap. 8). Sie unterliegt grundsätzlich dem Subsidiaritätsprinzip (→ Kap. 10). Deshalb werden Angebote etwa der AIDS-Prävention, Suchtprävention und -beratung und der Schwangerschaftskonfliktberatung überwiegend von freien Trägern angeboten.

Zwei grundsätzliche Orte der Erbringung gesundheitsbezogener Hilfen lassen sich identifizieren: innerhalb und außerhalb des Gesundheitswesens. Außerhalb des Gesundheitswesens lassen sich die Orte danach unterscheiden, ob es sich um gesundheitsspezifische Orte des Sozialwesens handelt oder um Orte des Sozialwesens, die nicht gesundheitsspezifisch sind. Beispiele finden sich in Tabelle 4.1.

Das Statistische Jahrbuch folgt einer anderen Logik und listet das sog. Gesundheitspersonal in Einrichtungen auf (vgl. Tab. 4.2).

Insgesamt sind hier über fünf Mio. Personen beschäftigt. Die ErzieherInnen, SozialarbeiterInnen und HeilerziehungspflegerInnen werden in einer Berufsgruppe zusammengefasst und sind in diesem Bereich nur eine vergleichsweise kleine Gruppe, wie Tab. 4.3 zeigt.

Tabelle 4.1   Orte gesundheitsbezogener Sozialer Arbeit

Bereiche	Praxisfelder beispielsweise:
Soziale Arbeit im Gesundheitswesen	Krankenhaus
	Psychiatrie
	Kinder- und Jugendpsychiatrie
	Gemeinde- und Sozialpsychiatrie
	Rehabilitation (stationär – ambulant)
	Pflegeheime
	Pflegestützpunkte, Pflegeberatung
	Sozialdienste der Krankenkassen
	Integrierte Versorgung
	Gesundheitsamt (Gesundheitshilfe und Gesundheitsförderung)
	Psychosomatische Kliniken
	Kinder- und Jugendpsychotherapie
Soziale Arbeit in gesundheitsspezifischen Bereichen des Sozialwesens	Behindertenhilfe
	Aids-Beratung
	Drogen- und Suchthilfe (ambulant, stationär, teilstationär, aufsuchend)
	Schwangerschaftskonfliktberatung
	Frauengesundheitszentren
	Frühförderung und Sozialpädiatrie
	Frühe Hilfen
	Selbsthilfeunterstützung
	Hospizarbeit
Soziale Arbeit in nicht gesundheitsspezifischen Bereichen des Sozialwesens	Kindergärten
	Kinder- und Jugendhilfe
	Altenhilfe
	Schule
	Gemeinwesen- bzw. Stadtteilarbeit
	Wohnungslosenhilfe
	Erwachsenenpädagogik/-bildung

Quelle: Daiminger et al. 2015, S. 17

Bereiche gesundheitsbezogener Sozialer Arbeit

Tabelle 4.2 Einrichtungen, in denen Gesundheitspersonal tätig ist

Gesundheitsschutz
Ambulante Einrichtungen
...... Arztpraxen
...... Zahnarztpraxen
...... Praxen sonstiger spezifischer medizinischer Berufe
...... Apotheken
...... Einzelhandel
...... Ambulante Pflege
Stationäre/teilstationäre Einrichtungen
...... Krankenhäuser
...... Vorsorge-/Rehabilitationseinrichtungen
...... Stationäre/teilstationäre Pflege
Rettungsdienste
Verwaltung
Sonstige Einrichtungen
Vorleistungsindustrien
...... Pharmazeutische Industrie
...... Medizintechnische/augenoptische Industrie
...... Großhandel/Handelsvermittlung
Medizinische/zahnmedizinische Laboratorien

Quelle: Stat. Jahrbuch 2017, S. 141

Tabelle 4.3 Gesundheitspersonal nach Beschäftigungsbereichen im Jahr 2015

Beruf	Beschäftigte
Verkauf von drogerie- und apothekenüblichen Waren, Sanitäts- und Medizinbedarf	52 000
Verwaltung	78 000
Medien-, Dokumentations- und Informationsdienste	5 000
Arzt- und Praxishilfe	649 000
Medizinisches Laboratorium	101 000
Gesundheits- u. Krankenpflege, Rettungsdienst, Geburtshilfe	1 042 000
Human- und Zahnmedizin	443 000
Psychologie und nichtärztliche Psychotherapie	41 000
Nichtärztliche Therapie und Heilkunde	392 000
Pharmazie	163 000
Altenpflege	568 000
Ernährungs- und Gesundheitsberatung, Wellness	16 000
Medizin-, Orthopädie- und Rehatechnik	153 000
Erziehung, Sozialarbeit, Heilerziehungspflege	49 000
Andere Berufe	1 581 000
Insgesamt	5 333 000

Quelle: Stat. Jahrbuch 2017, S. 142

4.4 Professionalität und Stellung gesundheitsbezogener Sozialer Arbeit

Um professionell handeln zu können, sind in allen diesen Bereichen der Arbeit mit – im Sinne o. g. Definition – kranken Menschen und der Arbeit an der ökonomischen, sozialen, seelischen Balance ganzheitliche Konzepte und Bilder von „Gesundheit", „Krankheit" und „Behinderung" sowie ganzheitliche Konzepte von Krisen- und Krankheitsbewältigung und ein lebenslagen- und systemorientierter Blick auf materielle und soziale Ressourcen erforderlich. Ebenso notwendig sind Kenntnisse der rechtlich-organisatorischen Rahmenbedingungen im jeweiligen Bereich. Ggf. werden am speziellen Arbeitsfeld orientierte Zusatzqualifikationen (nach dem Diplom, dem BA- oder MA-Abschluss) benötigt. Dabei kann es sich auch um den Erwerb von Wissen über die fachlichen Konzepte anderer Disziplinen (Sozialmedizin, Sozialpsychiatrie, Gesundheits- und Pflegewissenschaften, zum Teil auch Gerontologie) sowie von Kenntnissen der Strukturen und Besonderheiten der Selbsthilfe handeln. Für Arbeit im Kontext von Prävention und Gesundheitsförderung sind Vermittlungs- und andragogische Kompetenzen, Planungs-, Organisations- und Verhandlungskompetenzen und die Kenntnis kommunal- und gesundheitspolitischer Prozesse Voraussetzungen für professionelles Handeln. Nicht zuletzt sei darauf hingewiesen, dass trotz der hohen fachlichen Anforderung die Soziale Arbeit im Gesundheitswesen in besonderer Weise mit ihrer unzureichenden Finanzierung und ihrem niedrigen Status zu kämpfen hat.

Die besondere Stellung der Sozialen Arbeit im Gesundheitssystem und ihre Rezeption im Gesundheitswesen lassen sich wie folgt zusammenfassen:

> **Wissensbaustein: Merkmale Sozialer Arbeit in Gesundheitsversorgung und Gesundheitswesen**
>
> „Soziale Arbeit findet in allen Handlungsfeldern der Gesundheitsversorgung und des Gesundheitswesens statt (direkte gesundheitliche Versorgung von Patienten, Management und Verwaltung des Gesundheitswesens).
>
> Sind (gesundheits-)sozialarbeiterische Interventionen vorgesehen, werden sie in der Regel implizit vorausgesetzt aber nicht als solche gekennzeichnet (gilt vor allem für das Sozialleistungsrecht).
>
> Eine verbindliche rechtliche Zuschreibung (gesundheits-)sozialarbeiterischer Interventionen zu Berufsangehörigen mit (gesundheits-)sozialarbeiterischer Ausbildung findet nur selten statt (in untergesetzlichen Normierungen, Empfehlungen etc.).
>
> Eine ausschließliche Zuordnung von bestimmten Interventionen nur an (Gesundheits-)Sozialarbeiter ist nicht erkennbar. Aufgaben und Tätigkeiten mit sozialarbeiterischem Charakter oder mit einer solchen Akzentsetzung werden auch von anderen Gesundheitsberufen wahrgenommen.
>
> (Gesundheits-)Sozialarbeit findet ganz überwiegend in Kooperation mit anderen Gesundheitsberufen und im Kontext mit anderen Maßnahmen statt." (Igl 2014, S. 1 f.)

Exkurs: Klinische Sozialarbeit

Klinische Sozialarbeit ist nicht identisch mit Sozialer Arbeit in Kliniken und auch nicht an Definitionen von Krankheit gebunden. Die Bezeichnung Klinische Sozialarbeit folgt der US-amerikanischen „clinical social work". Als Klinische Sozialarbeit (synonym: Gesundheitssozialarbeit) werden Wissenschaft und Praxis Sozialer Arbeit im Gesundheitswesen, speziell in Settings wie der Psychiatrie oder der Rehabilitation bezeichnet. Hier übernehmen SozialarbeiterInnen eigene Beratungs- und Behandlungsaufgaben, die einer spezifischen Professionalisierung bedürfen. Eine besondere Rolle spielen dabei Methoden zur Diagnose komplexer psychosozialer Problemlagen, Methoden der Behandlungsplanung, Intervention und Evaluation in Abstimmung mit Fachkräften der medizinischen und pflegerischen Berufe. Klinische Sozialarbeit findet explizit nicht im Öffentlichen Gesundheitsdienst statt, denn dieser unterliegt einem „Behandlungsverbot" (vgl. Geißler-Piltz et al. 2005; Franzkowiak et al. 2011).

Exkurs: Soziale Arbeit in der (Alten-)Pflege

Gesundheitsbezogene Soziale Arbeit findet auch im Kontext der pflegerischen Versorgung alter Menschen statt (→ Kap. 5.1). Brandenburg et al. (2014, S. 65) errechneten für 2011 eine Zahl von 6 893 Altenheim-Beschäftigten mit sozialarbeiterischem oder sozialpädagogischem Abschluss, was nur einem Anteil von gut einem Prozent an allen dort Tätigen entspricht. Diese marginale Position hat Gründe: Der (potenzielle) Arbeitsbereich der pflegerischen Versorgung wird über das SGB XI (Pflegeversicherung) finanziert und ist damit deutlich dem Gesundheits- und nicht dem Sozialwesen zugeordnet. Die qua Gesetz vorgesehene „soziale Betreuung" ist fachlich weder näher definiert noch an Berufsgruppen gebunden. Bei gleichzeitigem Wettbewerbs- und Kostendruck auf die Anbieter von Pflegeleistungen ergibt sich daraus ein Problem der Refinanzierung Sozialer Arbeit in diesem Bereich. Im Kontext des Streitens für einen neuen Begriff der Pflegebedürftigkeit (vgl. BMG 2013) und der Reformen der pflegerischen Versorgung könnte die fachliche Debatte über die Rolle Sozialer Altenarbeit im Bereich Pflege Auftrieb erhalten. Der Zusammenhang zwischen den notwendigen leistungsrechtlichen Reformen, besser verknüpften Sozialversicherungsleistungen der Pflegekassen und kommunalen Strukturen wurde zuletzt im Entwurf eines Dritten Pflegestärkungsgesetzes (Deutscher Bundestag 2016) aufgegriffen. Die veränderte rechtliche Rahmung könnte dazu führen, dass die kommunale Altenhilfe in Zukunft eine größere Rolle bei der Bearbeitung der sozialen Risiko- und Kontextfaktoren des Alters spielt, zumal nach § 45c SGBXI die Kommunen als Gebietskörperschaften nun „Adressaten von Zuschüssen der Pflegekassen sein [können; d. Vf.], mit denen der Auf- und Ausbau von niedrigschwelligen Betreuungsangeboten sowie Modellvorhaben zur Erprobung neuer Versorgungskonzepte und Versorgungsstrukturen gefördert werden können" (Welti 2016, S. 56).

Fragen zur Reflexion

- Wie wird Gesundheit von der WHO definiert und wie ist dies aus der Perspektive Sozialer Arbeit zu bewerten?
- Welche Orte der Erbringung gesundheitsbezogener Hilfen durch Soziale Arbeit lassen sich unterscheiden?
- In welchen Bereichen wird die sog. Klinische Sozialarbeit geleistet?

Literatur zu Vertiefung

- ▶ Antonovsky, Aaron (1997): Salutogenese. Zur Entmystifizierung der Gesundheit. Dt. erw. Hg. von A. Franke. Tübingen: Dgvt
- ▶ Daiminger, Christine; Hammerschmidt, Peter; Sagebiel, Juliane (Hrsg.) (2015): Soziale Arbeit und Gesundheit. Neu-Ulm: AG Spak
- ▶ Franzkowiak, Peter; Homfeldt, Hans Günther; Mühlum, Albert (2011): Lehrbuch Gesundheit. Basel und Weinheim: Beltz Juventa
- ▶ Homfeldt, Hans Günther; Sting, Stephan (2006): Soziale Arbeit und Gesundheit. München: Reinhardt
- ▶ Kardoff, Ernst von (2008): Soziale Arbeit und Soziale Dienste im Gesundheitswesen. In: Chassé, Karl August; Wensierski, Hans-Jürgen von (Hrsg.), Praxisfelder der Sozialen Arbeit. Weinheim und München: Juventa, S. 351–368
- ▶ Steen, Rainer (2005): Soziale Arbeit im Öffentlichen Gesundheitsdienst. München: Reinhardt

Quellen

BMG (Bundesministerium für Gesundheit) (2013): Bericht des Expertenbeirats zur konkreten Ausgestaltung des neuen Pflegebedürftigkeitsbegriffs. Berlin. [http://www.bundesgesundheitsministerium.de/fileadmin/Dateien/3_Downloads/P/Pflegestaerkungsgesetze/GE_PSG_III_DrsNr_18-9518.pdf; 06.12.2016]

Brandenburg, Hermann; Bode, Ingo; Werner, Burkhard (2014): Soziales Management in der Altenhilfe. Bern: Huber

Daiminger, Christine (2017): Salutogenese als Analyseinstrument und Handlungsorientierung für die gesundheitsbezogene Soziale Arbeit. In: Daiminger; Christine; Hammerschmidt, Peter; Sagebiel, Juliane (Hrsg): Gesundheit und Soziale Arbeit. Neu-Ulm: AG Spak, S. 55–74

Deutscher Bundestag (2016): Entwurf eines Dritten Gesetzes zur Stärkung der pflegerischen Versorgung und zur Änderung weiterer Vorschriften (Drittes Pflegestärkungsgesetz – PSG III). zugl. BT-Drucksache 18/9518 vom 05.09.2016. Vorabfassung.

Franzkowiak, Peter; Homfeldt; Hans Günther; Mühlum, Albert (2011): Lehrbuch Gesundheit. Basel und Weinheim: Beltz Juventa

Geißler-Piltz, Brigitte; Mühlum, Albert; Pauls, Helmut (2005): Klinische Sozialarbeit. München u.a.: Reinhardt

Hammerschmidt, Peter; Tennstedt, Florian (2012): Der Weg zur Sozialarbeit: Von der Armenpflege bis zur Konstituierung des Wohlfahrtsstaates in der Weimarer Republik. In: Thole, Werner (Hrsg.): Grundriss Soziale Arbeit. 4. Aufl. Wiesbaden: VS, S. 73–86

Hurrelmann; Klaus (2003): Gesundheitssoziologie. 5. Aufl. Weinheim und München: Juventa

Igl, Gerhard (2014): Voraussetzungen und Anforderungen an die rechtliche Regulierung von Aufgaben und Tätigkeiten der Sozialen Arbeit im Gesundheitswesen. Ergebnisse eines Gutachtens für die Deutsche Vereinigung für Soziale Arbeit im Gesundheitswesen e.V. (DVSG) [http://dvsg.org/filead min/dateien/07Publikationen/06Rechtsexpertise/Igl/Zusammenfassung/ Gutachten/202014-01-10/Version/final.pdf; 10.05.2017]

Welti, Felix (2016): Organisation der pflegerischen Versorgung – Kommunale niedrigschwellige Angebote und Schnittstellen. In: Sozialrecht aktuell. Sonderheft 2016, S. 54–60

WHO (World Health Organization) (1986): Ottawa Charta. WHO-autorisierte Übersetzung von Hildebrandt/Kickbusch auf der Basis von Entwürfen aus der DDR und von Badura sowie Milz. Online verfügbar unter http://www. euro.who.int/__data/assets/pdf_file/0006/129534/Ottawa_Charter_G.pdf; letzter Zugriff: 09.01.2018

Zusammenfassung

Gesundheitsbezogene Hilfen finden sowohl innerhalb als auch außerhalb des Gesundheitswesens statt. Sie beruhen auf einem ganzheitlichen, lebenslagen- und lebenslaufbezogenen Verständnis von Gesundheit. Zwar sind SozialarbeiterInnen zum Teil (als Klinische SozialarbeiterInnen) direkt in Behandlungsprozesse involviert. Weit überwiegend übernehmen sie jedoch Aufgaben der Gesundheitsförderung, -bildung und -beratung im Öffentlichen Gesundheitsdienst oder bei freien Trägern.

Keywords: Gesundheit, Krankheit, Öffentlicher Gesundheitsdienst, Gesundheitsförderung, Klinische Sozialarbeit

Weitere ausdifferenzierte Arbeitsfelder 5

▶ **Teaser:** Das Kapitel skizziert die drei Felder Sozialer Arbeit, die zunächst Teil der allgemeinen sozialen Hilfen waren, sich nach dem II. Weltkrieg aber nach und nach zu besonderen Arbeitsfeldern ausdifferenzierten: die Alten-, Behinderten- und Familienhilfe.

Alte Menschen, Menschen mit Behinderungen und Familien waren von jeher AdressatInnen der Fürsorge, sofern sie sich in Unterversorgungslagen befanden. Für alte und Menschen mit Behinderungen gab es schon im Kaiserreich mit Alten- und Behindertenheimen besondere Einrichtungen, wenn auch in vergleichsweise geringem Umfang. Erst in den 1950er und verstärkt ab den 1960er Jahren (nach und im Zusammenhang mit dem neuen Fürsorgegesetz BSHG; → Kap. 2) bildeten sich aus den Hilfen für diese Gruppen besondere Felder der Sozialen Arbeit heraus. Ab den 1970er Jahren wurden sie von der größten Trägergruppe dieser Hilfen, den Wohlfahrtsverbänden, auch statistisch gesondert erfasst (vgl. Tab. 5.1).

Die Konturen dieser vergleichsweise jungen Arbeitsfelder sind nicht so stark ausgeprägt, wie etwa bei der Kinder- und Jugendhilfe, die sich schon früh aus der allgemeinen Fürsorge ausdifferenzierte. Aber sie lassen sich umreißen, was in den folgenden Abschnitten geschehen soll.

Tabelle 5.1 Einrichtungen und Dienste der Freien Wohlfahrtspflege nach Arbeitsbereichen

Arbeitsbereich	Einrichtungen	Betten/Plätze	Vollzeit-beschäftigte	Teilzeit-beschäftigte
Familienhilfe	4 570	41 082	9 392	21 914
Altenhilfe	18 051	520 727	132 902	312 075
Behindertenhilfe	16 446	509 395	135 944	181 009

Quelle: eig. Darstellung nach BAG FW 2012

5.1 Altenhilfe

Die Wurzeln der sozialen Altenhilfe liegen in der Armenfürsorge (vgl. Hammerschmidt 2010). Sie ist noch heute Teil der kommunalen Sozialhilfe. Soziale Altenhilfe als Sachbereich wurde vergleichsweise spät geregelt. Sie ist seit 1962 in § 75 BSHG und seit 2005 in § 71 SGB XII rechtlich verankert. Mit nur einem Paragraphen handelt es sich um eine schwache rechtliche Regulierung, die zudem nicht vorgibt, von welchen Berufsgruppen die Angebote zu erbringen sind.

> **Wissensbaustein: Soziale Altenhilfe – Soziale Altenarbeit**
>
> Aus der Perspektive der Sozialen Arbeit ist zwischen der „sozialen Altenhilfe" als Sachbereich der kommunalen Sozialhilfe (§ 71 SGB XII) und der „Sozialen Altenarbeit" als Soziale Arbeit für die AdressatInnengruppe älterer Menschen in diesem Sachbereich zu unterscheiden.

Die *Praxis sozialer Altenhilfe in den Kommunen* ist landes- und kommunalspezifisch uneinheitlich. Dies ist nicht nur eine Folge der schwachen rechtlichen Vorgaben, sondern auch der unterschiedlichen finanziellen Ressourcen der Kommunen. Gleichwohl lassen sich Gemeinsamkeiten erkennen.

In den meisten Städten und Gemeinden steigt der Anteil älterer EinwohnerInnen an der Gesamtbevölkerung schon seit längerem und auch auf absehbare Zeit deutlich an. Das erfordert zwar eine entsprechende Planung der Infrastruktur, stellt an sich aber noch kein Problem dar. Doch zugleich ist eine steigen-

de (Alters-)Armut zu verzeichnen. Die Armutsquote (zur Einkommensarmut
→ Kap. 2.2) der ab 65-jährigen betrug 15,9 % im Jahr 2014 und insgesamt 7,6 %
der Älteren waren in mindestens drei von neun Lebensbereichen sozial depriviert. Mehr als eine Mio. Personen bezogen Grundsicherung im Alter und bei
Erwerbsminderung (vgl. BMAS 2016a; Der Paritätische 2017). Im Interesse der
Kommunen liegt vor allem, die (wachsende) Gruppe der Älteren mit geringen Altersbezügen (und geringem Vermögen), mit Hilfen nach § 71 SGB XII dabei zu unterstützen, trotz Hilfe- und Pflegebedarf (länger) in ihren Wohnungen zu verbleiben. Das wollen auch die meisten älteren Menschen selbst. Ziel der Kommunen
ist dabei, die Inanspruchnahme der Sozialhilfe zur Restfinanzierung für die regelmäßig teure Heimunterbringung zu vermeiden bzw. hinauszögern. In Betracht
kommen z. B. Leistungen bei der Beschaffung und zur Erhaltung einer Wohnung,
die den Bedürfnissen des alten Menschen entsprechen (§ 71, Abs. 2.2 SGB XII)
oder die Beratung und Unterstützung in allen Fragen der Inanspruchnahme altersgerechter Dienste (§ 71, Abs. 2.2 SGB XII). Außer Beratungen werden auch
Unterstützungsleistungen zur sozialen Teilhabe angeboten. Diese Beratungen und
Leistungen werden in der Regel subsidiär durch freie Träger (→ Kap. 10) und als
Angebote der Sozialen Altenarbeit – etwa in Stadtteilzentren, Seniorentreffs oder
sog. „Mehrgenerationenhäusern" – erbracht. Allerdings leiden diese Angebote Sozialer Altenarbeit in den meisten Kommunen unter ungesicherter Finanzierung
und finden häufig im Kontext von Bundes- oder Landesmodellprogrammen statt
(vgl. Aner/Hammerschmidt 2007). Diese Modellprogramme sind immer befristet,
d. h. der Bund oder das Bundesland bewilligt die Finanzierung von Personal- und
Sachkosten für einen bestimmten Zeitraum. Im Anschluss muss die Kommune
entscheiden, ob und ggf. in welchem Umfang und wie lange sie die Angebote aus
eigenen Mitteln weiter finanziert. Diese (Modell-)Befristungen und die zahlreichen sog. Mischfinanzierungen tragen dazu bei, dass es keine gesicherten Daten
zur Anzahl der in diesem Bereich beschäftigten SozialarbeiterInnen gibt.

Die Finanzierung über befristete Modellprogramme stellt die Altenplanung,
die im Rahmen der kommunalen Sozialplanung die Infrastruktur mittel- und
langfristig zu organisieren hat, vor eine schwierige Situation. Zu den Herausforderungen für eine bedarfsgerechte Planung der Infrastruktur für die älteren Menschen in der Kommune gehört außerdem, dass seit Einführung des SGB XI im Jahr
1995 die Gewährleistungsverantwortung für die Pflege bei den Pflegekassen liegt.
Das erschwert die sinnvolle Vernetzung von kommunaler Altenhilfe und pflegerischer Versorgung. Dieses Problem wurde zuletzt im Entwurf eines Dritten Pflegestärkungsgesetzes aufgegriffen (Deutscher Bundestag 2016; → Kap. 4).

Der *Diskurs über die soziale Altenhilfe* wird nicht nur durch die oben skizzierte Perspektiven (kommunale Sozialhilfe, Soziale Altenarbeit) bestimmt, sondern
auch von der Alterssozialpolitik und der Altersforschung (Gerontologie). Dann ist

das Alter als Lebensphase der Ausgangspunkt der Betrachtung. In der Folge findet sich in der Fachliteratur eine wenig stringente Vielfalt in den Bezeichnungen für dieses ausdifferenzierte Arbeitsfeld, für seine Teilbereiche und für die spezifischen Angebote Sozialer Altenarbeit. Die folgenden Ausführungen und die Abbildung 5.1 sollen darüber etwas Klarheit verschaffen.

Meist wird das Feld nun unterteilt in die „(offene) Altenarbeit" für die Zielgruppe der jüngeren, überwiegend gesunden älteren Menschen und die „Altenhilfe" für die oft gesundheitlich stark eingeschränkten sehr alten Menschen. Seit den 2000er Jahren wird vorgeschlagen, statt „Altenhilfe" die Bezeichnung Soziale (Alten-)Arbeit im Bereich Gesundheit und Pflege zu verwenden, um dem Prozesscharakter von gesundheitlichen Einschränkungen, Hilfs- und Pflegebedürftigkeit Rechnung zu tragen. Diese Benennung soll zudem symbolisieren, dass eine Trennung von offenen Angeboten, ambulanten Diensten und stationären Einrichtungen weder fachlich noch aus Sicht der AdressatInnen wünschenswert ist. Im Kontext der pflegerischen Versorgung spielt diese Unterteilung aber noch immer eine Rolle (ausführlich vgl. Aner 2010).

Der (potenzielle) Arbeitsbereich Gesundheit und Pflege ist rechtlich und finanziell dem Gesundheits- und nicht dem Sozialwesen zugeordnet. Wo sich Be-

Abbildung 5.1   Bereiche und Bezeichnungen Sozialer Arbeit mit älteren Menschen

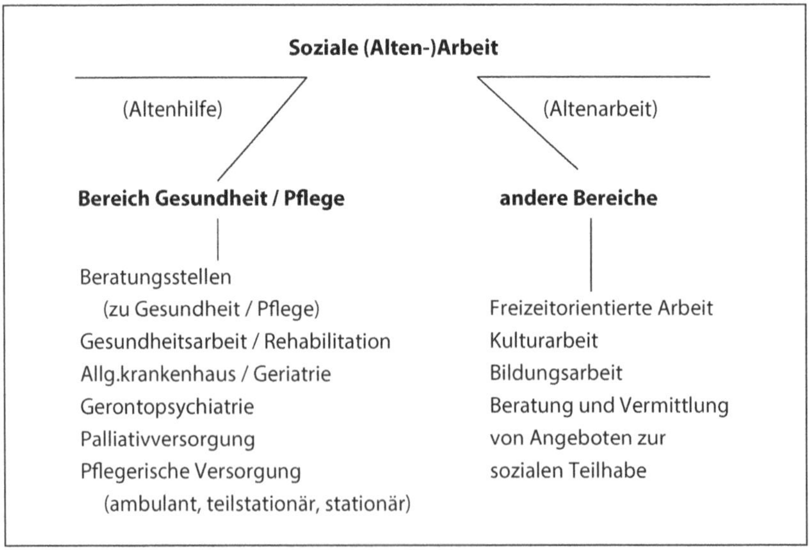

Soziale (Alten-)Arbeit

(Altenhilfe)   (Altenarbeit)

Bereich Gesundheit / Pflege	**andere Bereiche**
Beratungsstellen (zu Gesundheit / Pflege)	Freizeitorientierte Arbeit
Gesundheitsarbeit / Rehabilitation	Kulturarbeit
Allg.krankenhaus / Geriatrie	Bildungsarbeit
Gerontopsychiatrie	Beratung und Vermittlung
Palliativversorgung	von Angeboten zur
Pflegerische Versorgung (ambulant, teilstationär, stationär)	sozialen Teilhabe

Quelle: eig. Darstellung ©

schäftigungsmöglichkeiten für SozialarbeiterInnen ergeben, sind sie als spezieller Bereich der gesundheitsbezogenen Hilfen (→ Kap. 4) zu betrachten.

5.2 Behindertenhilfe

Ein Aufbau von speziellen Einrichtungen für behinderte Menschen erfolgte in Deutschland ab den 1890er Jahren. Heil- und Pflegeanstalten für Menschen mit geistiger Behinderung entstanden im großen Umfang. Daneben richteten die überörtlichen Fürsorgeträger auch stationäre Einrichtungen für Blinde und Taubstumme ein. Behindertenhilfe war damit anfangs zunächst ausschließlich und dann über viele Jahrzehnte ganz überwiegend stationäre Hilfe. Anders formuliert: Behinderte Menschen wurden hospitalisiert. Vor dem Hintergrund der vielen Kriegsversehrten in den 1920er Jahren ergänzte das Weimarer Fürsorgerecht die hauptsächliche Ausrichtung auf Verwahrung. Die „Erwerbsbefähigung bei Blinden, Taubstummen und Krüppeln" wurde als besondere Leistung zum notwenigen Lebensunterhalt gesetzlich verankert. Das Gros der behinderten Menschen verblieb jedoch in Anstalten, die an medizinischen Maßstäben vermeintlicher Normalität ausgerichtet waren. Während der Zeit des Faschismus waren behinderte Menschen in diesen Einrichtungen Opfer menschenverachtender medizinischer Experimente und eugenisch begründeter Verbrechen. Die Verantwortlichen ließen in dieser Zeit rund 70 000 behinderte Menschen aus Heil- und Pflegeanstalten ermorden.

Als Folge dieser Verbrechen wurde die Behindertenhilfe nach dem Zweiten Weltkrieg auf die besondere Schutzbedürftigkeit behinderter Menschen ausgerichtet und damit das spezialisierte Anstaltskonzept unter anderen Vorzeichen stabilisiert. Die Orientierung der Behindertenhilfe an rein medizinischen Maßstäben änderte sich erst allmählich ab Ende der 1950er/Anfang der 1960er Jahre durch erste Selbsthilfegruppen, die u. a. von Eltern behinderter Kinder gegründet wurden (ab 1958 Toms Mutter). Das Bundessozialhilfegesetz (1961) trug dem Rechnung. In der dort verankerten „Eingliederungshilfe für Behinderte" wurde a) ein Signal für das Ziel der „Eingliederung" gesetzt und b) der individualisierende Begriff der „Behinderung" verwendet. Dieser Begriff ist noch heute im bundesdeutschen Sozialrecht etabliert.

> **Wissensbaustein: Beeinträchtigungen und Behinderung**
>
> Das Sozialrecht unterscheidet Beeinträchtigungen und Behinderung. Als behindert gelten Menschen, die langfristige – d. h. mehr als sechs Monate andauernde – körperliche, seelische, geistige oder Sinnesbeeinträchtigungen haben, welche sie in Wechselwirkung mit einstellungs- und umweltbedingten Barrieren an der gleichberechtigten Teilhabe an der Gesellschaft hindern können. Bei der amtlichen Anerkennung von Behinderungen wird der jeweilige Grad festgestellt. Ab 50 % gilt ein Mensch als schwerbehindert.

Es ist insbesondere ein Verdienst der Behindertenrechtsbewegung („Krüppel-Bewegung"), dass sich der Bedeutungsgehalt des Begriffs „Behinderung" verändert hat und das Paradigma der „Eingliederung" in eine – von außen festgelegte – „Normalität" vom Paradigma der „Selbstbestimmung" abgelöst wurde.

Ein weiterer wichtiger Schritt in Richtung Selbstbestimmung war eine rechtliche Neuregelung im Jahr 1984. Der neue § 3a BSHG schrieb den „Vorrang der offenen Hilfen" vor stationären vor. Damit kam die schon in den 1970er Jahren im Bereich der Psychiatrie einsetzende Tendenz zu einer Ent-Hospitalisierung nun auch für die Behindertenhilfe zum Tragen. Der vom Gesetzgeber angestrebte Effekt von Kosteneinsparungen – gegenüber generell teuren Heimunterbringungen – konnte aber für die Behindertenhilfe nicht erzielt werden. Die alternative Unterstützung und Betreuung von Menschen mit Behinderung in eigenen Wohnungen oder Wohngruppen, erwies sich letztlich als kostenträchtiger. Die Möglichkeiten, ein selbstbestimmtes Leben führen zu können, erhöhten sich für die Betroffenen aber enorm (ausführlicher zur Rechtsentwicklung vgl. Welke 2012).

Drei weitere, ebenfalls rechtliche Neuregelungen führten schließlich zu der auch heute noch maßgeblichen Grundorientierung und Neugestaltung der Behindertenhilfe: (1) Die Aufnahme des Diskriminierungsverbots behinderter Menschen in das Grundgesetz (Art. 3, Abs. 3, S. 2) 1994, (2) die Einführung des SGB IX (Rehabilitation und Teilhabe behinderter Menschen) 2001, mit dem die Hinwendung zum sozialen Behinderungsbegriff vollzogen wurde (Welke 2012, S. 251f.), und (3) die UN-Behindertenrechtskonvention (BRK), die in Deutschland 2009 in Kraft getreten ist.

Dabei hat der Inklusionsbegriff der BRK – nämlich als selbstverständliche Zugehörigkeit von Menschen mit Behinderungen zur Gesellschaft, als Infragestellung aller Sondersysteme (ausführlich vgl. Wansing 2005) – in der Fachdiskussion große Bedeutung. Nach Möglichkeit sollen Sondersysteme (z. B. soziale Einrichtungen oder Schulen) durch den Abbau von Barrieren und/oder Assistenzleistungen in bestehenden Regeleinrichtungen ersetzt werden. Die Realität kommunaler Infrastruktur und des Bildungswesens hinkt diesen rechtlichen Vorgaben und programmatischen Diskussionen noch hinterher. Die einschlägige Sozialgesetzgebung ist aktuell im Umbruch. Bis Ende 2017 mussten die Behinderten selbst und die Praxis der Behindertenhilfe mit zersplitterten Rechtsgrundlagen zurechtkommen.

Zum einen hatten Menschen mit (anerkannten) Behinderungen (wie auch Menschen mit Beeinträchtigungen) *nach dem SBG IX Anspruch auf Leistungen der Rehabilitation*. Sie sind nach § 5 SGB IX vier Bereichen zugeordnet. § 6 SGB IX regelt die jeweilige Zuständigkeit. Damit verbunden waren je nach Bedarf mehrere Anträge bei den verschiedenen Rehabilitationsträgern, wie Tab. 5.2 zeigt.

Zum anderen hatten Menschen mit (anerkannten) *Behinderungen nach dem SBG XII Anspruch auf Leistungen der Eingliederungshilfe*. Wie auch bei den Leistungen nach SGB IX erfolgte eine Prüfung der Voraussetzungen, die sich in diesem Fürsorgegesetz jedoch nicht nur auf den behinderungsbedingten Bedarf erstreckt, sondern auch auf die Möglichkeit, eigenes Einkommen und Vermögen einzusetzen. Während für Eingliederungshilfen im stationären und teilstationären Bereich der Einsatz eigenen Einkommens und Vermögens auf die Kostenersparnis beim Lebensunterhalt begrenzt war, wurden für ambulante Fachleistungen Einkommen und Vermögen behinderter Menschen bis auf ein Schonvermögen herangezogen.

Das Bundesteilhabegesetz 2016 (BTHG), das in vier „Reformstufen" zwischen 2017 und 2023 in Kraft tritt, zielt nun auf einen „Systemwechsel" hin zu einer stär-

Tabelle 5.2 Leistungen der Rehabilitation

Leistungsbereich	Zuständigkeit
Medizinische Rehabilitation	alle Rehabilitationsträger außer der Bundesagentur für Arbeit
Teilhabe am Arbeitsleben	alle Rehabilitationsträger außer den Krankenkassen und der Alterssicherung der Landwirte
unterhaltssichernde u. a. ergänzende Leistungen	alle Rehabilitationsträger außer Sozialhilfe und Jugendhilfe
Teilhabe am Leben in der Gemeinschaft	Träger der Unfallversicherung, der Kriegsopferversorgung und -fürsorge sowie Träger der Sozialhilfe und Jugendhilfe

Quelle: eig. Darstellung nach BMAS 2016b, S. 17 f.

ker personen- und teilhabezentrierten Ausrichtung, die den Vorgaben der UN-BRK gerecht werden soll.

Zentral ist, dass dabei die Regelungen für Menschen mit Behinderungen im SGB IX zusammengefasst werden. Ab Anfang 2018 sind z. B. die Paragrafen und Regelungen zur Eingliederung des SGB XII aus diesem Gesetz gestrichen und in das SGB IX aufgenommen worden. Hier können weder alle Neuregelungen (für einen Überblick vgl. BMAS 2018) aufgeführt noch die Kritiken verschiedener Akteure am BTHG ausreichend gewürdigt werden. Es soll aber auf einen Aspekt hingewiesen werden, der für das Arbeitsfeld der Behindertenhilfe strukturell bedeutsam ist: Mit dem BTHG wurde die vormalige „Zersplitterung" des Rechts überwunden. Die Träger der Sozialhilfe (und der Kinder- und Jugendhilfe) bleiben aber Träger dieser Leistungen, die sie weiterhin selbstständig und eigenverantwortlich wahrnehmen (§ 6 SGB IX). Damit bleibt es bei der Pluralität der Trägerschaft für Leistungen der Rehabilitation und bei der Tatsache, dass die Soziale Arbeit keine exklusive Stellung auf diesem Gebiet einnimmt. Deshalb lässt sich „Behindertenhilfe" als Arbeitsfeld nur allgemein wie folgt definieren.

▸ **Definition: Behindertenhilfe**
Behindertenhilfe ist ein Oberbegriff für staatlich garantierte soziale Dienste für Menschen, deren besonderer Unterstützungsbedarf aus einer Behinderung resultiert. Ihr Ziel ist es, behinderungsbedingte Nachteile zu vermeiden oder auszugleichen, Selbstbestimmung und Teilhabe zu ermöglichen.

Die sozialen Dienste der Behindertenhilfe werden von öffentlichen Trägern garantiert und überwiegend subsidiär von freigemeinnützigen Trägern der Wohlfahrtsverbände, zum Teil auch von privaten Selbsthilfeorganisation und -initiativen erbracht. Die traditionell starke Stellung der Wohlfahrtsverbände und deren tendenziell advokatorische Ausrichtung in diesem Feld werden von der Behindertenbewegung und -selbsthilfe u. a. Akteuren kritisiert.

Das Arbeitsfeld ist weit gefächert, weil es nicht nur sehr unterschiedliche Bedürfnisse, sondern auch die gesamte Lebensspanne umfasst. Im Folgenden werden vier Bereiche des Feldes skizziert, in denen Fachkräfte der Sozialen Arbeit mit anderen Berufsgruppen zusammenarbeiten.

Der Bereich der *Frühförderung* bezieht sich auf Kinder. Er ist durch ein bundesweites Netz regionaler ambulanter Frühförderstellen und überregionaler sozialpädiatrischer Zentren (SPZ) gekennzeichnet, die interdisziplinär arbeiten. Ziel ist, Folgewirkungen von Behinderung zu minimieren. Dabei stehen in den regionalen Frühförderstellen ambulante familienorientierte Angebote im Vordergrund, in den SPZ hingegen diagnostische und medizinisch-therapeutische Angebote, weshalb die SPZ überwiegend von MedizinerInnen geleitet werden. Für Kinder, auch unter drei Jahren, existieren zudem vorschulische Tagesangebote. Es werden jedoch 91 % aller Kinder, die Eingliederungshilfe erhalten, in regulären Kindertagesstätten betreut (BMAS 2016b, S. 144). Die Eingliederungshilfe ermöglicht auch Angebote für die Unterstützung einer angemessenen Schulbildung in Regelschulen (§ 54 SGB XII). Finanziert werden unter anderem Förderunterricht und SchulbegleiterInnen. Im Laufe des Jahres 2014 bezogen fast 75 000 SchülerInnen diese Leistungen (BMAS 2016b, S. 146). Sonderschulische Förderung für Schulkinder gibt es in verschiedener Form, zum Teil kombiniert mit pflegerischer Unterstützung. Zu berücksichtigen ist, dass auch im Kontext der Behindertenhilfe Bildung eine Angelegenheit der Bundesländer ist, sodass die Ausgestaltung erheblich variiert.

Ein weiterer großer Bereich ist die Unterstützung behinderter Menschen in *Berufsausbildung und Erwerbsleben*. Das Berufsbildungsgesetz (BBiG) ist die Grundlage für die Berufsausbildung. Nach § 64 BBiG haben behinderte Menschen das Recht, im sog. dualen System wie andere auch ausgebildet zu werden, und nach § 65 Absatz 1 zusätzlich darauf, dass ihren besonderen Bedingungen Rechnung getragen wird. Auf dieser Grundlage haben sich verschiedene Formen inner- und außerbetrieblicher Ausbildung entweder in anerkannten Ausbildungsberufen oder als Fachpraktiker-Ausbildung mit angepassten Ausbildungsregeln und reduzierten Anforderungen entwickelt, die ggf. mit Assistenz absolviert werden können. Berufsbildungswerke, Berufsförderzentren und ähnliche Einrichtungen bieten spezielle Angebote. Dennoch haben behinderte Menschen weit häufiger als Nichtbehinderte keinen Ausbildungsabschluss und/oder keine Erwerbstätigkeit (ausführlich vgl. BMAS 2016b, S. 136 u. 1960 ff.). Im Jahr 2014 waren 3 009 schwerbehinderte Menschen mit Hilfe einer Arbeitsassistenz erwerbstätig, in Integrationsprojekten 11 052 und in Werkstätten für behinderte Menschen (WfbM) 264 842 (ebd., S. 195 u. 198). Diese Einrichtungen sollen neben der Ermöglichung von (möglichst regulärer) Erwerbstätigkeit auch weitere Maßnahmen der sozialen Eingliederung einleiten. Dies geschieht z. B. in Form von Eingliederungsplänen.

Ein weiteres Feld der Unterstützung behinderter Menschen ist das *Wohnen*. Für das Arbeitsfeld Behindertenhilfe ist entscheidend, dass die Mehrzahl der Menschen mit Behinderung unterstützte Formen des Wohnens in Anspruch nimmt: ambulant betreutes Einzelwohnen, ambulant betreute Wohngemeinschaften und stationäre Wohneinrichtungen. In den vergangenen Jahren ist ein Trend weg von den versorgungsorientierten, kollektiv strukturierten Einrichtungen der stationären Eingliederungshilfe, die häufig an Einrichtungen für Arbeit und Beschäftigung (WfbM) gekoppelt sind, hin zum ambulant betreuten Wohnen zu verzeichnen. Im Jahr 2008 erhielten nur ein Drittel der ca. 356.00 Leistungsberechtigten

Hilfen zum ambulant betreuten Wohnen, 2014 waren es schon 46 % (ebd., S. 261 f.). Behinderte Menschen haben hinsichtlich der Wohnform ein Wunsch- und Wahlrecht, nach dem BTHG unter besonderer Berücksichtigung der gewünschten Wohnform. Allerdings werden die Einzelfälle auf Angemessenheit und Zumutbarkeit geprüft.

Zum Arbeitsfeld der Behindertenhilfe gehören weitere *ambulante Hilfen, Dienste und Beratungsstellen.* Angestoßen wurden sie von Selbsthilfe- und Behindertenbewegungen. Sie umfassen familienentlastende- und Mobilitätsdienste, Assistenzvereine und -genossenschaften u. v. m. Zum Teil werden diese alltagsbezogenen Hilfen und Dienste von den behinderten Personen nicht als Sachleistungen von Trägern in Anspruch genommen, sondern im sog. Arbeitgebermodell. Dann wird ein individueller Arbeitsvertrag zwischen der/dem Behinderten und z. B. der Assistenzperson abgeschlossen. Auch Assistenzgenossenschaften können als Arbeitgeber fungieren. Der Lohn wird aus dem eigenen Einkommen/Vermögen oder aus dem sog. persönlichen Budget gezahlt. Im Jahr 2014 nahmen 9 119 Personen mit Anspruch auf Eingliederungshilfe ein solches Budget in Anspruch (BMAS 2016b, S. 281). Die damit einhergehenden Beratungsansprüche werden meist durch SozialarbeiterInnen erfüllt. Träger der Beratungsstellen sind häufig die freie Wohlfahrtspflege, Selbsthilfegruppen oder Betreuungsvereine, die von vielen Kommunen unter Beteiligung behinderter Menschen gegründet wurden.

Nach der Einführung der Pflegeversicherung Mitte der 1990er Jahre und der Ausgliederung der Erwerbsfähigen aus der Sozialhilfe ab 2005 ist die Behindertenhilfe für die Sozialhilfe der mit Abstand größte Aufgabenbereich. Von den rund 32 Mrd. € der gesamten Ausgaben für Sozialhilfe entfallen mehr als die Hälfte (18 Mrd. €) auf die Eingliederungshilfe (StaBuAmt 2018; Angaben für 2016). Von den insgesamt rd. 895 000 EmpfängerInnen von Leistungen der Eingliederungshilfe für behinderte Menschen gemäß SGB XII lebten mehr als die Hälfte (ca. 555 000) in Einrichtungen (ebd.). Eine differenzierte Aufschlüsselung darüber, wie viele Menschen mit Behinderung welche Hilfen in Anspruch nehmen bietet Tab. 5.3.

Tabelle 5.3 Empfänger von Eingliederungshilfe für behinderte Menschen (6. Kap. SGB XII)

Art der Eingliederungshilfe f. behinderte Menschen Altersgruppen		2005	2010	2016
Eingliederungshilfe für behinderte Menschen	u. 18 J.	167 618	226 569	251 917
	18–64 J.	390 908	507 171	593 471
	65 J. +	26 939	36 011	49 250
	Insge.	585 465	769 751	894 638
Leistungen zur medizinischen Rehabilitation		18 864	9 048	8 083
Leistungen zur Teilhabe am Arbeitsleben		6 760	6 888	3 986
Leistungen in anerkannten Werkstätten		212 479	252 644	284 580
Leistungen zur Teilhabe am Leben i. d. Gemeinschaft		341 367	543 494	653 642
Hilfen zu einer angemessenen Schulbildung		52 339	66 889	78 831
Hilfe zur schul. Ausbildung für einen angem. Beruf		1 619	7 871	1 103
Hilfe zur Ausbildung für eine sonst. angem. Tätigk.		847	244	138
Hilfe in vergleichb. sonst. Beschäftigungsstätten		2 582	3 870	3 842
Hilfe bei ärztl.Leist. u. Teilhabe am Arbeitsleben		2 825	4 334	3 810
Sonstige Leistungen der Eingliederungshilfe		67 241	43 317	44 100

Mehrfachzählungen sind nur insoweit ausgeschlossen, als sie aufgrund der Meldungen erkennbar waren.
Quelle: eig. Darstellung nach Statistisches Bundesamt (Destatis), 2017. Stand: 27.12.2017

5.3 Familienhilfe

Deutlich kleiner und noch schwieriger als ausdifferenziertes Arbeitsfeld der Sozialen Arbeit zu umreißen, ist die Familienhilfe. In amtlichen Statistiken, etwa in der Sozialhilfestatistik, wird dieser Bereich nicht gesondert ausgewiesen. Allerdings erfassen die die Wohlfahrtsverbände als größte Trägergruppe der Einrichtungen und Maßnahmen der Familienhilfe diesen Bereich auch zahlenmäßig (vgl. Tab. 5.1). Demnach unterhielten die Wohlfahrtsverbände 41 000 Betten bzw. Plätze in mehr als 4 500 Einrichtungen der Familienhilfe in denen rd. 31 000 MitarbeiterInnen tätig waren.

Fachlich gesehen stehen Familienberatung und -bildung im Zentrum der Familienhilfe. Die heutige Familienberatung und -bildung hat sich aus der älteren Mütterbildung entwickelt. Ideengeschichtlich reicht diese bis Mitte des 19. Jahrhunderts zurück. Friedrich Fröbel, der „Erfinder" des Kindergartens, wollte auch die Mütter zu Erzieherinnen erziehen. Tatsächlich eingerichtet wurde die erste Mütterschule aber erst 1917 von der Kindergärtnerin Luise Lampert in Stuttgart. Vor dem Hintergrund der (kriegsbedingt) hohen Säuglingssterblichkeit waren hier zunächst Fragen der Säuglingspflege vorrangig. Weitere Mütterschulen und Beratungsstellen wurden dann während der Zeit der Weimarer Republik eingerichtet. Ein Teil davon war eher medizinisch und auch sexualpädagogisch ausgerichtet. Ein anderer Teil, vornehmlich der in konfessioneller Trägerschaft, war stärker erzieherisch orientiert, wobei die inhaltliche Ausrichtung auf der Vorbereitung junger Frauen auf ihre „naturgemäße" Rolle als Hausfrauen und Mütter zielte. Während der NS-Zeit übernahm der Reichsmütterdienst die bestehenden Einrichtungen und schuf neue Mütterschulen (insgesamt ca. 400), die dann nach dem Krieg von den Alliierten an ihre früheren Träger rückübertragen wurden (Schymroch 1989; Kuller 2004, S. 253f.). In diesen alten und in folgenden Jahren neugeschaffenen Mütterschulen dominierten lange konservative und christliche Vorstellungen über Familien und Frauen. Neben alltagspraktischen hausfraulichen Fähigkeiten sollten den Besucherinnen, diese Vorstellungen vermittelt werden. Erste Impulse für eine inhaltliche Neuausrichtung gab es schon in den 1950er Jahren, deutlich stärkere in den 1960er und 1970er Jahren. Hier war zunächst von Mütter- und Elternbildung, später dann von Familienbildung die Rede. Die staatlicherseits angemahnten Namensänderungen der Einrichtungen nahmen die Träger vergleichsweise rasch vor, doch vor allem die konfessionellen Träger taten sich schwer mit einer Orientierung an einem Bild (stärker) gleichberechtigter Ehe (und Partnerschaft) (Schymroch 1989; Kuller 2004; Textor 2008).

Eine spezifische einheitliche Rechtsgrundlage für die Familienhilfe besteht nicht. Dementsprechend uneinheitlich fällt auch die Finanzierung aus. Die Mütterschulen bzw. die Familienbildungsstätten, finanzierten sich seit den 1950er Jahren vornehmlich durch Fördermittel der Bundesländer. Mit dem neuen Jugendhilfegesetz von 1991 (SGB VIII) schuf der Gesetzgeber (in § 16, Abs. 1, Zif.) eine besondere Rechtsgrundlage zur „Förderung der Erziehung in der Familie", die auch „Angebote der Familienbildung" umfassen sollten (vgl. Wissensbaustein: Leistungen zur Förderung der Erziehung in der Familie), womit den Trägern der Jugendhilfe auch eine Finanzverantwortung erwuchs. Die übrigen Einrichtungen der Familienhilfe werden häufig durch Zuschüsse der Länder, je nach Bereich auch der Sozialversicherungsträger, und besonders durch die Kommunen, finanziert.

> **Wissensbaustein: Leistungen zur Förderung der Erziehung in der Familie**
>
> Leistungen zur Förderung der Erziehung in der Familie sind insbesondere Angebote der Familienbildung, die auf Bedürfnisse und Interessen sowie auf Erfahrungen von Familien in unterschiedlichen Lebenslagen und Erziehungssituationen eingehen, die Familie zur Mitarbeit in Erziehungseinrichtungen und in Formen der Selbst- und Nachbarschaftshilfe besser befähigen sowie junge Menschen auf Ehe, Partnerschaft und das Zusammenleben mit Kindern vorbereiten (§ 16, Abs. 1, Zif. 1 SGB VIII).

Mit dieser Verankerung der Familienbildung im Kinder- und Jugendhilferecht verfügen wir über eine Legaldefinition (eine Definition durch den Gesetzgeber). Das ist einerseits hilfreich. Andererseits hat dies, verstärkt durch die Verankerung einer „sozialpädagogischen Familienhilfe" (§ 31 SGB VIII), in großen Teilen der Fachöffentlichkeit dazu geführt, dass Familienhilfe ausschließlich als Teilbereich der Kinder- und Jugendhilfe wahrgenommen wird. Das entspricht jedoch nicht der Vielgestaltigkeit dieses Arbeitsfeldes Sozialer Arbeit.

Einen Eindruck darüber, welches Spektrum die Familienhilfe heute umfasst, soll Tab 5.4 vermitteln. Dabei ist zu bedenken, dass diese Auflistung keinen Anspruch auf Vollständigkeit erheben kann. Zudem ist zu berücksichtigen, dass sich die Bezeichnungen von Träger(-verband) zu Träger(-verband) unterscheiden können.

78 Weitere ausdifferenzierte Arbeitsfelder

Tabelle 5.4 Einrichtungen und Maßnahmen der Familienhilfe

Familienbildungsstätten

Familienerholungsheime und -ferienstätten

Müttergenesungsheime/Mütterkurheime

Frauenhäuser (Frauen- und Kinderschutzhäuser)

Mehrgenerationenhäuser

Familienzentren/Mütterzentren

Schwangerschaftsberatungsstelle

Beratungsstelle für Ehe-, Familien- und Lebensfragen

Nachbarschaftshäuser

Tagesstätten für Erwachsene

Familienpflegestationen bzw. Dorfhelferinnenstationen

Landwirtschaftliche Betriebshilfsdienste

Fragen zur Reflexion

- In welche beiden Bereiche lässt sich Soziale (Alten-)Arbeit unterteilen?
- Welches Problem bringt die rechtliche Trennung dieser beiden Bereiche mit sich?
- Bei welchem Problem stimmen die Bedürfnisse der älteren Menschen mit den (finanziellen) Interessen der Kommunen überein?
- Welche zentrale Aufgabe für die Umgestaltung der Dienste und Einrichtungen der Behindertenhilfe ergibt sich aus der UN-Behindertenrechtskonvention (UN-BRK)?
- Auf welche grundsätzlichen Arten von Leistungen haben behinderte Menschen Anspruch?
- Welche vier großen Tätigkeitsfelder der Behindertenhilfe lassen sich identifizieren?
- Unterscheiden sich die heutigen inhaltlichen Ziele der Familienbildung von denen in den 1950er Jahren?

Literatur zur Vertiefung

- Aner, Kirsten; Karl, Ute (Hrsg.) (2010): Handbuch Soziale Arbeit und Alter. Wiesbaden: VS
- Röh, Dieter (2018): Soziale Arbeit in der Behindertenhilfe. 2. Aufl. München u. a.: utb Verlag

Quellen

Aner, Kirsten (2010): Soziale Altenhilfe als Aufgabe Sozialer Arbeit. In: Aner, Kirsten; Karl, Ute (Hrsg.): Handbuch Soziale Arbeit und Alter. Wiesbaden: VS, S. 33–50

Aner, Kirsten; Hammerschmidt, Peter (2007): Zivilgesellschaftlich produktiv Altern. Eine kritische Analyse ausgewählter Modellprogramme. In: Erlinghagen, Marcel; Hank, Karsten (Hrsg.): Produktives Altern und informelle Arbeit in modernen Gesellschaften. Wiesbaden: VS, S. 159–176

BAGFW (Bundesarbeitsgemeinschaft Freie Wohlfahrtspflege) (2012): Gesamtstatistik 2012

BMAS (Bundesministerium für Arbeit und Soziales) (2011): Einfach machen – Unser Weg in eine inklusive Gesellschaft. Berlin

BMAS (Bundesministerium für Arbeit und Sozialordnung) (2016a): Lebenslagen in Deutschland. Der Fünfte Armuts- und Reichtumsbericht der Bundesregierung. Berlin

BMAS (Bundesministerium für Arbeit und Soziales) (2016b): Zweiter Teilhabebericht über die Lebenslagen von Menschen mit Beeinträchtigungen in Deutschland. Berlin

BMAS (Bundesministerium für Arbeit und Soziales) (2018): Häufige Fragen zum Bundesteilhabegesetz (BTHG) [http://www.bmas.de/SharedDocs/Downloads/DE/PDF-Schwerpunkte/faq-bthg.pdf?__blob=publicationFile&v=15; 05.01.2018]

Der Paritätische. Paritätische Forschungsstelle (2017): Altersarmut: Ausmaß und Dynamik. Kurzexpertise. Berlin

Deutscher Bundestag (2016): Entwurf eines Dritten Gesetzes zur Stärkung der pflegerischen Versorgung und zur Änderung weiterer Vorschriften (Drittes Pflegestärkungsgesetz – PSG III). zugl. BT-Drucksache 18/9518 vom 05.09.2016. Vorabfassung

Hammerschmidt, Peter (2010): Soziale Altenhilfe als Teil kommunaler Sozial(hilfe-)politik. In: Aner, Kirsten; Karl, Ute (Hrsg.): Handbuch Soziale Arbeit und Alter. Wiesbaden 2010: VS, S. 19–32

Kuller, Christiane (2004): Familienpolitik im föderativen Sozialstaat. Die Formierung eines Politikfeldes in der Bundesrepublik 1949–1975. München: Oldenbourg

Schymroch, Hildegard (1989): Von der Mütterschule zur Familienbildungsstätte. Freiburg i.Br.: Lambertus

StaBuAmt (Statistisches Bundesamt) (2018): Empfängerinnen und Empfänger von Eingliederungshilfe für behinderte Menschen im Laufe des Jahres 2016 [https://www.destatis.de/DE/ZahlenFakten/GesellschaftStaat/Soziales/Sozialleistungen/Sozialhilfe/BesondereLeistungen/Tabellen/Tabellen_BL_EingliederunghilfeBehinderteMenschen.html; 05.01.2018]

Textor, Martin R. (2005): Ehe- und Familienbildung. In: Chassé, Karl August; Wansing, Gudrun (Hrsg.): Teilhabe an der Gesellschaft. Menschen mit Behinderung zwischen Inklusion und Exklusion. Wiesbaden: VS

Wansing, Gudrun (2005): Teilhabe an der Gesellschaft: Menschen mit Behinderung zwischen Inklusion und Exklusion. Wiesbaden: VS

Welke, Antje (2012): Eingliederungshilfe für Menschen mit Behinderung. In: Fahlbusch, Jonathan I. (Hrsg.): 50 Jahre Sozialhilfe. Berlin: Eigenverlag des Deutschen Vereins, S. 249–268

Zusammenfassung

Im Arbeitsfeld Altenhilfe kann die Soziale Arbeit mit Angeboten der (offenen) Altenarbeit zur Anpassung der kommunalen Infrastruktur an die alternde Bevölkerung und zur Bewältigung von Folgeproblemen steigender Altersarmut beitragen.

Das Arbeitsfeld Behindertenhilfe ist aktuell insbesondere durch die Forderung der UN-BRK nach besserer Teilhabe von Menschen mit Behinderungen, die Ambulantisierung der Dienste und Einrichtungen und das Bundesteilhabegesetz (BTHG 2016) gekennzeichnet. Daraus ergibt sich grundsätzlich ein steigender Bedarf an sozialer Unterstützung.

Familienhilfe ist ein vielgestaltiges Feld Sozialer Arbeit, in dessen Zentrum Familienbildung und -beratung stehen. Bezugspunkt all seiner Praxisfelder ist die Familie als Ganzes, die in ihrer Funktionsfähigkeit gestärkt werden soll.

Keywords: Altenarbeit, Altenhilfe, Altersarmut, Pflege, pflegerische Versorgung, Behinderung, Beeinträchtigung, Behindertenarbeit, Rehabilitation, Eingliederung, Eingliederungshilfe, Teilhabe, Inklusion, Selbsthilfe, Frühförderung, Werkstätten für behinderte Menschen, Familienhilfe, Familienbildung

II. Organisationen
a) Öffentliche Organisationen

Das Sozialamt 6

▶ **Teaser:** Das Sozialamt ist das kommunale Amt, das insbesondere für die allgemeinen sozialen und wirtschaftlichen Hilfen zuständig ist. Im Folgenden erfahren Sie, wie sich dieses Amt und seine Aufgaben entwickelt haben und welche Rolle es im Kontext der Gewährleistung des sog. soziokulturellen Existenzminimums spielt.

6.1 Zur Entwicklung des Sozialamts

„Sozialamt" ist die heute übliche Bezeichnung für die diejenigen kommunalen Ämter, in denen die Aufgaben der Kommunen als örtliche Träger der Sozialhilfe (Fürsorge) erledigt werden. Vielfach nehmen die Sozialämter auch noch weitere soziale Aufgaben wahr, die nicht zu den Bereichen gehören, die von den stärker spezialisierten anderen Ämtern wie etwa dem Gesundheits- oder Jugendamt bearbeitet werden. Im Kern geht es bei allen Aufgaben um „Fürsorge", also um materielle Mindestsicherungsleistungen (in Verbindung mit immaterieller Unterstützung) für jene, die nicht mit eigener Kraft und eigenen Mitteln und auch nicht durch vorgelagerte Sicherungssysteme ihren Lebensunterhalt bestreiten können (→ Kap. 2).

> **Wissensbaustein: Örtliche und überörtliche Sozialhilfeträger**
>
> Die Sozialämter sind Einrichtungen der (kreisfreien) Städte und Landkreise als örtliche Träger der Sozialhilfe. Neben den örtlichen Trägern kennt das SGB XII auch überörtliche Träger, die landesrechtlich unterschiedlich geregelt, meist für besonders aufwendige oder kostenintensive Bereiche zuständig sind. Dazu gehören u.a. stationäre Hilfen oder Leistungen für behinderte Menschen. Die entsprechenden Ämter der überörtlichen Träger der Sozialhilfe haben – anders als die kommunalen Sozialämter – keine einheitlichen Bezeichnungen; je nach Bundesland heißen sie Landessozialamt, Landschaftsverband oder Landeswohlfahrtsverband oder sind Abteilungen dieser Behörden.

Die kommunalen Fürsorgebehörden hießen zunächst Armenamt, später Fürsorge- oder Wohlfahrtsamt. Die Bezeichnung Sozialamt setzt sich Anfang der 1960er Jahre durch, als ein neues Fürsorgegesetz unter dem Namen „Bundessozialhilfegesetz" (BSHG) in Kraft trat (1962). Im BSHG hieß die Mindestsicherungsleitung, „Hilfe zum Lebensunterhalt" (HLU). Darüber hinaus verankerte das BSHG auch eine neue Gruppe von Leistungen, denen ein weiteres Verständnis von Hilfebedürftigkeit zu Grunde lag, nämlich die „Hilfen in besonderen Lebenslagen" (HbL). Damit hat sich der Aufgabenkreis der kommunalen Sozialämter deutlich erweitert.

Wie groß und ausdifferenziert die Aufgabenkreise und damit auch die jeweils tatsächlichen AdressatInnenkreise der Sozialämter ausfallen, hängt aber nicht allein von der Ausgestaltung des Fürsorgerechtes, sondern auch stark von der Tragkraft anderer sozialer Sicherungssysteme ab. Die Fürsorge, die in den Anfängen der bürgerlichen Gesellschaft das einzige soziale Sicherungsinstrument war, wurde mit der Schaffung vorrangiger Sicherungssysteme – der Sozialversicherung und der Sozialversorgung – zum „letzten Auffangnetz" für alle Armen und Hilfsbedürftigen, die nicht von den anderen Systemen aufgefangen wurden.

Die Sozialhilfe und damit auch die Sozialämter erfüllen somit eine „Lückenfüller-Funktion". Das wird im Folgenden noch deutlicher werden.

Das BSHG (1961) wurde zunächst nur als letztes Auffangnetz für wenige Menschen konzipiert (→ Kap. 2). Doch die (sozial-)politische Hoffnung der 1960er Jahre, die wirtschaftliche Prosperität der Bundesrepublik in der Nachkriegszeit würde anhalten, sodass es Armut und Arbeitslosigkeit allenfalls in verschwindend geringem Ausmaß geben würde, erfüllte sich nicht. Die erste größere der zyklischen Wirtschaftskrisen erreichte die BRD Mitte der 1970er Jahre. Die Arbeitslosigkeit stieg (insbesondere unter jungen Menschen) immens an. Die Folgekosten trugen die Kommunen vor allem seit den 1980er Jahren in zunehmendem Maße, weil der Bund bzw. die Arbeitsämter Kosten auf die örtliche Ebene abwälzten. Tabelle 6.1 zeigt den relativen wie absoluten Anstieg von Menschen im Sozialhilfebezug.

Diese Entwicklung endete mit der sog. Hartz-IV-Reform im Jahr 2005 (Gesetz über moderne Dienstleistungen am Arbeitsmarkt, SGB II). Die Reformen des Arbeitsförderungsrechtes 2005 sind das jüngste Beispiel dafür, wie sich die Sozialhilfe und die Arbeit der Sozialämter durch Regelungen in anderen Bereichen veränderten: Der Gesetzgeber schränkte den Kreis der Anspruchsberechtigten von Leistungen der Arbeitslosenversicherung drastisch ein. Er schuf für Arbeitssuchende, deren Zahl zuvor immens angestiegen war, ein neues (zusätzliches) Fürsorgegesetz (SGB II) neben dem Sozialhilfegesetz. Das BSHG wurde im selben Zug als zwölftes Buch in das SGB eingegliedert (SGB XII). Nach dem SGB II erhalten Arbeitssuchende und deren Angehörige nach Ablauf der Bezugsdauer des Arbeitslosengeldes I nun Arbeitslosengeld II (umgangssprachlich „Hartz IV") von den Agenturen für Arbeit. Damit schieden Personen, die als Arbeitssuchende zuvor von den Sozialämtern Hilfe zum Lebensunterhalt (HLU, „Sozialhilfe") bezogen hatten, aus dem Zuständigkeitsbereich der Sozialämter aus. Sofern die Kommunen nicht das „Optionsmodell" wählten (alleinige Übernahme der Auf-

Tabelle 6.1 Entwicklung der Sozialhilfe

	Zahl der Sozialhilfeempfänger* in Millionen	Anteil der Hilfebezieher an der jeweiligen Bevölkerung in %
1963	0,58	1,0
1968	0,52	0,9
1973	0,68	1,1
1978	0,91	1,5
1983	1,14	1,9
1988	1,62	2,6
1993	2,45	3,0
1998	2,88	3,5
2003	2,81	3,4

* laufende Hilfe zum Lebensunterhalt

Quelle: StaBuAmt 2004

gaben nach dem SGB II), hatten sie von nun an die Pflicht zur Kooperation mit den „Agenturen für Arbeit" (später „Jobcenter" ➜ Kap. 6.2).

Einen weiteren Aufgabenbereich, dessen Kosten im Laufe der Jahre u. a. aufgrund der Alterung der Bevölkerung gestiegen waren, stellten die Hilfen zur Pflege als eine Form der „Hilfen in besonderen Lebenslagen" (HbL) dar. Nach Einführung des SGB XI (Pflegeversicherung) im Jahr 2005 sanken die Zahl der EmpfängerInnen und damit die entsprechenden Ausgaben zunächst drastisch.

Das Beispiel zeigt Folgendes: Nimmt ein soziales Problem eine bestimmte Dimension an, wird die Problembearbeitung aus der Fürsorge in ein neues System überführt. In der Geschichte der deutschen Sozialstaatsentwicklung waren dies stets die „höherrangigen" Systeme der Sozialversicherung oder der Sozialversorgung. Mit der sog. Hartz-IV-Reform wurde erstmals die umgekehrte Entwicklung eingeschlagen: Viele Arbeitslose, die vordem auf Leistungen der Sozialversicherung (hier: Arbeitslosenversicherung) zurückgreifen konnten, mussten sich fortan mit dem Arbeitslosengeld II nach dem SGB II begnügen, also einer Fürsorgeleistung. Für die hier interessierende Sozialhilfe kam aber derselbe Effekt, wie bei früheren Reformen zum Tragen: Eine große Gruppe von LeistungsempfängerInnen ging von der Sozialhilfe auf ein anderes Sicherungssystem über.

Abbildung 6.1 EmpfängerInnen von Hilfen zur Pflege innerhalb und außerhalb von Einrichtungen 1992–2015

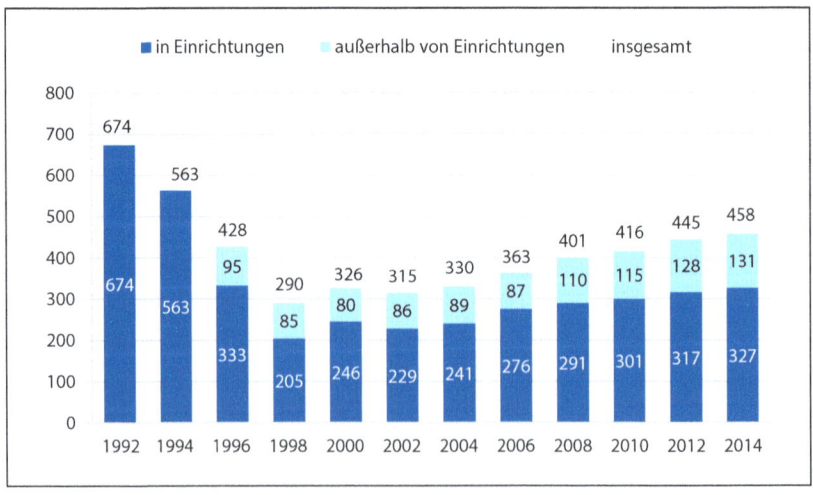

Mit freundlicher Unterstützung und Genehmigung von sozialpolitik-aktuell.de; [http://www.sozialpolitik-aktuell.de/sozialstaat-datensammlung.html#AusgabenSozialhilfe; 15.12.207] ©

Was speziell die Pflegeversicherung anbelangt, so zeigte sich, dass ihre Einführung die kommunale Sozialhilfe nicht gänzlich und dauerhaft entlastet hat. Seit geraumer Zeit steigen die kommunalen Ausgaben für Pflege wieder an (vgl. Abb. 6.1). Dafür gibt es grundsätzlich drei Ursachen: Zum einen stieg die Anzahl pflegebedürftiger Personen. Zum zweiten ist die Pflegeversicherung keine „Vollkaskoversicherung", sondern sind ihre Leistungen als Zuschuss konzipiert. Zum dritten sinkt seit Jahren das Sicherungspotential der gesetzlichen Rentenversicherung. Rentenkürzungen für Menschen, die neu in das Rentenalter eintreten, führen zu einem Anstieg der Sozialhilfe-Ausgaben – sowohl für die Hilfen zur Pflege als auch für die Grundsicherung im Alter.

Schon im 2010 waren fast 800 000 alte Menschen auf Sozialhilfe (Grundsicherung im Alter und bei Erwerbsminderung) angewiesen. Heute, nur wenige Jahre später, liegt die Zahl schon bei über einer Million (vgl. Tab. 6.2).

Dementsprechend erhöhte sich auch die finanzielle Belastung der Kommunen. Verausgabten die Sozialämter im Jahre 2003 rund 1,4 Mrd. € für Erwerbsgeminderte und Menschen im Rentenalter, so verdoppelte sich dieser Wert bis 2006 und erreicht heute (2017) schon mehr als sieben Mrd. € (vgl. Becker 2012, S. 68 u. 69 ff. sowie Tab. 6.3).

Tabelle 6.2 EmpfängerInnen von Sozialhilfe nach Leistungsarten (2010–2015); Angaben in 1 000

Empfänger von Sozialhilfe	2010	2011	2012	2013	2014	2015
Laufende Hilfe zum Lebensunterhalt außerhalb von Einrichtungen	98	108	113	122	133	137
Grundsicherung im Alter und bei Erwerbsminderung	797	844	900	962	1003	1038
Regelleistungen nach dem Asylbewerberleistungsgesetz	130	144	165	225	363	975
Leistungen nach den Kapiteln 5 bis 9 des SGB XI[1]	985	1018	1057	1075	1102	1124

[1] Eingliederungshilfe für behinderte Menschen, Hilfe zur Pflege, Hilfen zur Gesundheit sowie Leistungen zur Überwindung besonderer sozialer Schwierigkeiten.

Quelle: eig. Darstellung nach Sozialbericht 2017, S. 242 [http://www.bmas.de/SharedDocs/Downloads/DE/PDF-Publikationen/a-101-17-sozialbericht-2017.pdf?__blob=publicationFile&v=2; 20. 02. 2018]

Tabelle 6.3 Ausgaben für Sozialhilfe nach Leistungsarten

Leistungsart	Mrd. €						
	2012	2013	2014	2015	2016s	2017s	2021s
Leistungen insgesamt[1]	28,2	29,8	32,2	38,6	39,5	39,7	44,2
Hilfe zum Lebensunterhalt	1,1	1,1	1,3	1,4	1,5	1,6	1,7
Hilfe zur Gesundheit	0,7	0,7	0,8	0,7	0,7	0,7	0,6
Eingliederungshilfe für behinderte Menschen	13,8	14,1	15,0	15,6	16,3	17,1	20,3
Hilfe zur Pflege	3,3	3,4	3,6	3,6	3,7	3,6	4,2
Grundsicherung im Alter und bei Erwerbsminderung	4,7	5,2	5,5	5,9	6,2	7,1	9,5
Asylbewerberleistungsgesetz	1,1	1,5	2,4	5,2	6,9	5,2	3,3
Sonstige soziale Hilfen[2]	2,2	2,2	2,2	2,3	2,3	2,3	2,5
Verwaltungsausgaben	1,4	1,4	1,6	1,8	2,0	2,0	2,2

[1] V. a. abzüglich Erstattungen anderer Sozialleistungs- und Kostenträger, Ersatzleistungen Unterhaltspflichtiger und anderer. Ebenso nicht enthalten sind die Arbeitsgelegenheiten nach § 5 AsylbLG, die nach der Methodik des Sozialbudgets nicht zu den Sozialleistungen gerechnet werden.

[2] V. a. Sozialbeiträge für Behinderte in Werkstätten, Landesblinden- und Pflegegelder, Hilfe zur Überwindung besonderer sozialer Schwierigkeiten (8. Kapitel SGB XII) und Hilfe in anderen Lebenslagen (9. Kapitel SGB XII).

Quelle: eig. Darstellung nach Sozialbericht 2017, S. 243

6.2 Die Aufgaben des Sozialamts

Nach der Zusammenlegung der Arbeitslosen- und Sozialhilfe für Arbeitssuchende, lassen sich die grundlegenden Aufgaben eines modernen Sozialamtes wie folgt gliedern:

1) Originäre Aufgaben nach dem SGB XII
2) Aufgaben als kommunaler Träger in den Jobcentern
3) Ergänzende Aufgaben

Abbildung 6.2 bietet einen Überblick über die aktuellen Aufgaben der Sozialämter nach dem SGB XII. Sie verweist zur rückblickenden Orientierung außerdem darauf, wie die Aufgaben nach dem BSHG (1961 bis 2004) strukturiert waren.

Die Aufgaben des Sozialamts 89

Abbildung 6.2 Aufgaben des Sozialamts nach dem SGB XII

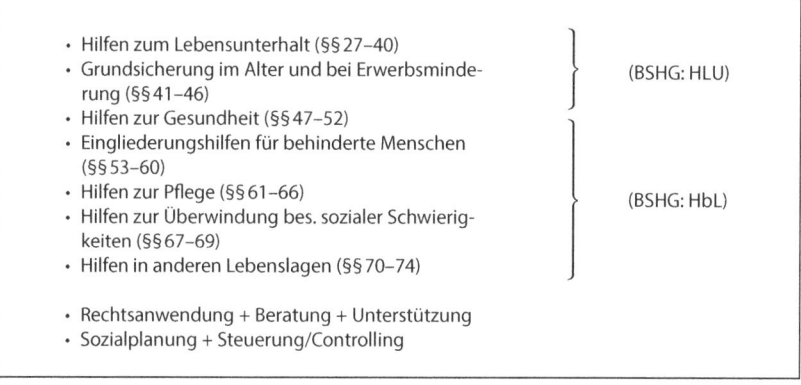

Quelle: eig. Darstellung ©

Wie viele Menschen Leistungen der sozialen Mindestsicherung in den Jahren 2014 und 2015 jeweils erhielten, zeigt Tabelle 6.4.

Tabelle 6.4 EmpfängerInnen sozialer Mindestsicherung nach Leistungsarten (2015)

Leistungsart	31.12.2015
Leistungen nach dem SGB II insgesamt	5 837 290
davon	
Arbeitslosengeld II	4 234 707
Sozialgeld	1 593 583
Mindestsicherungsleistungen insgesamt im Rahmen der Sozialhilfe nach dem SGB XII	1 175 153
davon	
Hilfe zum Lebensunterhalt außerhalb von Einrichtungen ohne einmalige Leistungen	137 145
Grundsicherung im Alter und bei Erwerbsminderung ohne einmalige Leistungen	1 038 008
Regelleistungen nach dem Asylbewerberleistungsgesetz	974 551
Insgesamt	**7 986 994**

Quelle: Destatis [https://www.destatis.de/DE/ZahlenFakten/GesellschaftStaat/Soziales/Sozialberichterstat tung/Tabellen/11_MS_EmpfLeistVeraend.html; 20. 02. 2018]

Große praktische Bedeutung für die Sozialämter haben heute insbesondere:

- die Eingliederungshilfen für behinderte Menschen,
- die Grundsicherung im Alter und bei Erwerbsminderung (Organisation durch Kommunen/Sozialämter bei Kostenträgerschaft des Bundes),
- die Hilfen zur Pflege (Konzeptentwicklung und Organisation bei Kostenträgerschaft der Kommunen) und
- Aufgaben nach dem Asylbewerberleistungsgesetz (AsylbLG)

Exkurs: Leistungen nach dem SGB XII und dem SGB II

Wissensbaustein: SGB XII und SGB II

Die Sozialhilfe ist ein Teilbereich des Systems sozialer Sicherung. Sie basiert auf dem obersten verfassungsrechtlichen Prinzip, dem „Schutz der Menschenwürde und der individuellen Freiheit" (Art 1 GG). Sozialhilfe folgt dem Prinzip der Versorgung bei Bedürftigkeit. Sie ist steuerfinanziert (nicht beitragsfinanziert). Das SGB XII (Sozialhilfegesetz) ist ein Fürsorgegesetz. Die finanzielle Mindestsicherung, die das SGB XII Hilfebedürftigen zugesteht, orientiert sich am „soziokulturellen Existenzminimum". Auch das SGB II ist ein Fürsorgegesetz und orientiert sich am selben Maßstab. Deshalb sind die „Regelsätze" dieselben.

Die Regelsätze des SGB XII folgen den Regelsätzen des SGB II, die unter Federführung des Bundesministeriums für Arbeit und Soziales (BMAS) festgelegt werden. Die dort ermittelten Euro-Beträge übernehmen die Sozialämter für die AdressatInnen in ihrem Zuständigkeitsbereich.

Die letzten Regelsätze nach dem Bundessozialhilfegesetz bis 2004 waren deutlich niedriger angesetzt als die ersten Regelsätze für das SGB II und XII. Das lag vor allem daran, dass viele beim BSHG vormals gewährten ergänzenden Leistungen fortan pauschaliert monatlich im Regelsatz enthalten waren.

Seit 2005 gelten nach dem SGB XII Regelsätze, die:

- in der Höhe nach wie vor durch entsprechende Verordnung geregelt werden (§ 40 SGB XII) und

- den gesamten notwendigen Lebensunterhalt abdecken, sodass auch der nicht laufende Bedarf pauschal im Regelsatz enthalten ist.
- Die wenigen Ausnahmen, in denen zusätzliche Leistungen (zum Lebensunterhalt) gewährt werden, definieren die §§ 29–34 SGB XII).

Nicht in den Regelsätzen enthalten sind („angemessene") Kosten für Unterkunft und Heizung. Einmalige Beihilfen werden nur noch in Ausnahmefällen für einen besonderen Bedarf gewährt, dazu zählen: Erstausstattungen für Wohnungen inkl. Haushaltsgeräten, Erstausstattungen für Bekleidung bei Schwangerschaft und Geburt, mehrtägige Klassenfahrten im Rahmen der schulrechtlichen Bestimmungen, ab dem Schuljahr 2009 zu Beginn jedes Schuljahres eine Zulage in Höhe von 100 € für SchülerInnen, Beiträge für die Kranken- und Pflegeversicherung, Beiträge für die Altersvorsorge und angemessenes Sterbegeld sowie Hilfe zum Lebensunterhalt in Sonderfällen.

Um auch andere, unregelmäßig wiederkehrende Bedarfe zu decken, ist die Regelleistung so bemessen worden, dass Leistungsempfänger entsprechende Mittel ansparen können (sollen). Die Regelsätze werden regelmäßig angepasst. Zuständig dafür ist das Bundesministerium für Arbeit und Soziales (BMAS), bei dem deshalb die je aktuellen Regelsätze abzurufen sind. Die Leistungshöhe (ab 1. Jan. 2018) dokumentieren wir in der nachstehenden Tabelle (6.5).

Für die Kommunen kamen mit dem SGB II, das am selben Tag wie das SGB XII in Kraft trat (1. Januar 2005, → Kap. 6.1), neben den oben vorgestellten Aufgaben nach dem SGB XII auch Aufgaben aus dem Zusammenhang des SGB II zu:

- Es wurden flächendeckend zunächst Arbeitsgemeinschaften (sog. ARGEn in Mischverwaltung von Bund und Kommunen), später (nach entsprechender Grundgesetz-Änderung 2011) Job-Center eingeführt.
- Es wurden dort die persönlichen AnsprechpartnerInnen für Arbeitsuchende etabliert sowie
- die bundeseinheitlichen Eingliederungsvereinbarungen (afM) und
- seit 2011 auch die Organisation der Leistungen nach dem sog. Bildungs- und Teilhabepaket.

Für die Sozialämter ergaben sich aus diesen Neuerungen weitreichende Folgen, die nicht nur die finanziellen Aufwendungen betrafen. Das Gesetz veränderte auch die Rolle der Sozialämter in der kommunalen Aufgabenwahrnehmung. Sie „verloren" ca. 80 % ihrer KlientInnen, die zuvor Hilfe zum Lebensunterhalt (HLU) erhalten hatten. Daraus ergab sich grundsätzlich die Möglichkeit, einerseits für die verbleibenden Personen individuellere Einzelfallhilfen anzubieten und andererseits die Sozialraumorientierung der Hilfen zu verbessern, etwa durch per-

Tabelle 6.5 Regelsätze nach SGB II und SGB XII ab 1. Januar 2018

Berechtigte	Regelbedarf	geregelt nach
Alleinstehende		
Alleinerziehende	416 €	§ 20 Absatz 2 S. 1
Volljährige mit minderjährigem Partner		
volljährige Partner	374 €	§ 20 Absatz 4
Volljährige bis zur Vollendung des 25. Lebensjahres, Personen unter 25 Jahre, die ohne Zusicherung des kommunalen Trägers umziehen (18–24 Jahre)	332 €	§ 20 Absatz 3 i. V. m. § 20 Absatz 2 S. 2 Nr. 2
Kinder bzw. Jugendliche im 15. Lebensjahr (14 Jahre) bis zur Vollendung des 18. Lebensjahres	316 €	§ 20 Absatz 2 S. 2 Nr. 1
minderjährige Partner (14–17 Jahre)		§ 23 Nr.1
Kinder ab Beginn des 7. Lebensjahres bis zur Vollendung des 14. Lebensjahres (6–13 Jahre)	296 €	§ 23 Nr.1
Kinder bis zur Vollendung des 6. Lebensjahres (0–5 Jahre)	240 €	§ 23 Nr.1

Quelle: Bundesregierung [https://www.bundesregierung.de/Content/DE/Artikel/2017/09/2017-09-06-neue-regelsaetze-grundsicherung-2018.html; 20. 02. 2018]

sonelle Verstärkung der Gemeinwesen- und Stadtteilarbeit. Diese Hoffnung erfüllte sich nicht – aus folgenden Gründen:

Zum einen bezieht sich dieser „Verlust" an KlientInnen nur auf die Gewährung des größten Teils der Geldleistungen – die Kommen haben aber mehr als die Hälfte der Kosten für die Unterkunft und Heizung nach dem SGB II zu tragen und BezieherInnen von SGB-II-Leistungen bleiben nach wie vor AdressatInnen der Beratungs- und Dienstleistungsangebote der Kommunen.

Zum anderen stehen der Erfüllung dieser Hoffnung grundlegende Finanzierungsprobleme der Kommunen und die Ausweitung anderer Aufgabenbereiche entgegen. Zu den wachsenden Bereichen im Regelungsbereich der Sozialhilfe zählen die Aufgaben der Altenhilfe, der Behindertenhilfe und der Wohnungslosenhilfe (→ Kap. 5). Zudem werden den Sozialämtern von den Kommunen Aufgaben zugewiesen, die diese im Rahmen ihrer Zuständigkeit für die (kommunale) Daseinsvorsorge ohne gesetzlichen Zwang erbringen, wie z. B. über § 71 SGB XII hinausgehende Aufgaben der Altenhilfe. Die Sozialämter sind außerdem organisatorisch verantwortlich für Aufgaben, die nicht im SGB XII geregelt sind, wie z. B. Aufgaben nach dem Asylbewerberleistungsgesetz (AsylbLG).

6.3 Zur Organisation des Sozialamts

Die konkrete Verwaltungsorganisation der Sozialämter ist gesetzlich nicht vorgeschrieben, sodass es zwischen den Kommunen Unterschiede gibt. Gemeinsam ist allen Sozialämtern, dass die behördliche Organisation die Vielfalt der Aufgaben widerspiegelt.

Die verwaltungsmäßige Abwicklung der Geldleistungen in den Sozialämtern wird von Verwaltungsfachleuten vorgenommen, die auch weitere, rein administrative Aufgaben übernehmen. SozialarbeiterInnen hingegen sind vornehmliche dort tätig, wo der Personenbezug zu den AdressatInnen im Vordergrund steht, also dort, wo Beratung oder Betreuung zu leisten ist.

Fragen zur Reflexion

- Welche grundsätzlichen Aufgaben hat das Sozialamt?
- Welche Arten der Hilfe nach dem SGB XII gibt es?
- In welchem Verhältnis steht die Sozialhilfe zu den übrigen Systemen der sozialen Sicherung?
- Welche sozialpolitischen Entscheidungen führten zur deutlichen Veränderungen in der Sozialhilfe?

Literatur zur Vertiefung

- ▶ Bieritz-Harder, Renate; Conradis, Wolfgang; Thie, Stephan (Hrsg.) (2015): Sozialgesetzbuch XII. Sozialhilfe. Lehr- und Praxiskommentar. 10. Aufl. Baden-Baden: Nomos
- ▶ Bundesregierung (2017): Lebenslagen in Deutschland. Fünfter Armuts- und Reichtumsbericht. Berlin
- ▶ Huster, Ernst-Ulrich; Boeckh, Jürgen; Mogge-Grotjahn, Hidegard (Hrsg.) (2008): Handbuch Armut und soziale Ausgrenzung. Wiesbaden: VS
- ▶ Kühn, Dietrich (1994): Jugendamt – Sozialamt – Gesundheitsamt: Entwicklungslinien der Sozialverwaltung im 20. Jahrhundert. Neuwied u.a.: Luchterhand
- ▶ Fahlbusch, Jonathan I. (Hrsg.) (2012): 50 Jahre Sozialhilfe. Berlin: Eigenverlag des Deutschen Vereins

94 Das Sozialamt

Abbildung 6.3 Organigramm Sozialamt – Beispiel

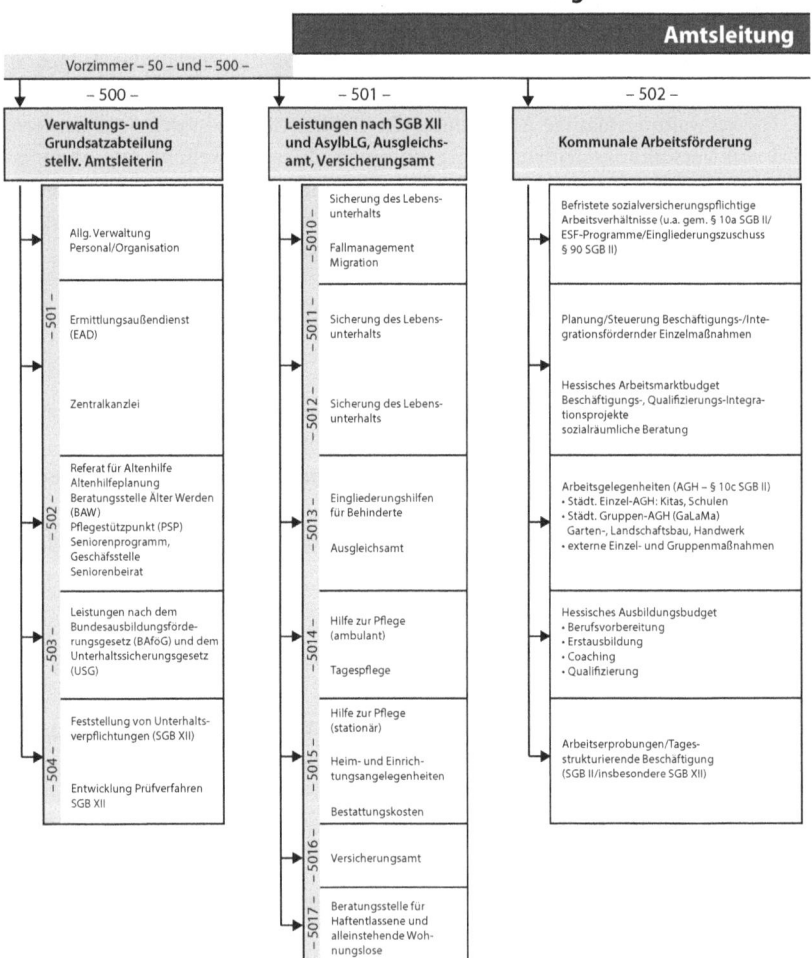

Quelle: Stadt Kassel, Sozialamt, o. J. ©

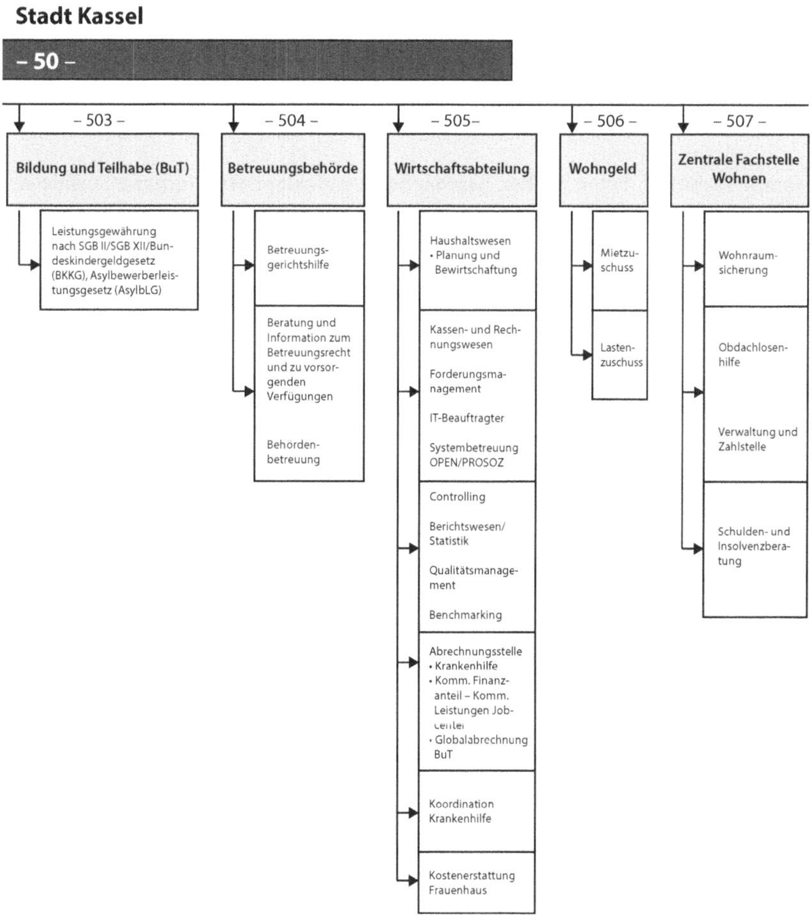

Stadt Kassel
– 50 –

– 503 –	– 504 –	– 505 –	– 506 –	– 507 –
Bildung und Teilhabe (BuT)	**Betreuungsbehörde**	**Wirtschaftsabteilung**	**Wohngeld**	**Zentrale Fachstelle Wohnen**
Leistungsgewährung nach SGB II/SGB XII/Bundeskindergeldgesetz (BKKG), Asylbewerberleistungsgesetz (AsylbLG)	Betreuungsgerichtshilfe	Haushaltswesen • Planung und Bewirtschaftung	Mietzuschuss	Wohnraumsicherung
	Beratung und Information zum Betreuungsrecht und zu vorsorgenden Verfügungen	Kassen- und Rechnungswesen Forderungsmanagement	Lastenzuschuss	Obdachlosenhilfe
		IT-Beauftragter		
	Behördenbetreuung	Systembetreuung OPEN/PROSOZ		Verwaltung und Zahlstelle
		Controlling		
		Berichtswesen/ Statistik		Schulden- und Insolvenzberatung
		Qualitätsmanagement		
		Benchmarking		
		Abrechnungsstelle • Krankenhilfe • Komm. Finanzanteil – Komm. Leistungen Jobcenter • Globalabrechnung BuT		
		Koordination Krankenhilfe		
		Kostenerstattung Frauenhaus		

Quellen

Becker, Bernd (2012): Die Entwicklung der Sozialhilfe in der Bundesrepublik Deutschland in Zahlen. In: Fahlbusch, Jonathan I. (Hrsg.): 50 Jahre Sozialhilfe. Berlin: Eigenverlag des Deutschen Vereins, S. 66–82
BMAS (Bundesministerium für Arbeit und Soziales (2017): Sozialbericht 2017. Berlin
Hammerschmidt, Peter; Weber, Sascha; Seidenstücker, Bernd (2017a): Soziale Arbeit – die Geschichte. 1. Aufl. Leverkusen: UTB – Leverkusen: Barbara Budrich
Sachße, Christoph/Tennstedt, Florian (1988): Fürsorge und Wohlfahrtspflege 1871 bis 1929. Stuttgart: Kohlhammer

Zusammenfassung

Das Sozialamt ist eine Organisationseinheit der örtlichen Träger der Sozialhilfe, also der Kommunen (kreisfreie Städte und Gemeinden). Es ist eine Dienststelle, die zuständig ist für soziale Leistungen (Dienst-, Geld- oder Sachleistungen). Im Vordergrund stehen dabei Leistungen nach dem SGB XII (zuvor BSHG), darunter Eingliederungshilfen für behinderte Menschen, Grundsicherung im Alter und bei Erwerbsminderung sowie Hilfen zur Pflege. Hinzu kommen weitere Aufgaben, vor allem nach dem Asylbewerberleistungsgesetz (AsylbLG). Neben der Rechtsanwendung übernimmt das Amt Aufgaben der Beratung und Unterstützung, der Sozialplanung und der Steuerung/des Controllings.

Keywords: Sozialamt, Fürsorge, Sozialhilfe, Eingliederungshilfen, Grundsicherung, Hilfen zur Pflege SGB XII, SGB II, AsylbLG, Regelsätze

Das Jugendamt 7

▸ **Teaser:** Das Jugendamt ist das kommunale Amt, das die Gesamtverantwortung für die Leistungen und Aufgaben der Kinder- und Jugendhilfe trägt. Im Folgenden erfahren Sie, wie sich dieses Amt entwickelt hat und welche rechtlichen, organisatorischen und fachlichen Besonderheiten es aufweist.

7.1 Zur Geschichte des Jugendamtes

Schon gegen Ende des Deutschen Kaiserreiches richteten einige wenige Städte Jugendämter ein. Das entsprach den Vorstellungen und Forderungen aus Fachkreisen der Jugendhilfe, die sich die Bearbeitung aller Angelegenheiten der Jugendhilfe durch ein einziges Amt wünschten. Damit verband sich die Hoffnung, dass auf diese Weise eine Verbesserung der fachlichen Qualität der Jugendhilfe möglich sei und zudem die Minderjährigen nicht mehr Klientel der Fürsorge(-ämter) wären, wodurch dann das „schlechte Image" der Fürsorge(-ämter) nicht auf die Kinder- und Jugendlichen abfärben sollte. Das 1922 verabschiedete Reichsjugendwohlfahrtsgesetz (→ Kap. 3) bestimmte dann, dass die Städte und Landkreise als örtliche Jugendhilfeträger zur Durchführung ihrer gesetzlich auferlegten Aufgaben der Jugendwohlfahrt eigene Ämter – eben die Jugendämter – einrichten sollten. Wenige Jahre später (1928) existierten im Deutschen Reich 1 251 Jugendämter mit mehr als 11 000 hauptberuflichen und ca. 45 000 ehrenamtlichen MitarbeiterInnen (Sachße/Tennstedt 1988, S. 99–114; Hammerschmidt u. a. 2017, S. 62). Neben – nicht über! – den kommunalen Jugendämtern waren ebenfalls gemäß RJWG Landesjugendämter als überörtliche Träger der Jugendhilfe zu schaffen, die in erster Linie für übergreifende und die besonders kostenträchtige Aufgabe der Fürsorgeerziehung verantwortlich zeichneten. Teilweise – das wurde landesrechtlich

Tabelle 7.1 Beschäftigte in der behördlichen Kinder- und Jugendhilfe (Stand 31.12.2014)

	Insgesamt	dav. weibl.
Gemeinden ohne Jugendamt	1 112	758
Jugendämter	45 874	35 867
Landesjugendämter	648	467
Oberste Landesjugendbehörde(n)	406	310
Zusammen	48 040	37 402

Quelle: Destatis. Kinder- und Jugendhilfestatistiken. Einrichtungen und tätige Personen (ohne Tageseinrichtungen für Kinder) 2014 [https://www.destatis.de/DE/Publikationen/Thematisch/Soziales/KinderJugendhilfe/ SonstigeEinrichtungen.html; 20.02.2018]

unterschiedlich geregelt – fungierten höhere kommunale Selbstverwaltungsverbände, teilweise die Länder (Staaten) als überörtliche Träger der Jugendhilfe und damit der Landesjugendämter. Heute bestehen in der Bundesrepublik 563 Jugendämter und 17 Landesjugendämter, wobei letztere mit der neuen Rechtsgrundlage (SGB VIII) einen relativen Bedeutungsverlust erfahren haben. Dieser Bedeutungsverlust zeigt sich auch bei den Beschäftigungszahlen und -relationen der behördlichen Jugendhilfe. Von den insgesamt ca. 48 000 Beschäftigten finden sich weniger als 700 bei den Landesjugendämtern, fast 46 000 dagegen bei den Jugendämtern, was noch einmal deren Bedeutung in diesem Bereich anschaulich macht.

7.2 Das kommunale Jugendamt ab 1990

Das neue Jugendhilfegesetz von 1990/91 (SGB VIII) schreibt den Jugendämtern die Erbringung einer Reihe von „Leistungen" (§§ 11–41 KJHG) sowie auch „andere Aufgaben" (§§ 52–58) vor. Sie tragen auch die Gesamtverantwortung für die örtliche Jugendhilfe. Zu dieser Verantwortung gehört auch die Sicherstellung der Finanzierung. Die Erbringung der Jugendhilfeleistungen delegieren die Jugendämter ganz überwiegend an freie Träger (→ Kap. 10 „Wohlfahrtsverbände" und Kap. 11 „Jugendverbände"). Verankert ist dieser Grundsatz des Vorrangs von freien Leistungserbringern vor den kommunalen – das Subsidiaritätsprinzip – seit den 1920er Jahren (→ Kap. 10). Nicht delegiert werden dürfen hoheitliche Aufgaben, wozu auch die vorläufigen Maßnahmen zum Schutz von Kindern und Jugendlichen gehören.

▸ **Definition: Jugendämter**
Die Jugendämter sind die kommunalen Fachbehörden, die die Aufgaben der Kinder- und Jugendhilfe gemäß SGB VIII wahrnehmen. Dies umfasst „Leistungen der Jugendhilfe" und „andere Aufgaben" – bei letzteren handelt es sich meist um hoheitliche Aufgaben. Die Jugendämter – genauer: die sie tragenden Kommunen (Städte und Landkreise) – tragen auch die Kosten- und Gewährleistungsverantwortung für die Jugendhilfe, sofern das Gesetz dies nicht als überörtliche Aufgabe bestimmt.

Eine noch weitergehende Regelung des Subsidiaritätsprinzips (→ Kap. 10) als in den übrigen Bereichen sozialer Sicherung, findet sich in § 70 SGB VIII. Mit ihr wird das Jugendamt zu einer „zweigliedrigen" Behörde, d. h. es besteht aus der Verwaltung des Jugendamtes (dem „eigentlichen" Amt) und dem Jugendhilfeausschuss. Diese Regelung geht auf das RJWG von 1922 zurück, das ein „kollegiales Jugendamt" vorsah. Mit der RJWG-Novelle von 1953 wurden dann die zweigliedrigen Jugendämter eingeführt (vgl. Abb. 7.1). Das heißt:

- Die Verwaltung des Jugendamtes führt die laufenden Geschäfte (SGB VIII § 70 Abs. 2).
- Der Jugendhilfeausschuss beschließt über die Verteilung der (vom „Kommunalparlament" bereitgestellten) Mittel und besitzt Vorschlags- und Anhörungsrechte (SGB VIII § 71 Abs. 2, 3).
- Mitglieder des Jugendhilfeausschusses sind Mitglieder des Kommunalparlaments und Vertreter der freien Träger der Jugendhilfe (SGB VIII § 71 Abs. 1)

Im Kern ging – und geht – es dabei darum, dass VertreterInnen der sog. freien Kinder- und Jugendhilfe sowohl in die Problemdefinition als auch in die Problemlösung einbezogen werden. Nicht mehr nur die Verwaltung eines Jugendamtes und die von den BürgerInnen gewählten kommunalen VertreterInnen entscheiden über die Ausgestaltung der Kinder- und Jugendhilfe vor Ort, sondern auch RepräsentantInnen der Wohlfahrts- und Jugendverbände. Damit haben in diesem Arbeitsfeld die freien Träger einen einmaligen Einfluss auf eine kommunale Behörde, den sie sowohl im Interesse der AdressatInnen als auch im eigenen nutzen können.

Die Abbildung 7.1 zeigt, dass die Mitentscheidung der freien Träger im Jugendhilfeausschuss und der Vorrang des Jugendhilfeausschusses gegenüber der Verwaltung in allen Angelegenheiten an Grenzen stößt: Zum einen entscheidet der Jugendhilfeausschuss nur im Rahmen der Mittel, die ihm aus dem Haushalt der Kommune zur Verfügung gestellt werden. Zum anderen hat die kommunale

Abbildung 7.1 Das Jugendamt in der Kommune

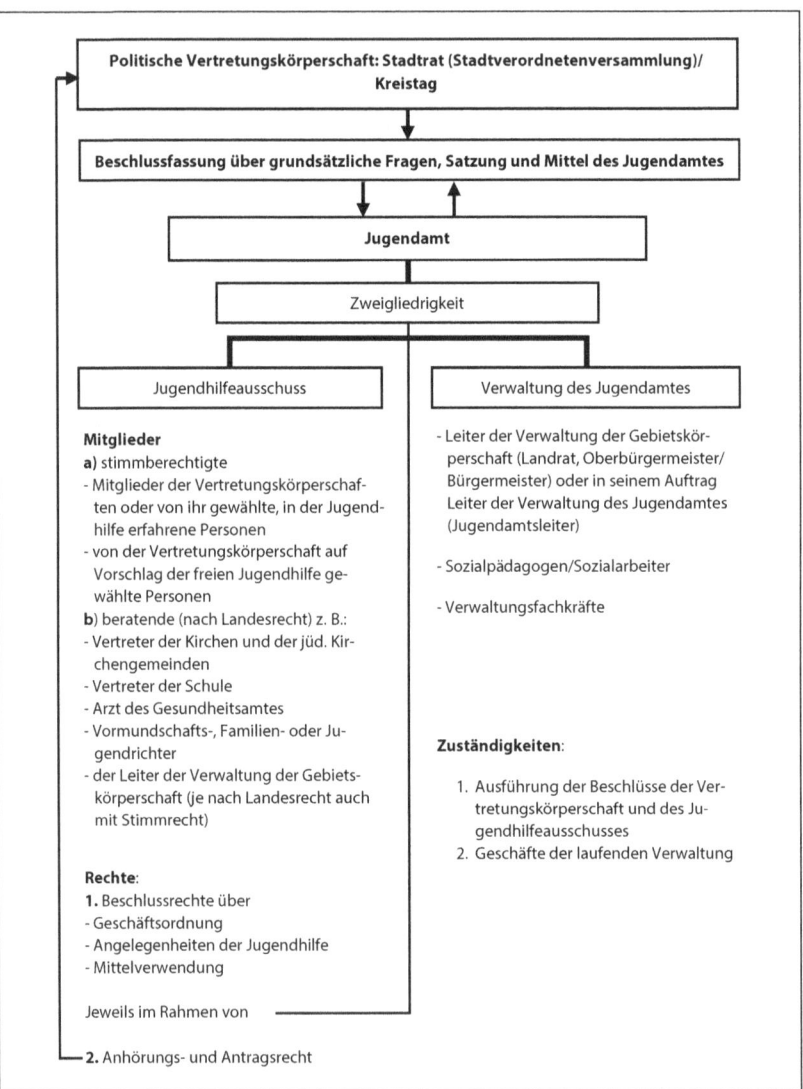

Quelle: Fieseler/Herborth 2005, S. 146 ©

Vertretungskörperschaft/das Parlament (Abgeordnetenhaus/Stadt- oder Gemeinderat/Stadtverordnetenversammlung/Kreistag) einen Vorrang gegenüber dem Jugendhilfeausschuss. Das heißt, das Kommunalparlament steuert nicht nur die Finanzausstattung im Bereich Kinder- und Jugendhilfe, sondern kann auch Beschlüsse des Ausschusses außer Kraft setzen. Dies ist insofern folgerichtig, als die Autonomie der freien Träger in der Zielsetzung und Durchführung ihrer Angebote im Rahmen der öffentlichen Gesamt- und Finanzverantwortung durchaus ambivalent ist. Schließlich können die Interessen der freien Träger denen der Kommune entgegenstehen und sind keinesfalls immer deckungsgleich mit denen der AdressatInnen. Auch hebt die Zweigliedrigkeit nicht die bekannten grundsätzlichen Probleme jeglicher „Beteiligung" und aller partizipativen Verfahren auf, die unter anderem darin bestehen, dass gerade die Interessen marginalisierter Gruppen nur schwer zu organisieren sind.

Nicht zu vergessen ist, dass die VertreterInnen des Kommunalparlaments im JH-Ausschuss politische Interessen vertreten. Je nach den parteipolitischen Kräfteverhältnissen in einer Kommune können auch kontrollierende oder repressive Vorstellungen über die Gestaltung der Kinder- und Jugendhilfe Gewicht erlangen. Damit ist einmal mehr darauf hingewiesen, dass SozialarbeiterInnen gut daran tun, sich politisch zu informieren und ihre Stimme in die parlamentarische Demokratie einzubringen.

Die (Verwaltungs-)Organisation des Jugendamtes in der jeweiligen Kommune ist vom SGB VIII nicht vorgeschrieben. Dennoch ähneln sich die Binnenstrukturen der kommunalen Jugendämter sehr, weil diese meist entlang der gesetzlich vorgeschriebenen Leistungen und Aufgaben ausgestaltet werden. Wie weit diese Strukturen ausdifferenziert werden, hängt auch von der Größe der Kommune und damit des Jugendamtes ab (vgl. Beispiel in Abb. 7.2).

Aus der Perspektive der Sozialen Arbeit ist diese Gliederung der Abteilungen ein Hindernis für das integrierte Arbeiten sowohl für die Arbeit mit ausgewählten Gruppen als auch mit Familien und einzelnen Kindern und Jugendlichen. Um dem entgegenzuwirken, gab es seit den 1970er Jahren Bestrebungen einer stärkeren Dezentralisierung. Regionale Arbeitsgruppen des Allgemeinen Sozialen Dienstes (ASD, mancherorts auch Kommunaler Sozialer Dienst (KSD) oder Bezirkssozialarbeit genannt; → Kap. 9) übernehmen die Funktion eines Außendienstes, der überwiegend aus sozialpädagogischen Fachkräften besteht und direkt mit den Kindern, Jugendlichen und ihren Familien arbeitet, Verwaltungsentscheidungen vorbereitet und prüft und darüber hinaus soziale Hilfen vor allem im Rahmen des SGB VIII aber auch darüber hinaus erbringt.

Abbildung 7.2 Organisation eines Jugendamtes

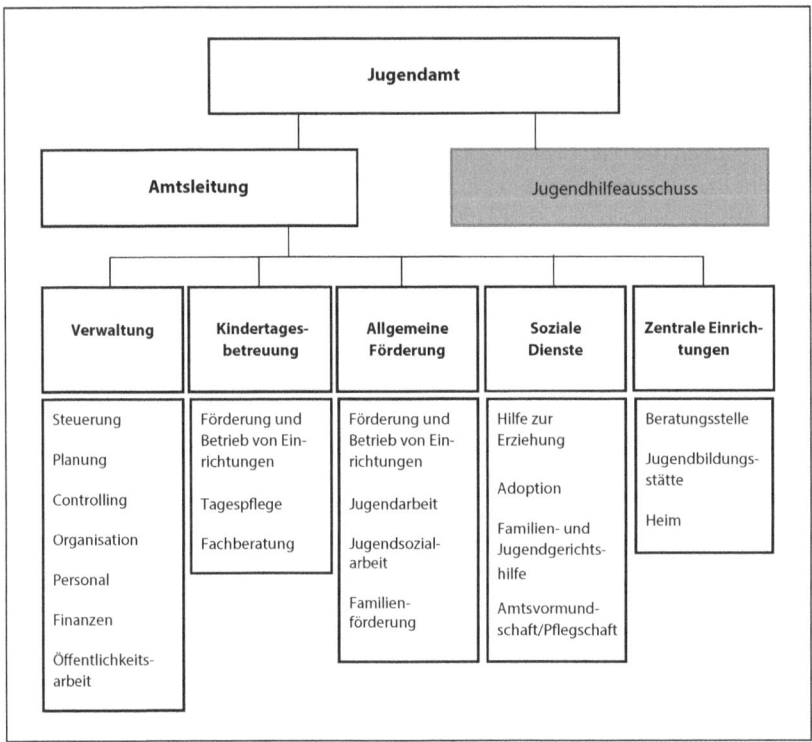

Quelle: Jordan et al. 2015, S. 375 ©

7.3 Jugendhilfeplanung und Hilfeplan-Erstellung als besondere Aufgaben des Jugendamtes

Auf zwei der vielen Aufgaben des Jugendamtes möchten wir hier etwas näher eingehen: Die eben im Zusammenhang mit dem Jugendhilfeausschuss schon erwähnte Jugendhilfeplanung, weil sie letztlich über die konkrete Ausgestaltung der Kinder- und Jugendhilfe in den jeweiligen Kommunen entscheidet, und das Hilfeplanverfahren, weil es das entscheidende Instrument für die Hilfen zur Erziehung in Einzelfällen ist.

> **Wissensbaustein: Jugendhilfeplanung – Hilfeplan**
>
> Zu den besonderen Aufgaben des Jugendamtes gehören zwei Verfahren der Planung, die beide am Prinzip der Partizipation ausgerichtet sind: 1) die Jugendhilfeplanung als Infrastrukturplanung für alle Kinder und Jugendlichen und 2) die Erstellung eines Hilfeplans im individuellen Fall (mit einzelnen Kindern, Jugendlichen und ihren Familien).

1) Jugendhilfeplanung nach § 80 SGB VIII
Die Jugendhilfeplanung als kontinuierlicher (kommunaler) Prozess hat die Aufgabe, den Bestand an Infrastruktur zu erheben, den Bedarf an Diensten und Einrichtungen zu ermitteln, Schritte zur Bedarfsdeckung zu benennen und sie auch zu evaluieren. Sie orientiert sich an Zielgruppen, Sozialräumen und insbesondere am übergeordneten Ziel, positive Lebensbedingungen für Kinder, Jugendliche und ihre Familien zu schaffen (§ 1 SGB VIII).

Die Entscheidungen über die Entwicklung der Infrastruktur erfolgt unter Beteiligung der Betroffenen, also der freien Träger und der AdressatInnen. Hinzugezogen werden auch andere Fachverwaltungen der Kommune, Gewerkschaften, Ausbildungsstätten und (wissenschaftliche) ExpertInnen. Dabei ist die Partizipation der AdressatInnen die schwierigste Aufgabe. Sie gelingt meist am besten in konkreten, lebensweltbezogenen Projekten. Eine Schwierigkeit bleibt dabei jedoch bestehen: Die Jugendhilfeplanung ist mittel- und langfristig angelegt, der Zeithorizont einzelner Kinder- und Jugendlicher ist dagegen eher kurzfristig und ihr konkreter Bedarf nicht selten akut.

2) Erstellung eines Hilfeplans nach § 36 KJHG
Wie konkret die Hilfen nach dem SGB VIII im Einzelfall – als Hilfen zur Erziehung nach §§ 27–35, Eingliederungshilfen für seelisch behinderte Kinder und Jugendliche nach § 35a oder Hilfen für junge Volljährige nach § 41 – ausgestaltet werden, soll unter Mitwirkung der jungen Menschen selbst und ihrer Personensorgeberechtigten entschieden werden. Zum Hilfeplanverfahren gehört auch, das gewählte Arrangement fortlaufend zu überprüfen und ggf. zu ändern oder planmäßig zu beenden. Eine wichtige Rolle spielt dabei die Zusammenarbeit von mehreren Fachkräften wie auch die kollegiale Beratung in den (dezentralen/regionalisierten) Teams der sozialpädagogischen Fachkräfte. Der Auftrag des Gesetzes, die Betroffenen zu beteiligen, gilt auch bei Hilfen außerhalb der Familie. Den idealtypischen Verlauf eines solchen Verfahrens veranschaulicht folgende Abbildung (Abb. 7.3).

Abbildung 7.3 Hilfeplan-Verfahren gemäß § 36 SGB VIII

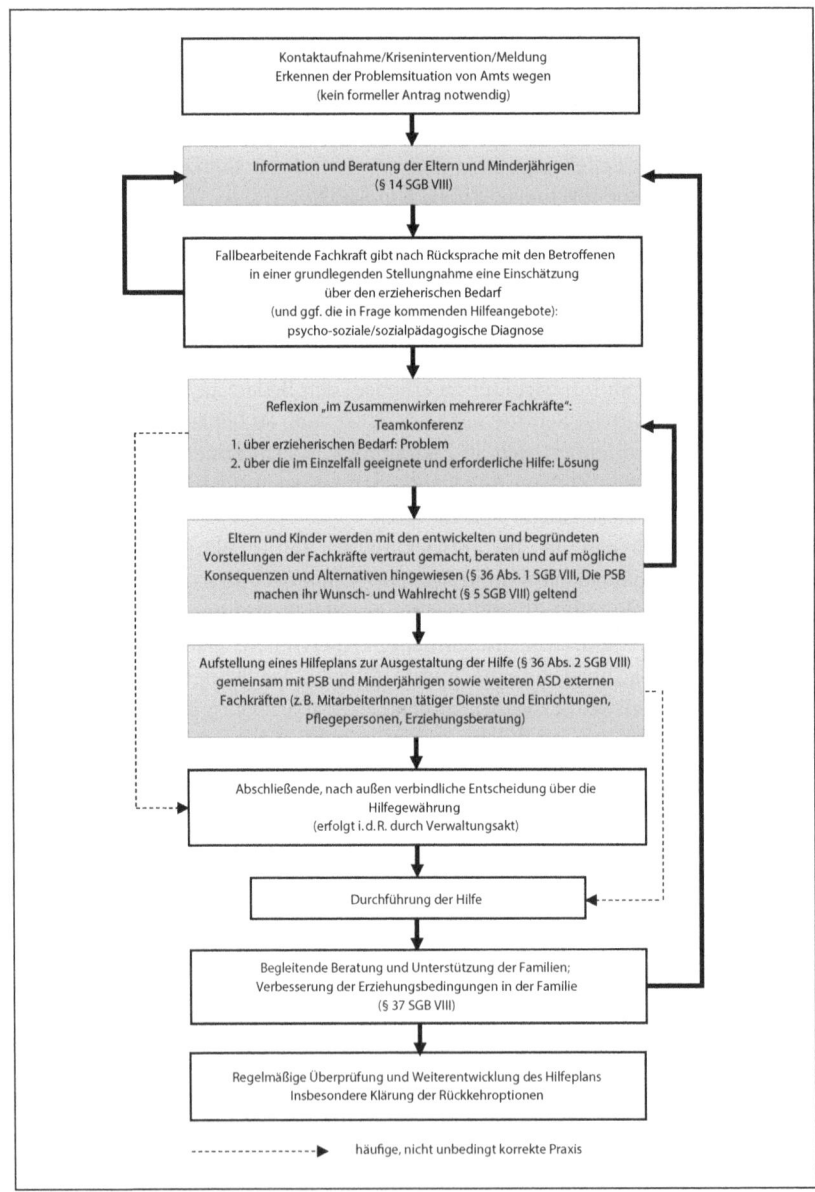

Quelle: Jordan et al. 2015, S. 311 ©

7.4 Landesjugendämter und die Rolle des Bundes

Auch die Einrichtung von Landesjugendämtern und ihre Aufgaben sind im SGB VIII geregelt. Die überörtlichen Träger der Kinder- und Jugendhilfe unterstützen die örtlichen Jugendhilfeträger. Ziel dieser Förderung ist es, die Kinder- und Jugendhilfe regional gleichmäßig aufzubauen und weiterzuentwickeln. Das geschieht nicht durch direkte Eingriffe in das kommunale Handeln, sondern durch Beratung und Fortbildung der Fachkräfte. Den Landesjugendämtern obliegt außerdem die Aufsicht über die Einrichtungen, die in der Kinder- und Jugendhilfe tätig sind, und die Erlaubnis von Betreuungen, Pflegschaften und Beistandschaften.

Der Bund hat eine Anregungs- und Förderkompetenz. Fachlich beraten wird er dabei durch das Bundesjugendkuratorium, ein Gremium, in dem sowohl VertreterInnen der freien Träger der Kinder- und Jugendhilfe als auch WissenschaftlerInnen vertreten sind. Fördern darf der Bund jedoch nur solche Aufgaben, die a) von überregionaler Bedeutung sind und b) ein Land allein nicht wirksam fördern kann. Die Form in der dies geschieht ist in der Regel die sog. Modellförderung. Die Modellprogramme des Bundes sind (ebenso wie eventuelle Modellprogramme der Länder) grundsätzlich befristet. Die Förderung der Kinderbetreuung für Kinder im Alter von ein bis sechs Jahren, also des Bereichs der Kinder- und Jugendhilfe, der die größten Kosten verursacht (→ Kap. 3.4) bildet eine Ausnahme. Daneben verfügt der Bund mit dem Bundesjugendplan über ein weiteres Instrument (→ Kap. 11).

Differenziertere Angaben zu den öffentlichen Ausgaben in diesem Regelungsbereich sind der folgenden Tabelle 7.2 zu entnehmen. Die Angaben dieser Tabelle sollen insbesondere den Stellenwert der kommunalen Träger der Jugendhilfe verdeutlichen. Die Zahlenangaben beziehen sich auf das Jahr 2005 (zur Ausgabenentwicklung von 2001 bis 2015 vgl. Tab. 3.1).

Tabelle 7.2 Ausgaben und Einnahmen für die Jugendhilfe nach Behörde

	Insgesamt	Jugend-ämter	Landes-JÄ	Kreisan-gehörige Gemeinden ohne JA	oberste Landes-jugend-behörde	oberste Bundes-behörde
	in 1000 €					
Ausgaben insgesamt	20 865 232	13 661 255	1 415 780	4 976 513	654 058	157 626
davon:						
für Hilfen + Einricht.						
öff. Träger	14 144 051	9 862 567	686 957	3 559 725	16 667	18 135
dar. Personalausgaben	6 714 544	3 785 276	84 930	2 830 175	11 390	2 773
Förderung freier Träger	6 721 181	3 798 688	728 823	1 416 788	637 392	139 491
Einnahmen insgesamt	2 042 990	1 218 374	51 396	771 035	1 391	795
dar. Gebühren, Entgelte, Teilnehmerbeiträge	1 245 308	588 546	19 227	636 740	0	795
Reine Ausgaben	18 822 242	12 442 881	1 364 384	4 205 478	652 668	156 831
	in Prozent					
Ausgaben insgesamt	100	100	100	100	100	100
davon:						
für Hilfen + Einricht.						
öffentl. Träger	67,8	72,2	48,5	71,5	2,5	11,5
dar. Personalausgaben	32,2	27,7	6,0	56,9	1,7	1,8
Förderung freier Träger	32,2	27,8	51,5	28,5	97,5	88,5
Einnahmen insgesamt	9,8	8,9	3,6	15,5	0,2	0,5
dar. Gebühren, Entgelte Teilnehmerbeiträge	6,0	4,3	1,4	12,8	0,0	0,5
Reine Ausgaben	90,2	91,1	96,4	84,5	99,8	99,5

Quelle: Destatis [https://www.destatis.de/DE/Publikationen/Thematisch/Soziales/ThemaSoziales.html; jsessionid=60AFFE15F79F01E60543ECEA17380A45.cae2; 30. 09. 2017]

Fragen zur Reflexion

- Welche Aufgaben hat das Jugendamt?
- An welches Prinzip ist es bei der Erfüllung seiner Aufgaben gebunden?
- Welche organisatorische Besonderheit kennzeichnet das Jugendamt im Unterschied zu anderen Ämtern im sozialen Bereich?
- Was haben das Hilfeplanverfahren nach § 36 SGB VIII und die Jugendhilfeplanung nach § 80 SGB VIII gemeinsam und was unterscheidet sie?

Literatur zur Vertiefung

- Fieseler, Gerhard u. a. (Hrsg.) (2016): Kinder- und Jugendhilferecht. Gemeinschaftskommentar zum SGB VIII. Neuwied: Luchterhand
- Fieseler, Gerhard/Herborth, Rainer (2005): Recht der Familie und Jugendhilfe. 6. Aufl. Neuwied: Luchterhand
- Jordan, Erwin; Maykus, Stephan; Stuckstätte, Eva Christina (2015): Kinder- und Jugendhilfe, 4. überarb. Aufl. Weinheim und München: Beltz Juventa
- Müller, Wolfgang C. (1994): JugendAmt. Weinheim und Basel: Beltz
- Münder, Johannes (Hrsg.) (2013): Frankfurter Kommentar zum SGB VIII. 7. Aufl. Baden-Baden: Nomos
- Schröer, Wolfgang; Struck, Norbert; Wolff, Mechthild (Hrsg.) (2016): Handbuch Kinder- und Jugendhilfe. Studienausgabe. Basel und Weinheim: Beltz Juventa
- Uhlendorff, Uwe (2003): Geschichte des Jugendamtes. Weinheim, Basel, Berlin: Beltz Votum
- Wiesner, Reinhard (Hrsg.) (2015): SGB VIII – Kinder- und Jugendhilfe. 5. Aufl. München: C.H. Beck

Zusammenfassung

Das Jugendamt ist das kommunale Amt, das die Erfüllung der Aufgaben nach dem SGBVIII/KJHG organisiert. Es besteht aus der Verwaltung des Jugendamtes und dem Jugendhilfeausschuss (Zweigliedrigkeit). Als kommunale Behörde hat es die Gesamtverantwortung für eine Reihe von Leistungen (§§ 11–41 SGB VIII) und andere Aufgaben (§§ 52–58 SGB VIII), ist aber bei der Erbringung an das Subsidiaritätsprinzip gebunden.

Keywords: Jugendamt, Jugendhilfeausschuss, Zweigliedrigkeit, Jugendhilfeplanung

Das Gesundheitsamt 8

▸ **Teaser:** Das Kapitel verweist auf die historische Entwicklung des Gesundheitsamtes und beschreibt seine aktuelle Verfasstheit. Es benennt die Aufgaben des Gesundheitsamtes und die Bereiche, in denen Soziale Arbeit zum Tragen kommt.

8.1 Zur Geschichte des Öffentlichen Gesundheitsdienstes und des Gesundheitsamtes

Zu den heutigen Gesundheitsämtern führten historisch betrachtet zwei Entwicklungsstränge: a) die staatliche Medizinalaufsicht und b) die kommunale Gesundheitsfürsorge. (a) Noch im 17. Jahrhundert beeinflusste der absolutistische Staat die Bevölkerungsgesundheit nur indirekt. Ärzte, Apotheker und Scharfrichter waren in einem sog. Collegium Medicum zusammengeschlossen, für das staatlich festgesetzte Regeln der Berufsausübung galten. Doch schon im 18. Jahrhundert wurden den Collegia Medica der Ärzte und Apotheker sog. Collegia Sanitas zur Seite gestellt. Diese staatliche Gesundheitspolizei überwachte das Krankheitsgeschehen nun direkt. Am Übergang zum 19. Jahrhundert wurden beide zu sog. Collegia Medicum et Sanitas zusammengefasst. Von nun an waren ein beamteter Kreisphysikus und die jeweiligen Landräte weisungsbefugt gegenüber den Ärzten vor Ort. (b) Neben und unabhängig von dieser staatlichen Medizinalaufsicht etablierte das Bürgertum im Rahmen seiner Zuständigkeit für Armenpflege(-fürsorge) gesundheitsbezogene Maßnahmen in ihren Kommunen. Hierzu zählten etwa Beratungs- und Unterstützungsangebote für gesundheitlich besonders gefährdete Gruppen (Schwangere, Säuglinge usw.) oder bezüglich der großen Volkskrankheiten. Die Koordination dieser Aufgaben lag bei den kommunalen Armenämtern.

Abbildung 8.1 Hütte einer Arbeiterfamilie. Billbrook 1902

Quelle: Bundesarchiv ©

Gegen Ende des Kaiserreiches bildeten vor allem Großstädte dafür eigene Behörden, nämlich die kommunalen Gesundheitsämter. Damit erlangte die Ausdifferenzierung einer eigenständigen Gesundheitsfürsorge aus der (Allgemein-)Fürsorge auch eine organisatorische Gestalt (→ dazu Kap. 4).

Die kommunalen Gesundheitsämter standen unter der Leitung von Stadtärzten als Kommunalbeamte. Die Stadtärzte, um die Jahrhundertwende vielfach sozial, bürgerlich-liberal, teilweise auch sozialistisch gesinnt, orientierten sich in ihrer gesundheitsfürsorgerischen Praxis fachlich an der Hygiene bzw. Sozialhygiene. Dabei kamen neben Erkenntnissen der seinerzeit neuen Bakteriologie und Virologie auch der Zusammenhang zwischen allgemeinen Lebensbedingungen und Gesundheits- bzw. Krankheitsgeschehen in den Blick. Dem lag ein komplexeres Verständnis von Gesundheitsgeschehen zugrunde, was auch eine andere Perspektive und Praxis auf die Gesundheitsfürsorge beinhaltet. Fragen der Ernährung, des Wohnens usw., letztlich die Frage nach dem Zusammenhang von Armut und sozialer Lage (so auch der Titel eines umfangreichen Buches von Mosse/Tugendreich 1913) gerieten damit in den Blick.

Neben dieser dominanten sozialhygienischen Perspektive entstand schon vor der Jahrhundertwende eine konkurrierende eugenische, rassenhygienische Sichtweise. Sie knüpfte an sozialdarwinistische und erbbiologische Vorstellungen an und erklärte Gesundheit aber auch Verhalten genetisch. Hiernach war es Aufgabe öffentlicher Gesundheitspolitik, die „Volksgesundheit" durch die „Ausschaltung erbbiologischer minderwertiger Gene" – also letztlich von Menschen, die als Träger solcher ausgewiesen wurden – und die Förderung von „erbbiologisch Hochwertigen", zu verbessern. Diese Vorstellungen fanden gegen Ende der Weimarer

Republik zunehmend Anhänger. Während der NS-Zeit waren sie Programm staatlicher Politik.

Schon am Beginn der NS-Herrschaft, im Juli 1933 wurde das „Gesetz zur Verhütung erbkranken Nachwuchses" verabschiedet. Die Verschwendung von „Millionen" an Fürsorgekosten für „Minderwertige" auf Kosten der „kinderfrohen, gesunden Familien" sollte durch die Sterilisation „Minderwertiger" ein Ende finden. Zur Organisation dieser Maßnahme der negativen Eugenik fehlte ebenso wie für die beabsichtigten der positiven Eugenik (Förderung der „Wertvollen") eine Verwaltungsstruktur. Diese wurde 1934 mit dem „Gesetz über die Vereinheitlichung des Gesundheitswesens" (GVG) geschaffen, das die Einrichtung eines flächendeckenden Netzes von *staatlichen* Gesundheitsämtern vorsah. Gegen die damit auch vorgesehene Verstaatlichung der ca. 70 kommunalen Gesundheitsämter wehrten sich viele Kommunen erfolgreich. Sie hatten fortan – neben ihren eigenen gesundheitsfürsorgerischen Aufgaben – auch die in drei Durchführungsverordnungen zum GVG geregelten Aufgaben mit zu erledigen. Auch sie wurden damit zu rassenhygienischen Erfassungs- und Selektionsapparaten. Die Ausbildungsinhalte für die FürsorgerInnen/WohlfahrtspflegerInnen wurden im selben Zusammenhang um die Fächer Rassenhygiene sowie Erb- und Rassenkunde erweitert.

> **Wissensbaustein: „Gesetz über die Vereinheitlichung des Gesundheitswesens" (GVG)**
>
> Das 1934 erlassene Gesetz und seine Durchführungsverordnungen blieben auch nach 1945 geltendes Recht der Bundesländer und somit die rechtliche Grundlage für deren Gesundheitspolitik. Dieses Gesetz ist noch heute Basis der Aufgabenbeschreibung des Gesundheitsamtes. Dies gilt, obwohl in den letzten Jahrzehnten eine (Re-)Kommunalisierung der staatlichen Aufgaben des Gesundheitswesens stattfand (vgl. Ortmann 1994, S. 173 ff.). In der Folge gibt es eine gewisse Einheitlichkeit der Gesundheitsämter, aber nicht „das" kommunale Gesundheitsamt.

Nach 1945 wurden diejenigen Elemente von rechtlichen Regelungen aus der NS-Zeit außer Kraft gesetzt, die als NS-Unrecht galten, was auch das GVG und seine Durchführungsverordnungen betraf. Nach der verfassungsrechtlichen Ordnung der BRD sind die Bundesländer und nicht mehr der Zentralstaat (Bund) für die

Gesundheitsämter zuständig. Einige Bundesländer verankerten nach 1945 die Gesundheitsämter als staatliche, andere als kommunale Behörden. Im Verlauf der folgenden Jahrzehnte veranlassten dann die einzelnen Länder eine Kommunalisierung der Gesundheitsämter, so dass sie heute überwiegend kommunale Ämter sind. Wie sie organisiert sind und welche Tätigkeiten sie wahrnehmen, entscheiden damit die Kommunen im Großen und Ganzen selbst (Kühn 1996, S. 62 ff.; Ortmann 1994, S. 173 ff.; Steen 2005; Sachße/Tennstedt 2012; S. 157 f). Dabei sind die konkreten *Organisations- und Versorgungsstrukturen* abhängig von den Bedingungen in der Kommune bzw. Region und damit etwa auch von der Größe der jeweiligen Verwaltungseinheit sowie von landes- und kommunalpolitischen Entscheidungen. Dennoch führte das GVG von 1934 und die daran anknüpfenden landesrechtlichen Regelungen der Nachkriegszeit dazu, dass heute noch eine gewisse Einheitlichkeit besteht, die auch allgemeine Aussagen über die kommunalen Gesundheitsämter möglich machen.

8.2 Organisation und Aufgaben des Öffentlichen Gesundheitsdienstes

Der Öffentliche Gesundheitsdienst (ÖGD) ist die dritte Säule der Gesundheitsversorgung neben der ambulanten Versorgung durch niedergelassene Ärzte und der stationären Versorgung durch Krankenanstalten. Der ÖGD ist dabei keine einheitliche Organisation, sondern ein komplexes arbeitsteiliges Organisationsgefüge auf unterschiedlichen Ebenen mit unterschiedlichen Zuständigkeiten. Insgesamt dient er dem Schutz der Gesundheit der Bevölkerung – im Interesse der Allgemeinheit – und ist eine ordnungspolitische und hoheitliche Aufgabe.

Auf der *Bundesebene* ist das Bundesgesundheitsministerium (BMG) zuständig. Es hat gesetzgeberische Kompetenz für Gesundheitsschutz und Medizinalüberwachung. Dazu gehören der Infektionsschutz, die Zulassungsordnungen (für Ärzte und Psychotherapeuten), die Gesetzgebung für Arzneimittel und Medizinprodukte (wie etwa das Betäubungsmittelgesetz/BtMG).

Die dazugehörige Ausführung und Fachberatung lagert das BMG in obere Bundesbehörden aus. So etwa die Krankheitskontrolle und Gesundheitsberichterstattung an das Robert-Koch-Institut (RKI) sowie die Gesundheitserziehung und -aufklärung an die Bundeszentrale für gesundheitliche Aufklärung (BZgA). Von 1952 bis 1994 koordinierte und kontrollierte das Bundesgesundheitsamt die Tätigkeit der vielen Institute und Einrichtungen, bevor dann diese Aufgaben von der Ministerialverwaltung direkt übernommen wurden.

Auf der Ebene der *Bundesländer* gibt es Landesbehörden oder auch Landesakademien, die die Aufsicht über die Heilberufe ausüben. Das betrifft deren

Organisation und Aufgaben des Öffentlichen Gesundheitsdienste 113

Abbildung 8.2 Gesundheitserziehung und Aufklärung durch die BZgA.
Beispiel: Plakat-Kampagne

Mit freundlicher Genehmigung und Unterstützung der Bundeszentrale für gesundheitliche Aufklärung ©

Qualifikationsstandards und die Versorgung mit diesen Berufen im jeweiligen Bundesland. So können die Länder z. B. finanzielle Anreize setzen, wenn es in bestimmten Regionen an Hausärzten fehlt. In einigen Ländern bestehen zur Aufsicht über oder Durchführung dieser Aufgaben eigene Landesgesundheitsämter.

Auf *kommunaler Ebene* sind die Gesundheitsämter für die Wahrnehmung der örtlichen Aufgaben des ÖGD zuständig. In einigen Kommunen sind die Gesundheitsämter eigenständige Behörden, in anderen Kommunen sind sie als Dezernate oder Abteilungen anderer Ämter organisiert. Die amts-, dezernats- oder abteilungsinterne Organisation ist unterschiedlich, bildet aber in der einen oder anderen Form die Aufgaben des Öffentlichen Gesundheitsdienstes auf der kommunalen Ebene ab. Die kommunalen Gesundheitsämter, unabhängig von ihrer je konkreten Organisation, bilden die Basisstruktur des ÖGD.

8.3 Aufgaben und Zielgruppen der Gesundheitsämter

Auch auf kommunaler Ebene gibt es eine *Gesundheitsberichterstattung*, die u. a. auch epidemiologische Daten zur jeweiligen Bevölkerung erhebt. Diese Daten werden als Entscheidungshilfe für diese und andere Fachverwaltungen erhoben. Auch für die Soziale Arbeit – nicht nur für die explizit gesundheitsbezogenen Hilfen – sind solche Daten wie etwa die Rate der Neuerkrankungen an bestimmten Krankheiten in bestimmten Altersgruppen von einigem Interesse. Die Gesundheitsberichterstattung macht aber nur einen sehr kleinen Teil der Aufgaben aus.

Ein Aufgabenfeld mit größerer Bedeutung ist an der Schnittstelle von Medizin und Verwaltung angesiedelt. Der *amtsärztliche Dienst* übernimmt gutachterliche Stellungnahmen und ist für den Infektionsschutz verantwortlich. Im Bereich *Umwelthygiene und Gesundheitsschutz* geht es um Überwachung und Planung sowie um die Qualitätssicherung für Berufe und Einrichtungen des Gesundheitssystems vor Ort.

Ein drittes, ebenfalls großes Aufgabenfeld betrifft die Schnittstelle von Medizin und Sozialer Arbeit. Hierzu gehört der *Kinder- und Jugendgesundheitsdienst*, der Beratung und Begutachtungen etwa im Fall von Kindesmisshandlung und Schulverweigerung übernimmt. An dieser Schnittstelle sind auch die *Gesundheitshilfen* angesiedelt, also Hilfemanagement und Prävention (→ Kap. 4).

Die folgende Abbildung (Abb. 8.3) gibt einen Überblick über die Aufgaben des Öffentlichen Gesundheitsdienstes (ÖGD) auf kommunaler Ebene und die Einbindung der Sozialen Arbeit.

Die Einbindung Sozialer Arbeit in den ÖGD, konkret in die Aufgaben der Gesundheitsämter, folgt der empirisch vielfach nachgewiesenen Erkenntnis, dass nichtmedizinische Interventionen (lebenslagen- und lebenslaufbezogene → Kap. 2) den größten Effekt auf die Gesundheit der Bevölkerung (ihre Morbidität und Mortalität) haben. International wird diese Erkenntnis und die daraus vernünftigerweise folgende Strategie unter dem Label „Gesundheitsförderung" bzw. „producing (public) health instead of consuming health" diskutiert.

In der Realität ist jedoch festzustellen, dass zwar von 2009 bis 2015 die Gesundheitsausgaben in Deutschland insgesamt um durchschnittlich 2 %. stiegen und der Anteil der Gesundheitsausgaben am Bruttoinlandsprodukt (BIP) mit 11,3 % auf einem im internationalen Vergleich verhältnismäßig hohen Niveau liegt (vgl. BMAS 2017, S. 69), jedoch nur ein verschwindend geringer Teil der Ausgaben für das Gesundheitswesen in Prävention und Gesundheitsschutz fließt (vgl. Tab. 8.1).

Die Gesundheitsämter wie der ÖGD insgesamt erlitten ab Ende der 1940er Jahre einen enormen Bedeutungsverlust. Vormalige Aufgaben wurden nunmehr anderweitig, etwa durch die niedergelassenen Ärzte, erledigt. Der ÖGD wurde, in den Worten von Sachße und Tennstedt (2012, S. 163), „zum Stiefkind der bun-

Aufgaben und Zielgruppen der Gesundheitsämter

Abbildung 8.3   ÖGD auf kommunaler Ebene

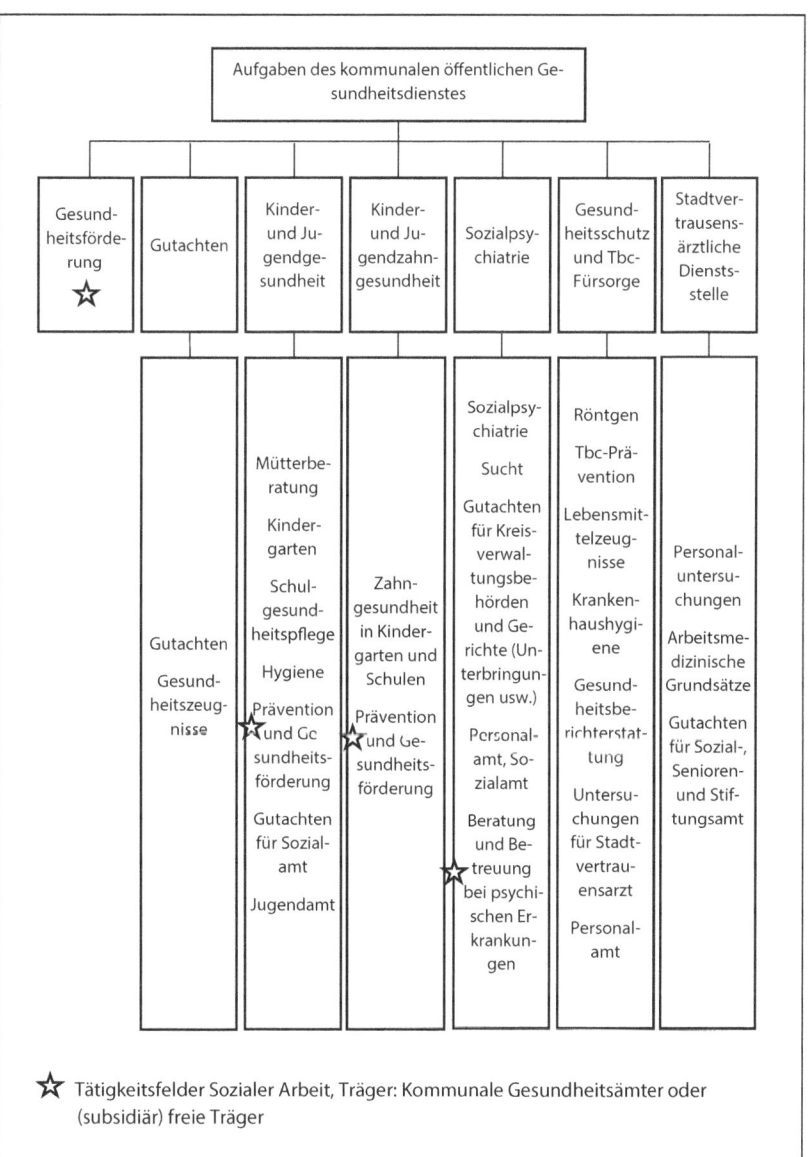

☆ Tätigkeitsfelder Sozialer Arbeit, Träger: Kommunale Gesundheitsämter oder (subsidiär) freie Träger

Quelle: nach Laaser/Hurrelmann 2006, S. 593 ©

Tabelle 8.1 Gesundheitsausgaben nach Leistungsarten im Zeitvergleich

	2000	2015	2000	2015
	Mio. EUR.		%	
Ausgaben insgesamt	214 305	344 153	100	100
Prävention, Gesundheitsschutz	7 136	11 270	3,3	3,3
Ärztliche Leistungen	57 103	92 905	26,6	27
... Grundleistungen	19 557	26 363	9,1	7,7
... Sonderleistungen	26 803	48 544	12,5	14,1
... Laborleistungen	5 366	8 574	2,5	2,5
... Strahlendiagnostik	5 378	9 424	2,5	2,7
Pflegerische u. therapeutische Leistungen	53 357	90 572	24,9	26,3
... Pflegerische Leistungen	41 996	67 461	19,6	19,6
... Therapeutische Leistungen	10 757	22 031	5	6,4
... Mutterschaftsleistungen	604	1 081	0,3	0,3
Unterkunft und Verpflegung	18 298	26 837	8,5	7,8
Waren	57 557	93 750	26,9	27,2
... Arzneimittel	32 108	53 220	15	15,5
... Hilfsmittel	11 512	18 860	5,4	5,5
... Zahnersatz	5 678	7 388	2,6	2,1
... Sonstiger medizinischer Bedarf	8 259	14 283	3,9	4,2
Transporte	3 473	6 816	1,6	2
Verwaltungsleistungen	11 332	16 057	5,3	4,7
Laufende Gesundheitsausgaben	208 255	338 207	97,2	98,3
Investitionen	6 050	5 946	2,8	1,7

Quelle: eig. Darstellung nach Statist. Jahrbuch 2017, S. 146

desrepublikanischen Gesundheits- und Sozialpolitik". Das gilt nach wie vor, auch wenn es im Verlauf der folgenden Jahrzehnte jeweils entlang von benennbaren Ereignissen zu einer schrittweisen Ausweitung der Aufgaben mit neuen AdressatInnengruppen kam. In Stichworten: das Aufkommen von Selbsthilfe- und Betroffenengruppen, wie ab Ende der 1950er Jahre die von Müttern behinderter Kinder, der Contergan-Skandal Anfang der 1960er Jahre und später die Entstehung einer Behindertenbewegung. In den 1970er Jahren legte eine Psychiatrie-Enquete die Probleme und Missstände bundesdeutscher Psychiatrien offen, was dann zu einem Prozess der Enthospitalisierung und zum Aufbau ambulanter Hilfen im Rahmen einer Sozialpsychiatrie (auch: Gemeindepsychiatrie) führte. Anfang der 1980er kam dann das neue Gesundheitsproblem HIV/AIDS hinzu, was letztlich zu neuen Arten von Aufklärung und Beratung (eben auch durch Betroffene) führen sollte. Bei all diesen Bereichen selbst und bei der Vermittlung von dabei auftauchenden Schnittstellenproblemen werden Fachkräfte der Sozialen Arbeit tätig (Hammerschmidt u. a. 2017, S. 102 f., S. 108 f., 116 f.). Gleichwohl bleiben die Ausgaben der öffentlichen Haushalte für Gesundheit und damit für den ÖGD mit rd. 15,2 Mrd. € vergleichsweise gering (vgl. Tab. 8.2), sie machen weniger als 0,5 % der gesamten Gesundheitsausgaben aus. Die angeführten Aufgabenausweitungen für SozialarbeiterInnen im ÖGD konnten (bislang) den angeführten Abbau nicht wettmachen. Waren im Jahr 1960 noch 4 500 SozialarbeiterInnen im ÖGD in Westdeutschland beschäftigt, so verminderte sich deren Zahl auf ca. 2 500 im Jahr 2005 für Gesamtdeutschland (Franzkowiak et al. 2011, S. 152).

Der Umsetzung der Ottawa-Charta und ihrer Idee der Gesundheitsförderung durch lebenslagen- und lebenslaufbezogene Prävention stehen zudem aktuell in der Bundesrepublik folgende Entwicklungen entgegen:

- die einnahmeorientierte Ausgabenpolitik im Sozial- und Gesundheitswesen,
- das Umsteuern in der Gesundheitspolitik (weniger Präventionsangebote, mehr Eigenbeteiligung) und
- ein ausgeprägter Subjektivierungsdiskurs, der insbesondere aber nicht nur die sozial Benachteiligten selbst allein verantwortlich macht für gesundheitliche Risiken und Risikoverhalten bei
- zunehmend (auch subjektiv) prekären Lebenslagen in der Gesamtbevölkerung (→ Kap. 2).

In dieser Situation ist es für die Fachkräfte der Sozialen Arbeit im ÖGD besonders schwer, ein ganzheitliches lebenslagen- und lebenslaufbezogenes Verständnis von Gesundheit (→ Kap. 4) in der Arbeit im ÖGD umzusetzen, zumal im ÖGD ohnehin das (interdisziplinäre) Spannungsfeld zwischen dem Paradigma der Gesundheitsförderung und einer traditionellen Ausrichtung an Risiken und Symptomen

Tabelle 8.2 Gesundheitsausgaben der öffentlichen Haushalte

Jahr	1992	2000	2010	2015
Gesundheitsausgaben insges.	17 628	13 614	14 224	15 230
Investitionen	5 690	5 758	6 150	5 862
Laufende Gesundheitsausgaben	11 938	7 856	8 074	9 368
Prävention/Gesundheitsschutz	1 928	1 901	2 336	2 112
Allgemeiner Gesundheitsschutz	1 207	1 176	1 422	1 252
Gesundheitsförderung	675	677	840	783
Früherkennung von Krankheiten	8	13	11	15
Gutachten/Koordination	37	36	63	62
Ärztliche Leistungen	542	789	516	795
Grundleistungen	169	224	108	181
Sonderleistungen	267	418	327	481
Laborleistungen	66	85	46	72
Strahlendiagnostische Leistungen	40	62	35	61
Pflegerische/therapeutische Leistungen	6 541	3 155	3 634	4 429
Unterkunft und Verpflegung	2 302	1 228	1 138	1 353
Waren	542	715	394	594
Transporte	84	66	56	84

Quelle: GBE Bund [http://www.gbe-bund.de/oowa921-install/servlet/oowa/aw92/WSo100/_XWD_FORMPROC; 01.11.2017]

bestimmter Bevölkerungsgruppen (→ Kap. 8.1) angelegt ist. Dieses strukturell angelegte Spannungsfeld und seine Implikationen für die Sicht auf die AdressatInnen und die Handlungsmotive der Fachkräfte verdeutlicht Abbildung 8.4.

Aufgaben und Zielgruppen der Gesundheitsämter 119

Abbildung 8.4   Der ÖGD als Spannungsfeld

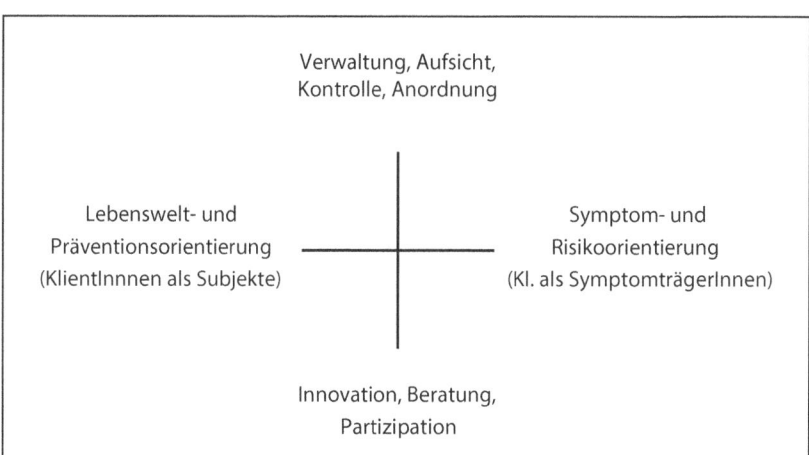

Quelle: Steen 2005, S. 46 ©

Fragen zur Reflexion

- Welche grundsätzlichen Aufgaben hat der Öffentliche Gesundheitsdienst (ÖGD)?
- Welche Aufgaben sind auf der kommunalen Ebene/in den Gesundheitsämtern angesiedelt?
- In welche Aufgaben der Gesundheitsämter ist die Soziale Arbeit NICHT eingebunden?
- Welche (auch historischen) Gründe gibt es für das an Risikogruppen ausgerichtete Handeln im ÖGD?

Literatur zur Vertiefung

- ▶ Gostomzyk, Johannes G.; Storr, Ulrich (2016): Versorgungsleistungen des öffentlichen Gesundheitsdienstes (ÖGD). In: Hurrelmann, Klaus; Razum, Oliver (Hrsg.): Handbuch Gesundheitswissenschaften. 6. Aufl. Basel und Weinheim: Beltz Juventa, S. 837–854
- ▶ Hammerschmidt, Peter; Weber, Sascha; Seidenstücker, Bernd (2017a): Soziale Arbeit – die Geschichte. 1. Aufl. Leverkusen: UTB – Leverkusen: Barbara Budrich

▶ Labisch, Alfons (1990): Gesellschaftliche Bedingungen öffentlicher Gesundheitsfürsorge. Gesammelte Aufsätze einer historisch-soziologischen Untersuchung. Frankfurt: Deutsche Zentrale für Volksgesundheitspflege e.V.
▶ Steen, Rainer (2005): Soziale Arbeit im Öffentlichen Gesundheitsdienst. München: Reinhardt

Quellen

BMAS (Bundesministerium für Arbeit und Soziales) (2017): Sozialbericht 2017. Berlin
Daiminger, Christine; Hammerschmidt, Peter; Sagebiel, Juliane (2015): Soziale Arbeit und Gesundheit – Eine Einführung. In: dies. (Hrsg.): Gesundheit und Soziale Arbeit. Neu-Ulm: AG Spak, S. 9–34
Daiminger, Christine (2017): Salutogenese als Analyseinstrument und Handlungsorientierung für die gesundheitsbezogene Soziale Arbeit. In: Daiminger; Christine; Hammerschmidt, Peter; Sagebiel, Juliane (Hrsg): Gesundheit und Soziale Arbeit. Neu-Ulm: AG Spak, S. 55–74
Franzkowiak, Peter; Homfeldt, Hans Günther; Mühlum, Albert (2011): Lehrbuch Gesundheit. Weinheim Basel: Juventa
Laaser, Ulrich,; Hurrelmann, Klaus (Hrsg.) (2006): Handbuch Gesundheitswissenschaften. 4. Aufl. Weinheim und München: Juventa
Kühn, Dietrich (1996): Gesundheitsamt. In: Bauer; Rudolph (Hrsg.) Lexikon des Sozial- und Gesundheitswesens. 3 Bde. 2. Aufl. München und Wien: Oldenbourg, S. 798–801
Mosse, Max; Tugendreich, Gustav (1994): Krankheit und Soziale Lage. [München 1913]. 3. ungekürzte Neuaufl. Hrsg. Cromm, Jürgen, Göttingen 1994
Ortmann, Friedrich (1994): Öffentliche Verwaltung und Sozialarbeit. Lehrbuch zu Strukturen bürokratischer Aufgabenbewältigung und sozialpädagogischem Handeln der Sozialverwaltung. Weinheim und München: Juventa, S. 173–177
Sachße, Christoph; Tennstedt, Florian (2012): Fürsorge und Wohlfahrtspflege in der Nachkriegszeit 1945–1953. Stuttgart: Kohlhammer

Zusammenfassung

Das kommunale Gesundheitsamt ist unterschiedlich organisiert, in manchen Kommunen auch nur als Dezernat oder Abteilung einer anderen Behörde. Es übernimmt zum Schutz der Gesundheit der Bevölkerung hoheitliche Aufgaben, bietet aber auch präventive und Unterstützungsleistungen an, die auf freigemeinnützige und private Träger delegiert werden können. Die Einbindung der Sozialen Arbeit in die Aufgabenerfüllung der Gesundheitsämter hängt wesentlich davon ab, welcher Stellenwert und Umfang präventiven, begleitenden und gesundheitserzieherischen Angeboten zugemessen wird.

Keywords: Gesundheitsamt, Öffentlicher Gesundheitsdienst, Gesetz über die Vereinheitlichung des Gesundheitswesens, Gesundheitshilfen, Kinder- und Jugendgesundheitsdienst, Gesundheitsberichterstattung, Gesundheitserziehung und -aufklärung

Der Allgemeine soziale Dienst (ASD) 9

> **Teaser:** Das folgende Kapitel erläutert die Entstehung und Entwicklung des Allgemeinen Sozialen Dienstes (ASD) aus der Familienfürsorge heraus, seine aktuellen Aufgaben und Organisationsformen.

Der heutige ASD – mancherorts auch Kommunaler Sozialdienst (KSD) oder Bezirkssozialarbeit (BSA) genannt – entstand aus einer Weiterentwicklung der Familienfürsorge, die sich in den 1920er Jahren herausgebildet hatte. Deshalb beginnt dieses Kapitel mit einer Darstellung der Familienfürsorge.

9.1 Von der Familienfürsorge (FaFü) zum ASD

Die moderne Armenfürsorge, die sich in Deutschland in der ersten Hälfte des 19. Jahrhunderts herausbildete, war von Anfang an quartiersmäßig, also nach Stadtbezirken (Quartiersprinzip), organisiert und arbeitete aufsuchend, d. h. die Armenfürsorger nahmen Hausbesuche vor (Besuchsprinzip), um die Lebensumstände der Hilfesuchenden zu prüfen. Armenfürsorge war damit Außendienst, das sog. „Elberfelder System" galt als Modell (→ Kap. 2). Dieses Modell wurde in den meisten Kommunen nach der Jahrhundertwende zum „Straßburger System" weiterentwickelt, bei der ein eigenständiger, mit hauptamtlichem Personal ausgestatteter Innendienst die immer komplexeren Verwaltungsaufgaben übernahm. Hierdurch entstand ein Dualismus – und Spannungsverhältnis – zwischen Innen- und Außendienst in der Sozialen Arbeit. Die Organisation des Außendienstes der Fürsorge (Sozialarbeit) wurde von den Entscheidungsträgern aus Politik und Verwaltung der Kommunen ab den 1920er Jahren als Problem betrachtet. Wie schon geschildert (→ Kap. 2-4), hatten sich zwischenzeitlich aus der Armenfürsorge zwei Bereiche herauskristallisiert – die Jugend- und Gesundheitsfürsorge – für die mit dem Ausbau des Wohlfahrtsstaates in der Weimarer Republik auch eigene (soziale) Ämter gebildet wurden: die Jugend- und Gesundheitsämter. Mancherorts bestanden daneben noch Wohnungsfürsorge- und Ämter für Erwerbslosenfürsorge. Jedes dieser Ämter verfügte über einen Außendienst. Diese Außendienste betreuten häufig auch dieselben Familien. Marie Baum, eine Fürsorgeexpertin, kritisierte: *„Daß heute ... noch Städte im gleichen Stadtgebiet vier Sorten von Fürsorgerinnen arbeiten lassen, ist nicht nur im Hinblick auf die Rücksichtnahme den Betreuten gegenüber, sondern auch vom ökonomischen Gesichtspunkt aus unverständlich."* (Baum 1927, S. 46) Ihre Forderung, einen gemeinsamen Außendienst der kommunalen, sozialen Ämter und (erste) Anlaufstelle für alle FürsorgeklientInnen – eben eine (generalistische) Familienfürsorge – einzurichten, fand nicht zuletzt wegen des Kostenarguments breite Aufnahme in den Kommunen (vgl. Abb. 9.1). Die praktische Umsetzung funktionierte meist besser dort, wo ohnehin erst neue (soziale) Ämter geschaffen werden mussten und es auch weniger spezialisierte (Besondere soziale Dienste, BSD) gab. Mancherorts waren die Familienfürsorge organisatorisch und dienstrechtlich eigenständige Ämter (neben den übrigen sozialen Ämtern), meistenteils waren sie aber den Gesundheitsämtern zugeordnet (Hammerschmidt/Uhlendorff 2015).

Abbildung 9.1 Modell der Organisation der kommunalen Fürsorge in den 1920er Jahren

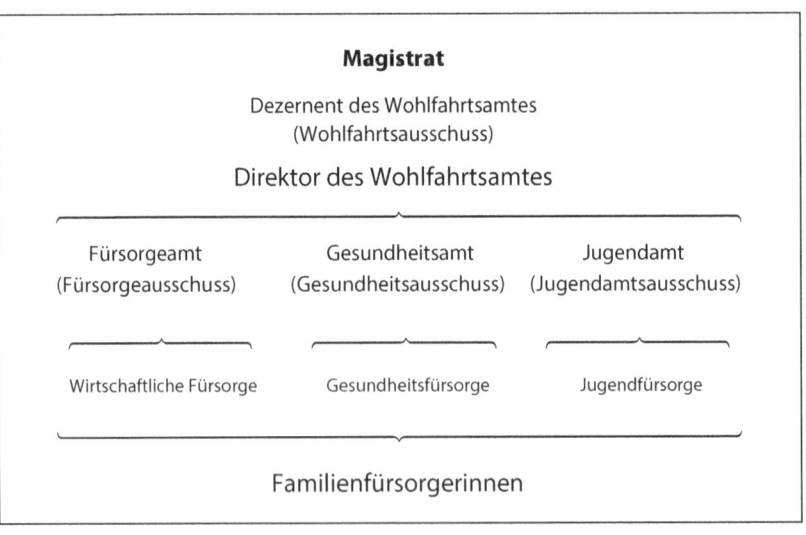

Quelle: Wex 1929, S. 82 ©

Die Arbeitsbelastung der Familienfürsorgerinnen genannten Sozialarbeiterinnen war in den 1920er Jahren enorm. Die geringe personelle Ausstattung bei gleichzeitig hohen Fallzahlen und schwierigen Problemlagen versuchten die SozialarbeiterInnen durch Mehrarbeit aufzufangen. Viele arbeiteten bis an die Grenze ihrer physischen und psychischen Belastbarkeit und darüber hinaus. Die physische Überbeanspruchung ging häufig mit einer psychischen einher, weil sie mit großer Not konfrontiert waren, der sie nur unzureichend entgegenwirken konnten. Auf all dies waren sie nicht vorbereitet (worden) und es widersprach ihren Berufsidealen. In heutigen Worten könnte man sagen, dass ihr „Helfersyndrom" zu einem „Burn-out" führte.[5]

Bezüglich der organisatorischen Entwicklung lässt sich feststellen, dass die Ausgestaltung der FaFü bis in die 1960er Jahre hinein weder zu einem dominierenden Konzept sozialer Dienste noch zu einer einheitlichen Verwaltungsstruktur führte. Das gilt für den heutigen ASD durchaus auch. Seine Herausbildung in der heutigen Form geht auf die Diskussionen zur Neuorganisation sozialer Dienste Ende der 1960er/Anfang der 1970er Jahre zurück. Rechtliche Änderungen (insbesondere das JWG 1961 und die Gebietsreformen in den Jahren 1968 bis 1978) trafen mit dem Interesse der Kommunen an einer kostengünstigen und effektiven Sozialverwaltung zusammen. Hinzu kam das fachliche Interesse der SozialarbeiterInnen im ASD, die notwendigen Verwaltungsentscheidungen für die Gewährung von Hilfen nicht mehr den SachbearbeiterInnen im Innendienst überlassen zu müssen, sondern selbst zu fällen.

Zahlreiche Modellprojekte wurden initiiert, von denen das sog. Trierer Modell am weitesten ging. Hier nahm je eine SozialarbeiterIn in je einem kleinteilig zugeschnittenen Bezirk (6 000 Einwohner) alle Aufgaben der Sozial- und Jugendhilfe wahr. Die Fallverantwortung umfasste auch die Entscheidungskompetenz hinsichtlich der wirtschaftlichen Hilfen. Die Verwaltungsmitarbeiter waren an die Entscheidungen der SozialarbeiterInnen gebunden. Damit waren die sozialen Dienste tatsächlich dezentral organisiert. An der Fachdiskussion über dieses und andere Modelle beteiligten sich verschiedene Akteure mit je unterschiedlichem Fokus. Neben dem Deutschen Verein (DV → Kap. 12.1) und der Kommunalen Gemeinschaftsstelle für Verwaltungsvereinfachung (KGSt) traten zunehmend Fachkräfte der Jugendhilfe ein. Später engagierten sich in dieser Diskussion auch Vertreter der Sozialen Arbeit, die sich u. a. in beruflichen Fachverbänden (→ Kap. 12.3) organisierten, und die HochschullehrerInnen, die an den neu eingerichteten Fachhochschulen für Sozialarbeit und an den ausgebauten Universitäten beschäf-

---

5   Ein anschauliches Beispiel liefert das Tagebuch der Fürsorgerin Hedwig Stieve, das sie 1928 veröffentlichte und das 1983 neuaufgelegt wurde (vgl. Hammerschmidt/Uhlendorff 2015, S. 25).

tigt waren. Im Ergebnis der Modellversuche und Diskussion wurde von den meisten Kommunen (angepasst an die jeweiligen örtlichen Gegebenheiten) der ASD als neues Organisationsmodell etabliert.

> **Wissensbaustein: ASD als neues Organisationsmodell**
>
> Neu gegenüber dem „Ausgangspunkt Familienfürsorge" war am Organisationsmodell des ASD die Zusammenlegung von Innen- und Außendienst und dabei die *Dezentralisation* der Entscheidungskompetenz. Die *Dekonzentration* in Stadtteilen bzw. Bezirken wurde, wo dies nicht ohnehin schon so war, dann überwiegend ab den 1970er Jahren von den Kommunen vorgenommen.

9.2 Die Organisation des ASD heute

Da die Kommunen im Rahmen der kommunalen Selbstverwaltung eigenständig darüber entscheiden können, wie sie die kommunale Daseinsvorsorge organisieren (kommunale Organisationshoheit), gibt es nicht in jeder Kommune einen ASD – und wo es ihn gibt, sind die Organisationsformen sowie die Aufgabenzuschnitte unterschiedlich. Gleichwohl lässt sich Folgendes formulieren:

▶ **Definition: Allgemeiner Sozialer Dienst**
Allgemeine Soziale Dienste (ASD) sind bezirklich organisierte Basisdienste der Kommunen für die Versorgung einer Region/eines Quartiers mit sozialen Hilfeleistungen und öffentlichen Kontrollaufgaben in den Bereichen Kinder- und Jugend-, Sozial- und Gesundheitshilfe, die als „erste Anlaufstellen" für Hilfesuchende dienen.

Die Dekonzentration des ASD in Bezirken, Stadtteilen oder Quartieren geht teilweise auch mit einer Dezentralisation der Entscheidungskompetenz einher. In diesem Fall nehmen die Fachkräfte in den regionalisierten selbstständigen Einheiten die Aufgaben eigenständig wahr. Dazu gehört auch, dass die jeweiligen Fachkräfte der Sozialen Arbeit selbst entscheiden, welche „Fälle" sie selbst abschließend bearbeiten und welche sie an spezialisierte Dienste/Besondere Soziale Dienste (BSD) verweisen. Dabei orientieren sie sich am Fall selbst, aber auch an den eigenen personellen Möglichkeiten sowie an den vor Ort vorhandenen speziellen bzw. Besonderen Diensten, mit denen in der Regel langjährige Kooperationen bestehen. Der ASD ist in diesem Arrangement als erste Anlaufstelle für die potentiellen Nutzer/ KlientInnen kommunaler sozialer Angebote und Hilfen gedacht.

Da es keine eigenen Rechtsgrundlagen für den ASD gibt, die auf die kommunale Verwaltungspraxis vereinheitlichend wirken könnten, sind empirische Aussagen über die Organisation des ASD schwierig. Immerhin kann man feststellen, dass die Einbindung der sozialen Dienste in die kommunale Sozialverwaltung unterschiedlich ist. War der ASD bzw. die FaFü noch bis Ende der 1960er Jahre hauptsächlich den Gesundheitsämtern zugeordnet (rd. 44 %), so haben sich die meisten Kommunen inzwischen für eine Anbindung an die Jugendämter (1990 ca. 78 %) entschieden (vgl. Hammerschmidt/Uhlendorff 2012, S. 30). Nur 1 % der Jugendämter hat keinen ASD als Organisationseinheit. Vielfach fungiert der ASD auch als Teil des Sozial- oder des Gesundheitsamtes oder als gemeinsamer Außendienst mehrerer sozialer Ämter (vgl. Abb. 9.2), selten als eigenes Amt neben den „klassischen" sozialen Ämtern (ebd. und Maly 2011, S. 19).

Abbildung 9.2 Zentrale Fachämter und dezentrale soziale Dienste (Beispiel)

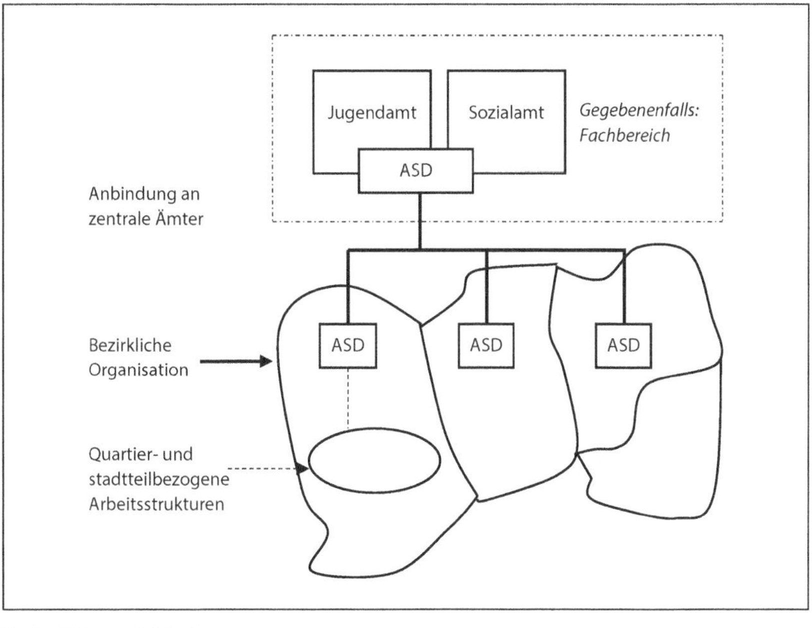

Quelle: Nikles 2008, S. 80 ©

Abbildung 9.3 ASD mit ausschließlicher Zuordnung zum Jugendamt

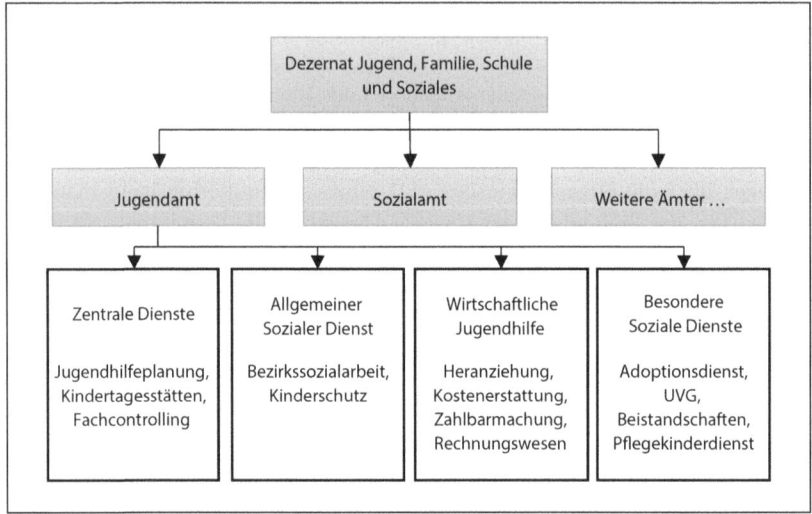

Quelle: Landes/Keil 2015, S. 40 ©

Nach einer Erhebung des DJI (Seckinger u. a. 2008, S. 10), an der mehr als die Hälfte aller Jugendämter teilnahmen, sind 41 % aller ASD ausschließlich mit Aufgaben der Kinder- und Jugendhilfe befasst (vgl. Abb. 9.3).

Wo dies der Fall ist, wird nicht selten eine räumliche Zusammenfassung vorgenommen, d. h. die Außendienste der verschiedenen sozialen Ämter befinden sich in denselben Gebäuden, die dann Namen wie Sozialbürgerhaus, Sozialrathaus, Stadtteilbüro o. ä. tragen (vgl. Abb. 9.4).

Aufgaben, Qualitäts- und Qualifikationsanforderungen 129

Abbildung 9.4 Sozialbürgerhäuser als räumliche Zusammenfassung der Außendienste mehrerer sozialer Ämter

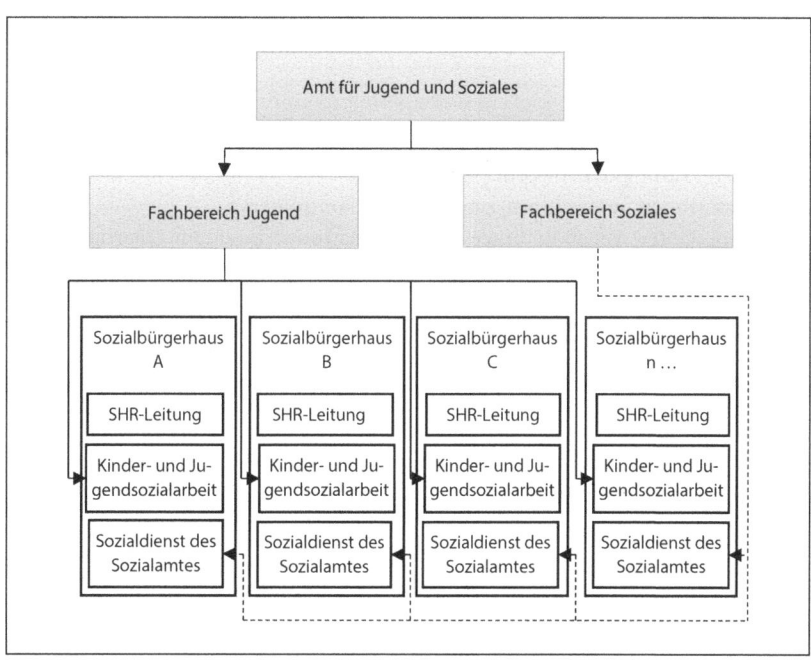

Quelle: Landes/Keil 2015, S. 40 ©

9.3 Aufgaben, Qualitäts- und Qualifikationsanforderungen des ASD

Vom ASD wird erwartet, flexibel, innovativ und zugleich finanziell effektiv die sozialen Folgen von gesellschaftlichen Krisen zu bearbeiten. Dabei ist bis heute strittig, welche Aufgaben wie zusammengefasst werden sollen und welche Qualifikationen dafür erforderlich sind.

In den 1960er bis 1980er Jahren ließen der gesellschaftliche Wandel, neue Sozialgesetze und fachliche Differenzierungen den ASD zunehmend als eine Art „Restdienst" für die nicht zu spezialisierenden sozialen Aufgaben der Kommunen erscheinen. Mit dem Aufschwung der Lebenswelt- und Sozialraumorientierung der 1990er Jahre veränderte sich diese Situation. Die Antworten auf diese fachliche Neuorientierung fielen hinsichtlich der Organisationsformen regional unterschiedlich aus. Konkret reichen die Aufgaben der MitarbeiterInnen eines ASD von der mit Einzelfällen befassten Clearingstelle bis zur ganzheitlichen Zuständigkeit für alle BürgerInnen eines bestimmten Sozialraums (vgl. Kreft/Weigel 2011, S. 14). Allen ASD gemeinsam sind jedoch folgende originäre Aufgaben des ASD (nach Schrapper 2013):

- AdressatInnen beraten und Entscheidungen fällen (Verständigung über den Bedarf, Prüfung der Ansprüche)
- AdressatInnen unterstützen, schützen und kontrollieren
- Knappe Güter/Angebote unter den AdressatInnen in einem Quartier/einem Stadtteil/Bezirk/einer Kommune verteilen

In der Regel werden die MitarbeiterInnen der ASD in folgenden (Problem-)Bereichen tätig (vgl. Maly 2011, S. 23 ff.):

- Erziehungs- und Familienfragen (Beratung)
- Hilfen zur Erziehung (Fallverantwortung)
- Kindeswohlgefährdung (Krisenhilfe und Eingriffe/Inobhutnahmen, sofern diese nicht als Besonderer sozialer Dienst außerhalb der Bezirkssozialarbeit organisiert ist)
- Familiengerichtshilfe (Hilfen bei Trennung und Scheidung)
- Krisendienst für Erwachsene
- Wirtschaftliche Hilfen (außerhalb der Kinder- und Jugendhilfe, Beratung und Vermittlung)
- Hilfen für SeniorInnen (Beratung und Vermittlung)

Aus den originären Aufgaben und der Vielfalt der zu bearbeitenden Problembereiche ergeben sich folgende Qualitätsanforderungen an die Dienste:

- Zugänglichkeit (durch Regionalisierung und zugehende Angebote/Hausbesuche) und Zuverlässigkeit,
- Orientierung an den Lebenswelten und Sozialräumen der AdressatInnen und ein verstehender, ressourcenorientierter Blick,
- Kooperation und Netzwerkbildung in der Region und beste Kenntnisse politisch-administrativer Strukturen vor Ort (vgl. ebd.)

Die Fachkräfte müssen vor diesem Hintergrund über eine „generalistische" Qualifikation verfügen. Das wird noch deutlicher, wenn man die Tätigkeit der Fachkräfte des ASD als Arbeit mit dem „Fall im Feld" betrachtet (vgl. Lüttringhaus 2011, S. 82 f. und Abb. 9.5–9.7)

Aufgaben, Qualitäts- und Qualifikationsanforderungen 131

Abbildung 9.5   Handeln im Gemeinwesen – Ressourcenorientierung

	Subjektebene:	Ebene der Familie und nahstehender Personen:	Stadtteil- und Sozialraumebene:	Fachebene der Institution:
Lösungswege	Wille und Ressourcen der Person	Wille der Person Ressourcen aus dem Umfeld	Wille der Person und fallübergreifende Ressourcen	Wille der Person und Ressourcen der Institution

Quelle: Lüttringhaus 2011, S. 83 ©

Abbildung 9.6   Vernetzung des ASD im Sozialraum

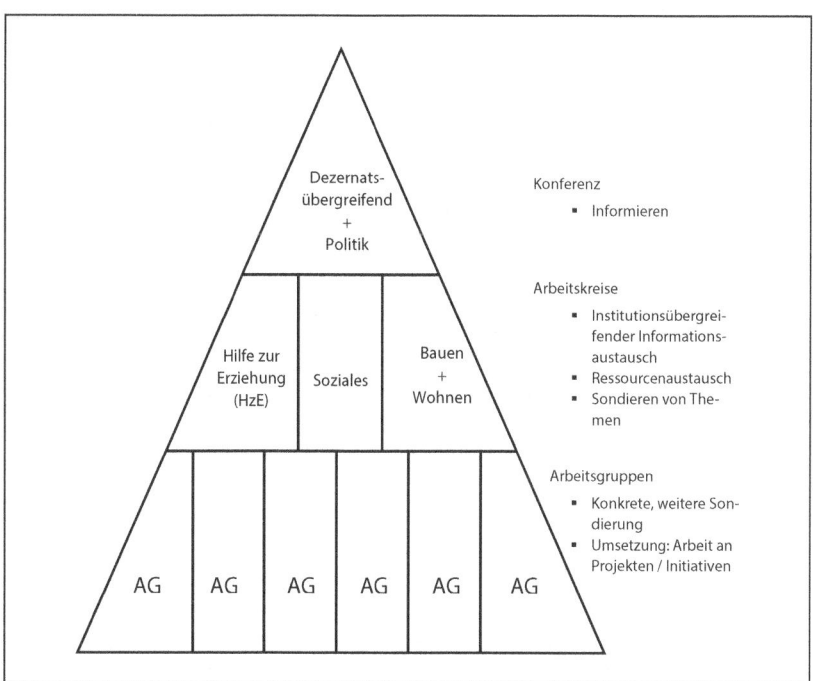

Quelle: Lüttringhaus 2011, S. 92 ©

Abbildung 9.7 Inhaltliche Dimensionen und Schwerpunkte des ASD

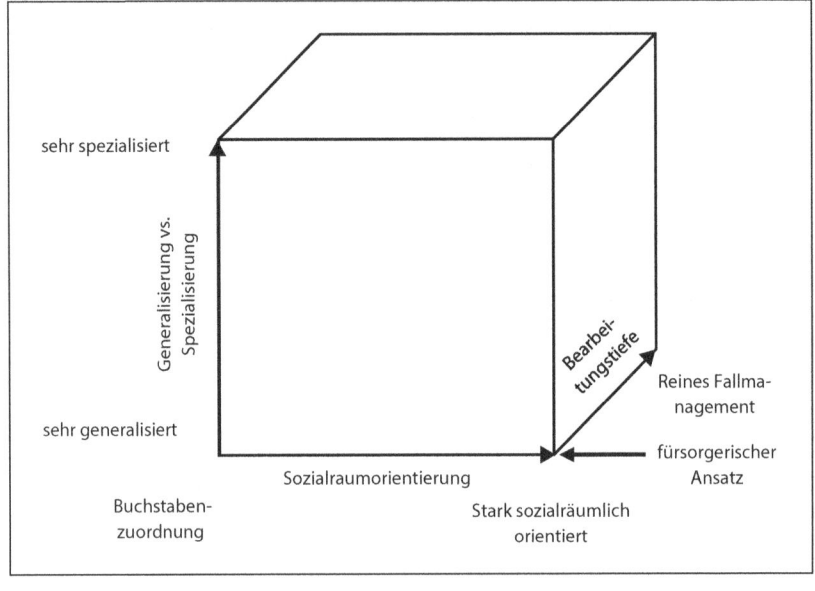

Quelle: Landes 2011, S. 48. ©

Die Kooperationen und Netzwerke und die Notwendigkeit von Kenntnissen der politisch-administrativer Strukturen vor Ort verdeutlicht Abbildung 9.7.

In diesem Zusammenhang kommt auch der Kooperation mit den Besonderen Sozialen Diensten, die vielfach von den freigemeinnützigen Trägern Sozialer Arbeit unterhalten werden, sofern sie keine hoheitlichen Aufgaben wahrnehmen, (→ Kap. 10–12) eine besondere Bedeutung zu. Sozusagen als Kehrseite der Eigenständigkeit, die mit der Dezentralisation der Verantwortung einhergeht, haben die Dienste und die dort beschäftigten (leitenden) MitarbeiterInnen permanent auszuhandeln, in welchem Verhältnis Einzelfall- und Sozialraummanagement bzw. (Krisen-)Intervention und Prävention zueinanderstehen sollen.

Im Jahr 2008 gaben 52 % der ASD-MitarbeiterInnen in einer Befragung des DJI an, fast ausschließlich einzelfallbezogen zu arbeiten. Eine fast vollständige Sozialraumorientierung geben 14 % der Befragten an. 34 % arbeiten nach eigenen Angaben sowohl einzelfallbezogen als auch sozialraumbezogen (vgl. Seckinger et al. 2008, S. 16 f.). Die eingesetzten Arbeitszeit-Kontingente schätzten die MitarbeiterInnen dieser Befragung ein wie in Tab. 9.1 dargestellt (vgl. ebd., S. 25).

Tabelle 9.1 Zeitkontingente für einzelne Aufgabenbereiche der Bezirkssozialarbeit (Ist-Werte)

	Ist-Durchschnitt
Einzelfallarbeit	54 %
Organisation & Verwaltung	25 %
Vernetzung	8 %
Fachlicher Austausch	8 %
Andere Aufgaben	5 %

Quelle: Seckinger et al. 2008, S. 25

Die aktuelle Praxis ist gekennzeichnet von einem seit längerer Zeit bestehenden Mangel an (personellen) Ressourcen (vgl. Maly 2011., S. 21 f.). Diesem Mangel stehen zusätzliche Belastungen gegenüber, die aus verschlechterten sozialstaatlichen Rahmenbedingungen für die Hilfesuchenden und die Fallbearbeitung (vgl. Seckinger et al. 2008, S. 35, 44) resultieren. Wenn die Armut steigt, gewinnen Fragen der Existenzsicherung gegenüber pädagogischen Fragen an Raum. Aber auch konkrete Anlässe bestimmen die Arbeitsinhalte und -belastungen der MitarbeiterInnen des ASD. Diese erste Anlaufstelle für Hilfesuchende ist z.B. unmittelbar konfrontiert mit den gestiegenen Anforderungen, etwa im Kontext des Kinderschutzes nach § 8a SGB VIII (vgl. ebd., S. 37 ff.). Zuletzt mussten sich die ASD sehr kurzfristig den Herausforderungen stellen, die eine große Zahl von erwachsenen und minderjährigen, zum Teil unbegleiteten Geflüchteten mit sich bringt (vgl. Kindler 2016).

Fragen zur Reflexion

- Wer ist Träger des ASD?
- In welchem Verhältnis steht der ASD zu den BSD (Besonderen Sozialen Diensten)?
- Welches Merkmal kennzeichnet den ASD gegenüber der vorherigen Familienfürsorge als neue Organisationsform?
- Was versteht man unter Dekonzentration und was unter Dezentralisation?

Literatur zur Vertiefung

- Gissel-Palkovich, Ingrid (2011): Lehrbuch Allgemeiner Sozialer Dienst. Weinheim und München: Beltz Juventa
- Institut für Sozialarbeit und Sozialpädagogik (2011) (Hrsg.): Der Allgemeine Soziale Dienst. 2. Aufl. München und Basel: Reinhardt
- Merchel, Joachim (Hrsg.) (2015): Handbuch ASD. 2. Aufl. München und Basel: Reinhardt

Quellen

Baum, Marie (1927): Familienfürsorge. Karlsruhe: G. Braun
Hammerschmidt, Peter; Uhlendorff, Uwe (2015): Zur Entstehungsgeschichte des ASD – von den Anfängen bis in die 1970er Jahre. In: Merchel, Joachim (Hrsg.): Handbuch ASD. 2. Aufl. München und Basel: Reinhardt, S. 10–31
Kindler, Heinz (2016): Gefahr im geschützten Raum. In: DJI Impulse 3/2016, S. 11–13
Kreft, Dieter; Weigel, Hans-Georg (2011): Was bedeutet eigentlich der Allgemeine Soziale Dienst? In: Institut für Sozialarbeit und Sozialpädagogik e.V. (Hrsg.): Der Allgemeine Soziale Dienst. Aufgaben, Zielgruppen, Standards, S. 12–17
Landes, Benjamin (2011): Organisationsmodelle und Personal. In: Institut für Sozialarbeit und Sozialpädagogik (Hrsg.): Der Allgemeine soziale Dienst. München: Reinhardt, S. 141–153
Landes, Benjamin; Keil, Eva (2015): Organisatorische Verortung des ASD. In: Merchel, Joachim (Hrsg.) (2015) S. 34–46
Lüttringhaus, Maria (2011): Handeln im Gemeinwesen oder der „Fall im Feld". In: Institut für Sozialarbeit und Sozialpädagogik (Hrsg.): Der Allgemeine soziale Dienst. München: Reinhardt, S. 82–93
Maly, Dieter (2011): Der ASD heute. In: Institut für Sozialarbeit und Sozialpädagogik (Hrsg.): Der Allgemeine soziale Dienst. München: Reinhardt, S. 18–31
Nikles, Bruno W. (2008): Institutionen und Organisationen der Sozialen Arbeit. München, Basel: Reinhardt – UTB, S. 80
Schrapper, Christian (2013): Allgemeiner Sozialdienst. In: Kreft, Dieter; Mielenz, Ingrid (Hrsg.): Fachlexikon Soziale Arbeit. 7. Aufl. Baden-Baden: Nomos, S. 57–62

Seckinger, Mike; Gragert, Nicola; Peucker, Christian; Pluto, Liane (2008): Arbeitssituation und Personalbemessung im ASD. Ergebnisse einer bundesweiten Online-Befragung. DJI [https://www.dji.de/ueber-uns/projekte/projekte/jugendhilfe-und-sozialer-wandel-leistungen-und-strukturen/aufgaben-jugendamt/empirie-jugendaemter/arbeitsorganisation-im-asd.html; 14.12.2017]

Stieve, Hedwig (1983): Tagebuch einer Fürsorgerin (mit einem Nachwort von Norbert Preußen). Weinheim und Basel: Beltz

Wex, Else (1929): Die Entwicklung der Sozialen Fürsorge in Deutschland (1914 bis 1927). Berlin: Wienand

Zusammenfassung

Der ASD ist eine Organisationsform der kommunalen Sozialverwaltungen und der Sozialen Arbeit. Er fungiert als erste Anlaufstelle für Rat- und Hilfesuchende und dies meist als gemeinsamer Außendienst der sozialen Ämter der Kommunen. Je nach Problem- und Sachlage sowie nach dem Aufgabenzuschnitt des ASD übernimmt er die (abschließende) Betreuung oder leitet die AdressatInnen an entsprechend spezialisierte Besondere Soziale Dienste weiter. Je nach örtlichen Gegebenheiten arbeitet er mehr oder weniger stark fall- oder feldorientiert.

Keywords: Allgemeiner Sozialer Dienst (ASD), Dezentralisation, Dekonzentration, Familienfürsorge, Regionalisierung, Sozialraumorientierung, Stadtteilarbeit/Gemeinwesenarbeit, Organisation Sozialverwaltung

II. Organisationen
b) Freie Organisationen

Die Wohlfahrtsverbände 10

▶ **Teaser:** Im Folgenden werden Ihnen Grundinformationen über die größten Anstellungsträger der Sozialen Arbeit – die Wohlfahrtsverbände – angeboten. Was heißt Wohlfahrt und was ist ein Verband? Wie sind die Wohlfahrtsverbände aufgebaut, wie haben sie sich entwickelt und welche Größe und Bedeutung haben sie heute? Auf all diese Fragen gibt dieses Kapitel Antworten.

Wohlfahrtsverbände sind Verbände der freien Wohlfahrtspflege. Unter einem Verband versteht man einen Zusammenschluss, eine Vereinigung, die über einen auf Dauer angelegten Organisationsapparat verfügt. Verbände oder Vereinigungen werden gebildet, um gemeinsame Anliegen zu verfolgen. Dazu gehört nicht zuletzt das Vertreten gemeinsamer Interessen nach außen (Lobbyfunktion). Um diese Außenfunktion wahrnehmen zu können ist es erforderlich, dass die Verbände zugleich eine Binnenfunktion wahrnehmen: nämlich zunächst einmal zu bestimmen, was denn überhaupt die gemeinsamen Interessen sind. Viele Verbände unterstützen darüber hinaus unterschiedlich vielfältig und intensiv ihre Mitglieder (Dienstleistungsfunktion), was auch die Wohlfahrtsverbände tun. In den Verbänden der freien Wohlfahrtspflege sind die freien Einrichtungen und Dienste zusammengeschlossen, die Wohlfahrtspflege betreiben.

„Frei" heißt in diesem Zusammenhang nur, dass dies auf freiwilliger Grundlage geschieht. Das unterscheidet die auch „freien Träger" genannten Organisationen von den öffentlichen, wie etwa den Kommunen, denen die Wahrnehmung bestimmter Aufgaben (etwa der Sozialhilfe oder der Kinder- und Jugendhilfe → Kap. 6 und 7) gesetzlich auferlegt ist.

Ihre heutige, moderne Form entwickelten die Wohlfahrtsverbände in der Zeit der Weimarer Republik, auch wenn die ersten Wohlfahrtsverbände schon einige Jahrzehnte früher entstanden. In dieser Zeit, den 1920er Jahren, war der Begriff

„Wohlfahrtspflege" der neuere, modernere – zuvor war von Armenfürsorge und davor von Armenpflege die Rede. Die seinerzeit gebildeten Wohlfahrtsverbände haben bis heute den Namensbestandteil „Wohlfahrt" beibehalten. Heute ist es ansonsten aber üblich geworden, nicht mehr von Wohlfahrtspflege, sondern von „sozialen Hilfen" zu sprechen (vgl. Hammerschmidt 2006; 2015; Hammerschmidt/ Rock 2009). Aber auch im heute gültigen Recht findet sich noch die Bezeichnung Wohlfahrtspflege. So etwa in der Abgabenordnung, in der dieser – auch steuerrechtlich relevante Begriff – definiert wird (s. Def. Wohlfahrtspflege).

▶ **Definition: Wohlfahrtspflege**
„Wohlfahrtspflege ist die planmäßige, zum Wohl der Allgemeinheit und nicht des Erwerbs wegen ausgeübte Sorge für notleidende oder gefährdete Mitmenschen. Die Sorge kann sich auf das gesundheitliche, sittliche, erzieherische oder wirtschaftliche Wohl erstrecken und Vorbeugung oder Abhilfe bezwecken." (§ 66 der Abgabenordnung).

Welche Wohlfahrtsverbände gibt es?
In Deutschland bestehen sechs Wohlfahrtsverbände mit je spezifischer weltanschaulich bzw. religiöser Entstehungsgeschichte und Prägung, in denen das Gros der wohlfahrtspflegerischen Einrichtungen und Dienste organisiert ist. Das sind:

Arbeiterwohlfahrt (AWO). Die AWO wurde 1919 aus der SPD heraus gegründet. Sie sieht sich in der Tradition des Demokratischen Sozialismus und fühlt sich den Grundwerten Solidarität, Toleranz, Freiheit, Gleichheit und Gerechtigkeit verpflichtet.

Deutscher Caritasverband e. V. (DCV). Der 1897 gegründete DCV ist der Wohlfahrtsverband der katholischen Kirche in Deutschland und die kirchlich anerkannte Zusammenfassung und Vertretung der katholisch-caritativen Einrichtungen und Dienste, die dem Selbstverständnis der christlichen Nächstenliebe verpflichtet sind.

Diakonie Deutschland – Evangelischer Bundesverband, Evangelisches Werk für Diakonie und Entwicklung (Diakonie; vormals: Diakonisches Werk der EKD e. V. (DW)). Die Diakonie ist der soziale Dienst der evangelischen Kirchen. Sie versteht sich als Teil, als Lebens- und Wesensäußerung der Kirche.

Der Paritätische (Parität; vormals: Deutscher paritätischer Wohlfahrtsverband/ DPWV). Der Paritätische entstand 1920/24 als Zusammenschluss von alteingesessenen Wohlfahrtseinrichtungen, die sich keinem der sich nunmehr umfassend organisierenden religiös oder weltanschaulich ausgerichteten Wohlfahrtsverbände anschließen wollten. Der Verband beruft sich auf die Prinzipien der Toleranz, Offenheit und Vielfalt.

Deutsches Rotes Kreuz (DRK). Die Gründungsgeschichte des DRK reicht bis ins Jahr 1863 zurück, als Wohlfahrtsverband organisierte es sich aber erst Anfang der 1920er Jahre. Es ist eine nationale Rotkreuz-Gesellschaft im Sinne des Genfer Abkommens und zugleich ein Wohlfahrtsverband. Das DRK erfüllte damit eine Doppelfunktion. Seine Grundsätze sind Menschlichkeit, Unparteilichkeit und Unabhängigkeit.

Zentralwohlfahrtsstelle der Juden in Deutschland (ZWST). Die 1917 gegründete ZWST ist der Dachverband für jüdische Organisationen und Wohlfahrtseinrichtungen. Sie sieht ihr Hauptanliegen in der Pflicht zur Hilfe im Sinne ausgleichender sozialer Gerechtigkeit. Dies basiert auf dem jüdischen Verständnis von Wohltätigkeit (Leitbild: „Zedaka", hebr.) (zum Vorstehenden knapp: http://www.bagfw.de/ueber-uns/mitgliedsverbaende; ausführlich: Boeßenecker/Vilain 2013, S. 81–289).

Die sechs deutschen Wohlfahrtsverbände sind sehr große und in ihren Binnenstrukturen auch sehr komplexe Gebilde. In ihnen sind die sozialen Einrichtungen und Dienste auf drei Ebenen territorial (gebietsmäßig) und zusätzlich fachlich organisiert. So sind die Einrichtungen der jeweiligen Wohlfahrtsverbände auf der örtlichen Ebene in Orts- oder Kreisverbänden (Stadt- bzw. Landkreise) zusammengefasst und auf der regionalen Ebene in Landesverbänden (bzw. Diözesan- (Caritas) oder Bezirksverbänden (AWO)). Auf der zentralstaatlichen Ebene (Bundesebene) schließlich existierte jeweils ein „Spitzenverband". Für viele Praxisfelder, besonderes die großen, bestehen auch auf der regionalen sowie auf der Bundesebene Fachverbände, in denen sich die Einrichtungen desselben Bereichs unter anderem zum fachlichen Austausch organisieren. In den jeweiligen Spitzenverbänden sind, wenn auch in sehr unterschiedlicher Ausprägung je nach Wohlfahrtsverband, dann die jeweiligen Regionalverbände und die großen und wichtigen Fachverbände zusammengefasst. Die Spitzenverbände sind dabei nur ein Teil, wenn auch der exponierteste, der Wohlfahrtsverbände. Sie sind nur sehr kleine Organisationen und verfügen i. d. R. nicht über „Weisungsbefugnisse" gegenüber ihren rechtlich selbstständigen Mitgliedern oder den ihnen vermittelt angeschlossenen Gliederungen.

Tabelle 10.1   Die Wohlfahrtsverbände

Wohlfahrtsverband (Gesamtverband)	Spitzenverband	Regionalverbände (Beispiel)	Einrichtungen (Beispiel)
Arbeiterwohlfahrt oder AWO 30 Landes- und Bezirksverbände, 411 Kreis- und 3514 Ortsverbände Mitarbeiter ca. 211 727 Einrichtungen ca. 13 000	Arbeiterwohlfahrt Bundesverband e. V. (bis 1965: Hauptausschuss für Arbeiterwohlfahrt)	Arbeiterwohlfahrt Bezirksverband Hessen-Nord e. V.	AWO-Kindergarten „Kunterbunt", Helsa
Caritasverband oder Caritas 27 Diözesanverbände; 636 Orts-, Kreis- und Bezirksverbände, 262 Ordensgemeinschaften 19 Fachverbände Mitarbeiter ca. 617 173 Einrichtungen ca. 24 391	Deutscher Caritasverband e. V. (DCV) (vormals: Charitasverband für das katholische Deutschland)	Caritasverband für die Diözese Trier (DiCV Trier)	Caritas Kinder-, Jugend- und Familienhilfe, Saarburg
Paritätischer oder DPWV 15 Landesverbände, 280 Kreisgeschäftsstellen, 10 000 selbständige Organisationen mit ca. 2 Mio. Mitgliedern Mitarbeiter ca. 160 000 Einrichtungen ca. 24 000	Der Paritätische – Gesamtverband (vormals: Deutscher Paritätischer Wohlfahrtsverband e. V. (DPWV), davor: V. Wohlfahrtsverband)	Der PARITÄTISCHE Landesverband Sachsen e. V.	AIDS-Hilfe Chemnitz e. V.
Deutsches Rote Kreuz oder DRK 19 Landesverbände, 500 Kreisverbände, 4500 Ortsvereine, 4 662 442 Mitglieder Mitarbeiter ca. 75 000 Einrichtungen ca. 15 000	Deutsches Rote Kreuz e. V. (DRK)	DRK-LV Bayerisches Rotes Kreuz	Essen auf Rädern, Kreisverband Aichbach-Friedberg
Diakonisches Werk oder Diakonie Diakonische Werke der 24 Landeskirchen der EKD, 9 Freikirchen mit ihren diakonischen Einrichtungen, 90 Fachverbände Mitarbeiter ca. 464 828 Einrichtungen 30 093	Diakonisches Werk der Evangelischen Kirche in Deutschland e. V. (DW) (vormals: Centralausschuß für die Innere Mission (CA))	Diakonisches Werk der Ev. Landeskirche in Baden e. V.	Altersheim Haus Friede, Mannheim
Zentralwohlfahrtsstelle 17 Landesverbände, 7 selbständige Gemeinden und Jüdischer Frauenbund, rd. 105 000 Mitglieder Mitarbeiter ca. 750	Zentralwohlfahrtsstelle der Juden in Deutschland e. V. (vormals: Zentralwohlfahrtsstelle der deutschen Juden. e. V.)	Zentralwohlfahrtsstelle der Juden in Deutschland e. V. Landesverband der Israelitischen Kultusgemeinde in Bayern	Jüdisches Altersheim e. V. Hannover

Quellen: AWO [https://www.awo.org/die-awo-zahlen-und-fakten; 20. 02. 2018], Zentralstatistik des DCV, Stichtag 31. 12. 2014;Der Paritätische http://www.der-paritaetische.de/verband/ueber-uns/; 20. 02. 2018], DRK [https://www.drk.de/das-drk/selbstdarstellung-des-roten-kreuzes/; 15. 12. 2017], DW [https://info.diakonie.de/infothek/veroeffentlichungen/detail/042015-einrichtungsstatistik-2014/; 20. 02. 2018], ZWST [http://www.zwst.org/de/zwst-ueber-uns/selbstdarstellung/; 20. 02. 2018]

Die vorstehende Übersicht (Tab. 10.1) soll einen Einblick in die Binnenstruktur der Wohlfahrtsverbände erlauben; sie bietet darüber hinaus auch schon Hinweise auf die Größenordnung der einzelnen Verbände. Näheres dazu ergibt sich aus den beiden Tabellen 10.2 und 10.3 (auch wenn die Angaben der Übersicht und der Tabellen aufgrund unterschiedlicher Zahlengrundlagen Differenzen aufweisen). Insgesamt sind mehr als 3,1 Mio. Menschen in der freien Wohlfahrtspflege beschäftigt, wofür eine Lohnsumme von fast 60 Mrd. € jährlich aufgebracht wird. In etwa zwei Drittel dessen entfallen allein auf die beiden christlichen Verbände. Daneben zeigt sich, dass inzwischen auch eine nennenswerte Zahl von sozialen Einrichtungen besteht, die keinem der Wohlfahrtsverbände angeschlossen sind (fast 9 400 mit mehr als 182 000 ArbeitnehmerInnen).

Die Verbändewohlfahrt ist in Deutschland alleine schon wegen ihrer Größe, der Anzahl an Einrichtungen und Personal, nicht nur für die sozialen Hilfen und die sozialen Berufe höchst bedeutsam. Ihre Bedeutung und ihr Einfluss werden durch ihre vielfältigen Kooperationen und Verflechtungen über die wohlfahrtsverbandlichen Grenzen hinaus noch erhöht. So bilden die Einrichtungen der Wohlfahrtsverbände untereinander auf der örtlichen und regionalen Ebene Arbeitsgemeinschaften bzw. „Ligen der Freien Wohlfahrtspflege", um ihre gemeinsamen Anliegen gegenüber den Kommunen als öffentlichen Trägern und den Bundesländern zu vertreten. Auch auf der zentralstaatlichen Ebene steht in

Tabelle 10.2   Beschäftigte der freien Wohlfahrtspflege (2016)

Wohlfahrtsverbände	Unternehmen	Arbeitnehmer				Statistik	
		Anzahl	Arbeitsstunden (in 1 000)	entspricht: Vollzeitbeschäftigten	Entgelte in 1 000 €	Ehrenamtler	Ein-Euro-Kräfte
Diakonie	11 116	925 200	970 319	618 038	18 936 977	199 651	11 857
Caritas	10 533	903 645	905 922	577 021	20 257 077	233 341	8 333
DRK	1 850	161 152	173 509	110 515	2 835 715	27 083	540
AWO	3 046	223 585	232 076	147 819	3 802 773	61 849	4 611
Parität	10 542	706 431	763 818	486 509	11 232 752	213 362	10 982
Summe	37 087	2 920 013	3 045 646	1 939 902	57 065 294	735 286	36 323
ohne WV*	9 391	182 737	189 294	121 342	2 915 329	104 167	3 174
Gesamt	46 478	3 102 750	3 234 940	2 061 244	59 980 622	839 453	39 497

* Angaben für 2014

Quelle: Berufsgenossenschaft für Gesundheitsdienst und Wohlfahrtspflege 2015 und 2017

Tabelle 10.3   Einrichtungen der freien Wohlfahrtspflege nach Arbeitsbereichen (2012)

Arbeitsbereich	Einrichtungen	Betten/Plätze	Vollzeit-beschäft.	Teilzeit-beschäft.
Gesundheitshilfe	7 481	192 005	232 870	159 318
Jugendhilfe	38 367	2 076 693	151 641	211 309
Familienhilfe	4 570	41 082	9 392	21 914
Altenhilfe	18 051	520 727	132 902	312 075
Behindertenhilfe	16 446	509 395	135 944	181 009
Hilfe für Personen in besonderen sozialen Situationen	8 830	53 650	18 464	20 534
Weitere Hilfen	9 914	242 447	33 369	27 406
Aus-, Fort- und Weiterbildungsstätten für soziale und pflegerische Berufe	1 636	66 246	13 112	12 602
Gesamt	105 295	3 702 245	727 694	946 167

Quelle: BAGFW 2012

der Tradition der 1924 gebildeten „Deutschen Liga der freien Wohlfahrtspflege" heute die „Bundesarbeitsgemeinschaft der Freien Wohlfahrtspflege" (BAGFW) als Zusammenschluss der sechs Spitzenverbände der freien Wohlfahrtspflege. Darüber hinaus bestehen auch wohlfahrtsverbandsübergreifende Fachverbände, teils nur auf der Bundes-, teils aber auch auf der Landesebene, denen die Wohlfahrtsverbände (und ihre wohlfahrtsverbandsinternen) Fachverbände untereinander und auch mit öffentlichen Trägern und staatlichen Behörden zusammenarbeiten (→ Kap. 11). Diese komplexen Kooperations- und Verflechtungsstrukturen, die die nachstehende Abbildung 10.1 von 1925 illustriert, bestehen in Deutschland schon seit der Zeit der Weimarer Republik.

Ein Zusammenwirken zwischen der freien und der öffentlichen Wohlfahrtspflege gab es schon zur Zeit des Deutschen Kaiserreiches (1871–1918). So gewährten öffentliche Körperschaften freien Einrichtungen mitunter Gründungszuschüsse, trugen zum Verlustausgleich bei und sie zahlten sog. Kostgelder bzw. Pflegegelder für die von ihnen in den freien Anstalten untergebrachten Personen (eine häufige Form bei Fürsorgeerziehungsheimen und Heil- und Pflegeanstalten). Das Weimarer Fürsorgerecht – das Reichsjugendwohlfahrtsgesetz (RJWG) und die Reichsfürsorgepflicht-Verordnung (RFV) – schufen für dieses Zusammenwirken rechtliche Grundlagen.

Abbildung 10.1 Organisation der freien Wohlfahrtspflege 1924

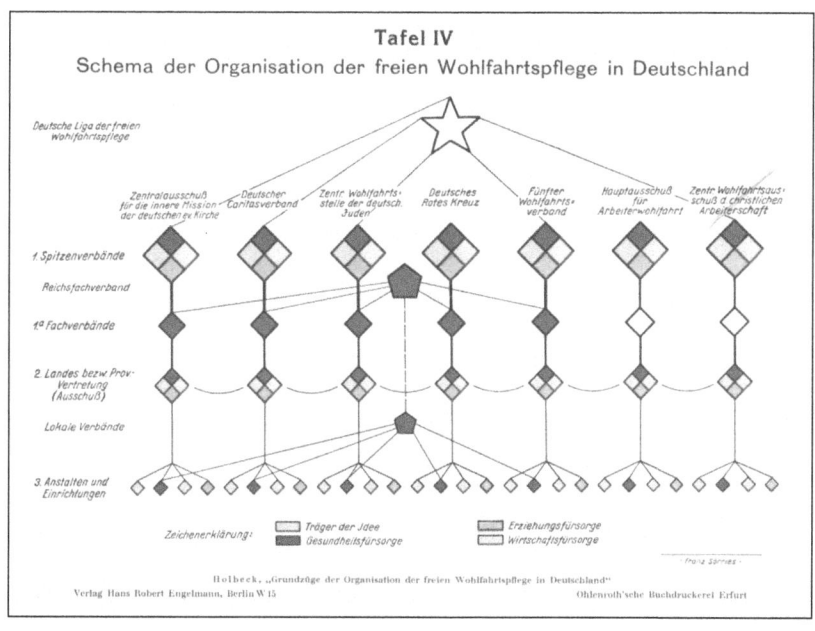

Quelle: Otto von Holbeck: Grundzüge der Organisation der freien Wohlfahrtspflege in Deutschland. Berlin 1925 ©

Verankert wurde in diesen beiden Vorläufern des heutigen Kinder- und Jugendhilfegesetzes (SGB VIII) und des Sozialhilfegesetzes (SGB XII) das sog. Subsidiaritätsprinzip. Nach diesem, durch die katholische Soziallehre geprägten Prinzip (Sachße 2003), sollten die öffentlichen Träger auf die Schaffung eigener sozialer Einrichtungen und Dienste verzichten, wenn freigemeinnützige Einrichtungen vorhanden waren und genutzt werden konnten. Gleichzeitig war die öffentliche Seite verpflichtet, den „belegten" Einrichtungen die dabei anfallenden Selbstkosten zu erstatten.

Darüber hinaus räumte das Weimarer Fürsorgerecht den freien Organisationen auch einen Einfluss auf die öffentliche Wohlfahrtspflege ein. Das Jugendamt etwa wurde mit dem RJWG von 1922 als „Kollegialbehörde" rechtlich verankert. Während ansonsten kommunale Behörden und Ämter von einem Amtsleiter bzw. einer Amtsleiterin geleitet werden, die von dem demokratisch gewählten Stadtrat bzw. dem Bürgermeister ernannt wurden, so hatten im „kollegialen Jugendamt", neben der Amtsleitung, auch Vertreter der freien Wohlfahrtspflege (Mit-)Entscheidungsrechte. Eine Konstruktion, die mit der RJWG-Novelle von 1953 durch die „Zweigliedrigkeit des Jugendamtes" ersetzt wurde (→ Kap. 7). Im Bereich der sozialen Hilfe entwickelte sich so der „duale Wohlfahrtsstaat" (Sachße 2003), bei dem die freien Einrichtungen und Verbände nicht nur bei der Leistungserbringung, sondern auch bei der Formulierung und Bestimmung der kommunalen Wohlfahrtspolitik einbezogen waren.

Nach regimespezifischen Störungen der geschilderten Verflechtungsbeziehungen der Wohlfahrtsverbände untereinander und mit den öffentlichen Trägern während der NS-Zeit, erfolgte in der Nachkriegszeit rasch ihre Wiederherstellung. Im Rahmen der Neufassung der Rechtsgrundlagen mit dem Jugendwohlfahrts- und dem Bundessozialhilfegesetz von 1961, die ansonsten weitgehend einvernehmlich erfolgte, erreichten die Vertreter des Caritasverbandes mit Unterstützung des Bundesjugendministeriums und der Regierungsfraktion im Deutschen Bundestag eine Änderung der Subsidiaritätsbestimmungen im Fürsorgerecht. Die Änderungen, die das Subsidiaritätsprinzip so weit zuspitzten, dass es auf eine Funktionssperre für die kommunalen Träger hinauslief, waren hochstrittig („Subsidiaritäts-Streit") (Hammerschmidt 2005). Der enormen ideologischen Aufladung dieses Streites zum Trotz: Die Kommunen richteten auch weiterhin eigene soziale Einrichtungen und Dienste ein und unterstützten und finanzierten dann den (ab den 1970er Jahren erheblichen) Ausbau der freien Wohlfahrtspflege. Insgesamt gestaltete sich die praktische Zusammenarbeit zwischen den öffentlichrechtlichen Kosten- und Gewährleistungsträgern und den freigemeinnützigen Einrichtungen und ihren Verbänden weitgehend einvernehmlich und reibungslos. Dabei ist durchaus zutreffend, was die Bundesarbeitsgemeinschaft der Freien Wohlfahrtspflege in einer Selbstdarstellung (s. Abb. 10.2) festhielt: „Das Miteinander öffentlicher und freier Wohlfahrtspflege in der Bundesrepublik ist einmalig in der Welt."

Was die BAGFW als „einmaliges Miteinander" bezeichnete, galt KritikerInnen der Verbändewohlfahrt nicht nur, aber auch aus Kreisen, die Wirtschaftsinteressen vertraten, als „Wohlfahrtskartell", wenn nicht gar als „Wohlfahrtsmafia", die ihre „Wohlfahrtskonzerne" gegen „Konkurrenz" abschirmten. In der Wissenschaft war dagegen ab den 1970er Jahren von Korporatismus bzw. von neokorporatistischen wohlfahrtspolitischen Netzwerken die Rede. Mit dem Wort (Neo-) Korporatismus wurde Bezug auf überkommene ständestaatliche Strukturen („Korporativismus") verwiesen, wo öffentliche Aufgaben und Gewalt an gesellschaftliche Organisationen übertragen waren. Solche Strukturen, so die seit den 1980er Jahren immer lauter werdende Kritik, führten zur Expansion und damit zu enormen Ausgabensteigerungen. Richtig ist, dass die sozialen Hilfen im Nachkriegsdeutschland (in West und Ost, wenn auch in unterschiedlicher Weise) erheblich ausgebaut worden sind und dass damit in Westdeutschland ein ebenfalls erhebli-

Abbildung 10.2 Freie Wohlfahrtspflege – Selbstdarstellung

Bundesarbeitsgemeinschaft der Freien Wohlfahrtspflege

„Freie Wohlfahrtspflege" ist die Gesamtheit aller sozialen Hilfen, die auf freigemeinnütziger Grundlage und in organisierter Form in der Bundesrepublik Deutschland geleistet werden. Freie Wohlfahrtspflege unterscheidet sich einerseits von gewerblichen – auf Gewinnerzielung ausgerichteten – Angeboten und andererseits von denen öffentlicher Träger.
Das Miteinander öffentlicher und freier Wohlfahrtspflege in der Bundesrepublik ist einmalig in der Welt. Die Spitzenverbände der Freien Wohlfahrtspflege sind aufgrund ihrer Leistungen für das Gemeinwesen ein wichtiger Bestandteil des Sozialstaates. Das soziale Netz würde zerreißen, wenn es ihre Arbeit nicht gäbe.
In den Einrichtungen und Diensten der Wohlfahrtsverbände sind rund 1,4 Mio. Menschen hauptamtlich beschäftigt; schätzungsweise 2,5 bis 3 Mio. leisten ehrenamtlich engagierte Hilfe in Initiativen, Hilfswerken und Selbsthilfegruppen.
Die Wohlfahrtsverbände sind föderalistisch strukturiert, d. h. die Gliederungen und Mitgliedsorganisationen sind überwiegend rechtlich selbstständig. Sie haben sich in sechs Spitzenverbänden der Freien Wohlfahrtspflege zusammengeschlossen. Die Verbände der Freien Wohlfahrtspflege sind geprägt durch unterschiedliche weltanschauliche oder religiöse Motive und Zielvorstellungen. Gemeinsam ist allen, dass sie unmittelbar an die Hilfsbereitschaft und an die Solidarität der Bevölkerung anknüpfen.
Quelle: BAGFW [http://www.bagfw.de/ueber-uns/freie-wohlfahrtspflege-deutschland/; 20.02.2018] ©

cher Ausbau der freien Wohlfahrtspflege erfolgte. Umfassten die Wohlfahrtsverbände 1970 noch rund 52 000 Einrichtungen in denen fast 383 000 Menschen beschäftigt waren, so erhöhten sich die Zahlen auf 58 000 und 592 000 (1981) auf mehr als 68 000 Einrichtungen und 751 000 Beschäftigte im Jahre 1990. Die Ausgaben stiegen entsprechend. Ob diese Expansion dem „dualen Wohlfahrtsstaat" mit seinen neokorporatistischen wohlfahrtspolitischen Netzwerken geschuldet ist oder nicht, mag dahin gestellt bleiben. Wichtiger ist es hier festzuhalten, dass diese Kritik in zunehmendem Maße bei den Entscheidungsträgern in Politik und Verwaltung Gehör fand.

Politik und Verwaltung(en) auf der Bundes- und kommunalen Ebene begannen im Rahmen des sog. „Umbau des Sozialstaates", ab Anfang/Mitte der 1990er Jahre damit, marktwirtschaftliche Elemente in das soziale Sicherungssystem einzubauen. Konkurrenz sollte auch und besonders bei den sozialen Hilfen dazu beitragen, die Kosten „in den Griff" zu bekommen. Die Anbieter sozialer personenbezogener Dienstleistungen, in erster Linie also die (freie) Wohlfahrtspflege, sollten untereinander in eine (Kosten-)Konkurrenz gesetzt werden. Um dies zu ermöglichen, erfolgte die Abkehr vom vormaligen Finanzierungsgrundsatz des „Selbstkostendeckungsprinzips". Die Anbieter (Leistungserbringer), so war es dann in den einzelnen Sozialgesetzen geregelt, erhielten nicht mehr ihre Selbstkosten erstattet (was Gewinne ebenso wie Verluste ausschloss), sondern „Leistungsentgelte" ohne nachträglichen Gewinn- und Verlustausgleich. Sie konnten damit also Verluste erleiden aber auch Gewinne erzielen. Im selben Zusammenhang stellte der Gesetzgeber privat-gewerbliche, also profitorientierte Anbieter, den freigemeinnützigen sozialrechtlich gleich; im Sozialrecht ist nurmehr von „privaten Leistungserbringern" die Rede (Hagn u. a. 2012a, b).

Auf der kommunalen Ebene, insbesondere bei den Jugend- und Sozialämtern, wurden (und werden) die damit geschaffenen Veränderungen mit dem Begriff „Verwaltungsmodernisierung" belegt, die nach dem sog. „Neuen Steuerungsmodell" (NSM) erfolgten. Denn bevor die kommunalen Ämter ihre Außenbeziehungen – etwa gegenüber den Wohlfahrtsverbänden und ihren Einrichtungen, die nunmehr auf (Quasi-)Märkten konkurrieren und damit die Kosten senken sollten – veränderten, erfolgten Änderungen der Binnenstrukturen der Behörden, die nunmehr nach kaufmännischem Vorbild funktionieren sollten. Diese „Modernisierung", die Mitte der 1990er Jahre begann und immer noch nicht abgeschlossen ist, führt auch dazu, dass sich die Position der Verbändewohlfahrt in der kommunalen Wohlfahrtspflege immer weiter schwächt. Die neokorporatistischen wohlfahrtspolitischen Netzwerke lösen sich allmählich auf, ohne jedoch ganz verschwunden zu sein. Aber die Einbeziehung der freien Wohlfahrtspflege in die Problemdefinition geht zurück und damit auch ihre Möglichkeit, die Interessen der KlientInnen advokatorisch (anwaltschaftlich) zu vertreten.

Durch die skizzierten Entwicklungen gerieten die Einrichtungen und Dienste der sozialen Hilfen unter Kostendruck. Viele reagierten darauf mit einer Neuausrichtung ihrer Einrichtungen nach unternehmerischem Vorbild sowie mit betriebswirtschaftlichen Abläufen und Verfahren. Nicht wenige änderten im selben Zuge auch ihre Rechtsform – sie arbeiten nicht mehr als „eingetragener Verein", was vordem üblich war, sondern in der Unternehmensrechtsform einer GmbH. Für die Wohlfahrtsverbände sind diese Veränderungen höchst problematisch, weil sie sich als „Weltanschauungsverbände" und Wertegemeinschaften verstehen und nicht als Lobbyisten von Unternehmen. Hinzu kommt, dass die angeführten Entwicklungen nicht alle Bereiche der sozialen Hilfen zum selben Zeitpunkt und im gleichen Maße ereilten. Als erstes und am umfassendsten geschah die Umgestaltung zu einem Quasi-Markt im Pflegesektor, gefolgt vom Krankenhausbereich. Jahre später und nicht ganz so umfassend vollzog sie sich bei der Kinder- und Jugendhilfe. Bestimmte Bereiche der allgemeinen Hilfen (wie etwa die Obdachlosenbetreuung) sind kaum erfasst. Die sog. „Ökonomisierung" ist damit in den unterschiedlichen Arbeitsfeldern, auf denen die (arbeitsfeldspezifisch spezialisierten) Einrichtungen der Wohlfahrtsverbände tätig sind, sehr ungleich weit vorangeschritten. Damit geht einher, dass sich die Interessen der Einrichtungen der Wohlfahrtsverbände auseinanderentwickeln. Wohlfahrtsverbände, so wurde am Beginn dieses Kapitels festgehalten, sind Organisationen, deren Aufgabe es ist, die gemeinsamen Anliegen und Interessen zu bestimmen und zu vertreten. Diese Aufgabe wird für die Wohlfahrtsverbände wegen der sich diversifizierenden Interessen schwieriger. Zudem lässt sich das neue Interesse am wirtschaftlichen, unternehmerischem Erfolg nicht ohne weiteres in Einklang bringen mit ihrem Selbstverständnis, wertebasierte Hilfen anzubieten.

Fragen zur Reflexion

- In welchem Verhältnis stehen die Einrichtungen der freien Wohlfahrtspflege zu den Wohlfahrtsverbänden?
- In welchem Verhältnis stehen die Wohlfahrtsverbände zur öffentlichen Hand?
- Was ist der Unterschied zwischen Spitzenverband und Wohlfahrtsverband?
- Was meint der Ausdruck dualer Wohlfahrtsstaat?

Literatur zur Vertiefung

- Boeßenecker, Karl-Heinz; Vilain, Michael (2013): Spitzenverbände der Freien Wohlfahrtsverbände. 2. Aufl. Weinheim, Basel: Beltz Juventa
- Sachße, Christoph; Tennstedt, Florian (2005): Die Bundesrepublik – Staat und Gesellschaft. Weinheim, München: Juventa

Quellen

BAGFW (Bundesarbeitsgemeinschaft der Freien Wohlfahrtspflege) (Hrsg.) (2012): Einrichtungen und Dienste der Freien Wohlfahrtspflege. Gesamtstatistik. o. O.

Hagn, Julia; Hammerschmidt, Peter; Sagebiel, Juliane (2012a): Ergebnisse und (Neben-)Wirkungen des Neuen Steuerungsmodells für die Soziale Arbeit. In: dies. (Hrsg.): Modernisierung der kommunalen Sozialverwaltung – Soziale Arbeit unter Reformdruck? Neu-Ulm: AG Spak, S. 149–164

Hagn, Julia; Hammerschmidt, Peter; Sagebiel, Juliane (2012b): Einführung: Modernisierung der kommunalen Sozialverwaltung – Soziale Arbeit unter Reformdruck? In: dies. (Hrsg.): Modernisierung der kommunalen Sozialverwaltung – Soziale Arbeit unter Reformdruck? Neu-Ulm: AG Spak, S. 9–26

Hammerschmidt, Peter (2005): Zur Rolle der Caritas bei der Neuformulierung des Subsidiaritätsprinzips im Bundessozialhilfegesetz und im Jugendwohlfahrtsgesetz von 1961. Zeitschrift für Sozialpädagogik, H. 2/2005, S. 185–204

Hammerschmidt, Peter (2006): Zur Herkunft und Bedeutung der Bezeichnung „(staatlich anerkannter) Spitzenverband der Freien Wohlfahrtspflege", Zeitschrift für Sozialpädagogik, Heft 2/2006, S. 132–150

Hammerschmidt, Peter (2015): Wohlfahrtsverbände. In: Thole, Werner; Höblich, Davina; Ahmed, Sarina (Hrsg.): Taschenwörterbuch Soziale Arbeit. 2. Aufl. Bad Heilbrunn: UTB, S. 333–335

Hammerschmidt, Peter; Rock, Joachim (2009): Internationale Perspektiven der deutschen Wohlfahrtsverbände. In: Wagner, Leonie; Lutz, Ronald (Hrsg.): Internationale Perspektiven der Sozialen Arbeit. Wiesbaden: VS. 2. überarb. u. erw. Aufl., S. 211–226

Holbeck, Otto von (1925): Grundzüge der Organisation der freien Wohlfahrtspflege in Deutschland. Berlin: Engelmann

Sachße, Christoph (2003): Subsidiarität – Leitidee des Sozialen. In: Hammerschmidt, Peter; Uhlendorff, Uwe (Hrsg.): Wohlfahrtsverbände zwischen Subsidiaritätsprinzip und EU-Wettbewerbsrecht. Kassel: Kassel Univ. Press, S. 15–37

Zusammenfassung

Wohlfahrtsverbände sind Verbände der freien Wohlfahrtspflege. Verbände organisieren und vertreten die Interessen ihrer Mitglieder. Mitglieder der Wohlfahrtsverbände sind Einrichtungen, die Wohlfahrtspflege leisten, also soziale Hilfen nicht profitorientiert erbringen. In Deutschland bestehen seit den 1920er Jahren sechs weltanschaulich ausgerichtete Wohlfahrtsverbände, die über komplexe Binnenstrukturen verfügen und die sowohl untereinander als auch mit den öffentlichen Behörden und Organen zusammenarbeiten. Die Verflechtung zwischen freien Organisationen und öffentlichen Stellen wird als „neokorporatistisch" charakterisiert oder auch als „dualer Wohlfahrtsstaat" bezeichnet. Mit der sog. Ökonomisierung der sozialen Dienstleistungserbringung seit den 1990er Jahren erodieren diese Strukturen.

Keywords: Wohlfahrtsverband, soziale Hilfen, Wohlfahrtspflege, Bereichskorporatismus/Neokorporatismus

Die Jugendverbände 11

▶ **Teaser:** In diesem Kapitel erfahren Sie etwas über die Entstehung und Entwicklung der deutschen Jugendverbände von den Anfängen bis zur Gegenwart. Der Schwerpunkt liegt dabei in dem Zeitraum nach 1945, als die Jugendverbände nach Verboten während der NS-Zeit wieder neu aufgebaut und im selben Kontext auch umfassend in Jugendringe auf den verschiedenen staatlichen Ebenen eingebunden wurden.

Die Jugendverbände werden meist mit der Jugendbewegung in Verbindung gebracht. In Deutschland entwickelte sich um die 1890er Jahre Jugend als eigenständige Lebensphase mit gewissen Freiheiten, insbesondere aber Freizeit. Vor diesem Hintergrund organisierten sich Jugendliche (Schüler und Studierende) in Gruppen. Diese selbstorganisierten Gruppen waren der Natur zugewandt und pflegten vielfach das Wandern in der „freien Natur". Dazu gehörte etwa der 1896 in Berlin gegründete „Wandervogel". Diese Gruppen schlossen sich schon bald in „Bünden" zusammen (Bündische Jugend), die im Oktober 1913 auf dem Hohen Meißner den „Ersten Freideutschen Jugendtag" veranstalteten (Niemeyer 2013a, b). So gesehen ist der Bezug auf die Jugendbewegung und das Prinzip der Selbstorganisation richtig. Aber: Daneben und als Reaktion auf diese Selbstorganisation der Jugend gründeten auch Erwachsenenorganisationen, nicht zuletzt die christlichen Kirchen, Jugendorganisationen. Einige davon reichten zeitlich schon weiter zurück, wie etwa die konfessionellen Jünglings- und Jungfrauenvereine oder der schon 1849 von Adolph Kolping gegründete Gesellenverein. Der Staat unterstützte diese Bemühungen von Erwachsenenorganisation auch finanziell. So etwa in Preußen durch mehrere Jugendpflegeerlasse (1901/1911 und 1913). Die „Mußezeit der Jugend" habe sich, so der Erlass von 1911, erheblich erweitert. Unbeeinflusst von der elterlichen Autorität bestünde die Gefahr, leicht unter falsche Einflüsse zu geraten (zit. nach: Naudascher 1990, S. 29; vgl. Gängler 2002, 2011, 708 f.; Jordan/Maykus/Stuckstätte 2015, S. 51–56). Die meisten dann bestehenden überwiegend bürgerlichen Jugendverbände schlossen sich während der Weimarer Republik im „Reichsausschuß der deutschen Jugendverbände" zusammen. Dem Reichsausschuß gehörten 76 Jugendverbände an, die mehr als 4,3 Mio. junge Menschen organisierten (vgl. Tab. 11.1). Aber nur 20 dieser Verbände mit weniger als 52 000 Mitgliedern gehörten zur Bündischen Jugend. Die evangelischen und katholischen Verbände organisierten ein Vielfaches an Mitgliedern und die meisten Jugendlichen waren Mitglied in einem der vier großen Sportverbände (Verbände für Leibesübungen). Im Ergebnis heißt das: Nur eine sehr kleine Anzahl von Jugendlichen war in tatsächlich „selbstorganisierten" Gruppen aktiv; das Gros der organisierten Jugendlichen befand sich in Jugendverbänden, die von Erwachsenen für Jugendliche geschaffen worden waren. So gesehen ist der Bezug auf die Tradition der Jugendbewegung falsch.

Schon zu Beginn der NS-Zeit gliederten die Nationalsozialisten einige der Jugendverbände der Hitler-Jugend (HJ) ein, die übrigen Jugendverbände wurden verboten. So entwickelte sich die HJ von der Partei-Jugendorganisation der NSDAP zur Staatsjugend, die zwangsweise die gesamte Jugend organisierte (Klönne 1990). Nach der militärischen Befreiung vom Nationalsozialismus verboten die Alli-

Tabelle 11.1 Jugendverbände und ihre Mitgliederzahlen 1926

Ausrichtung	absolut	%
18 Evangelische Verbände	458 950	10,6
7 Katholische Verbände.	784 000	18,0
6 Sozialistische Verbände	368 800	8,5
20 Verbände der bünd. Jugend	51 150	1,2
10 Berufsständische Verbände	458 900	10,5
4 Verbände für Leibesübungen	1 616 900	37,1
5 Volksbürgerliche Verbände	550 500	12,7
4 Staatspolitische Verbände	49 750	1,1
2 Sonstige Verbände	14 100	0,3
Zusammen: 76 Jugendverbände	4 353 050	100

Nicht im Reichsausschuß der deutschen Jugendverbände: Jung-Wehrwolf, Kyffhäuser-Jugend, Jung-Reichsbanner, Jung-Rotfront mit insgesamt ca. 700 000 Mitgliedern bis zu 21 Jahren

Quelle: Mewes (1929, S. 157), nach Böhnisch et al. 1991; S. 50

ierten alle NS-Organisationen, so auch die Hitler-Jugend. Damit bestanden 1945 zunächst keine Jugendorganisationen mehr. Die Besatzungsmächte ließen aber schon bald die Gründung von Jugendgruppen auf der lokalen Ebene zu. Nach der Gründung der Länder in den westlichen Besatzungszonen erlaubten sie dann später auch die Bildung von landesweiten Jugendverbänden. Bei den meisten dieser Jugendverbände handelte es sich um Wiedergründungen der während der NS-Zeit verbotenen Verbände. Nur die bündischen bzw. freideutschen Jugendorganisationen verzichteten auf einen Neuanfang (Thomm 2010). Der Zusammenhang von Jugendbewegung und Jugendverbänden verlor sich damit endgültig. An der Selbst- und Außendarstellung der Jugendverbände änderte das aber nichts.

Wissensbaustein: Jugendverbände – eine gesetzliche Bestimmung

In Jugendverbänden und Jugendgruppen wird Jugendarbeit von jungen Menschen selbst organisiert, gemeinschaftlich gestaltet und mitverantwortet. Ihre Arbeit ist auf Dauer angelegt und in der Regel auf die eigenen Mitglieder ausgerichtet, sie kann sich aber auch an junge Menschen wenden, die nicht Mitglieder sind. Durch Jugendverbände und ihre Zusammenschlüsse werden Anliegen und Interessen junger Menschen zum Ausdruck gebracht und vertreten.
(§ 12, Abs. 1 SGB VIII).

Die neugeschaffenen Länder in den westlichen Besatzungszonen unterstützten den Aufbau der Jugendverbände. Sie sollten einen Beitrag zur Überwindung der „Jugendnot" leisten. Hierbei ging es um die organisatorische Einbindung und soziale Integration der „herumstreunenden", „heimatlosen", „entwurzelten" und „desorientierten" Jugend. Dafür stellen die Länder in Landesjugendplänen finanzielle Mittel bereit. Zudem fassten sie die Landesverbände der Jugendorganisationen in Landesjugendringen zusammen. Die Kreise, also die Städte und Landkreise, wurden angehalten, auf ihrer Ebene dasselbe zu tun. Aufgerufen von den Landesjugendbehörden trafen sich wenige Tage nach Verkündung des Grundgesetzes (23. Mai 1949) Ende Mai 1949 Beauftrage der bestehenden Jugendverbände, der Landesjugendringe und der Wohlfahrtsverbände in Rothenburg, um die Gründung von drei neuen Dachorganisationen vorzubereiten. Das waren die Arbeitsgemeinschaft für Jugendpflege und Jugendfürsorge (AGJJ → Kap. 12), die als gemeinsames Dach für die gesamte Jugendhilfe dienen sollte. Die Arbeitsgemein-

Tabelle 11.2 Jugendverbände in der BRD 1950

Jugendverband	Mitglieder	
	in 1 000	in %
Sportjugend	1 100	31,43
Katholische Jugend	852	24,23
Evangelische Jugend	531	15,17
Gewerkschaftsjugend	483	13,80
Falken (SDAJ/SPD)	124	3,25
Naturfreunde	43	1,24
Pfadfinder	22	0,64
Sonstige	354	10,14
Insgesamt	3 509	100,00

Quelle: Hahn/Karsten 1956, S. 436

schaft Jugendaufbauwerk, das waren die Organisationen, die Jugendberufshilfe leisteten und schließlich den Bundesjugendring als Zusammenschluss der Landesjugendringe und der sich bildenden Jugendverbände auf der neuen Bundesebene (Faltermaier 1959, S. 8 ff.). Im Oktober desselben Jahres gründeten dann die Landesjugendverbände der zehn Bundesländer (1957 trat das Saarland bei) gemeinsam mit dem Bund der Deutschen Katholischen Jugend, der Deutschen Sportjugend, der DGB-Jugend, der Evangelischen Jugend Deutschlands, der Naturfreundejugend, dem Ring der Deutschen Pfadfinderbünde und dem SJD – Die Falken den Deutschen Bundesjugendring (DBJR). Während der Gründungsversammlung traten noch zwei weitere Jugendverbände bei, die DAG-Jugend und der Bund Deutscher Landjugend. Im Verlauf der 1950er Jahren schlossen sich noch fünf weitere Jugendverbände an (Deutscher Bundesjugendring 2003, S. 424 ff.). Nach dem Beitritt der (ehemaligen) DDR zum Geltungsbereich des Grundgesetzes expandierten die westdeutschen Jugendverbände in das Gebiet der sog. „fünf neuen Länder" und die dort nach westdeutschem Muster gebildeten Landesjugendringe – Brandenburg, Mecklenburg-Vorpommern, Sachsen, Sachsen-Anhalt und Thüringen – schlossen sich im April 1991 dem Bundesjugendring an (ebd., S. 426). Heute umfasst der DBRJ 27 Jugendverbände, 16 Landesjugendringe und sechs Anschlussverbände (IJAB 2008, S. 280–297).

Die Jugendverbände 157

Abbildung 11.1 Organisation der Jugendverbände

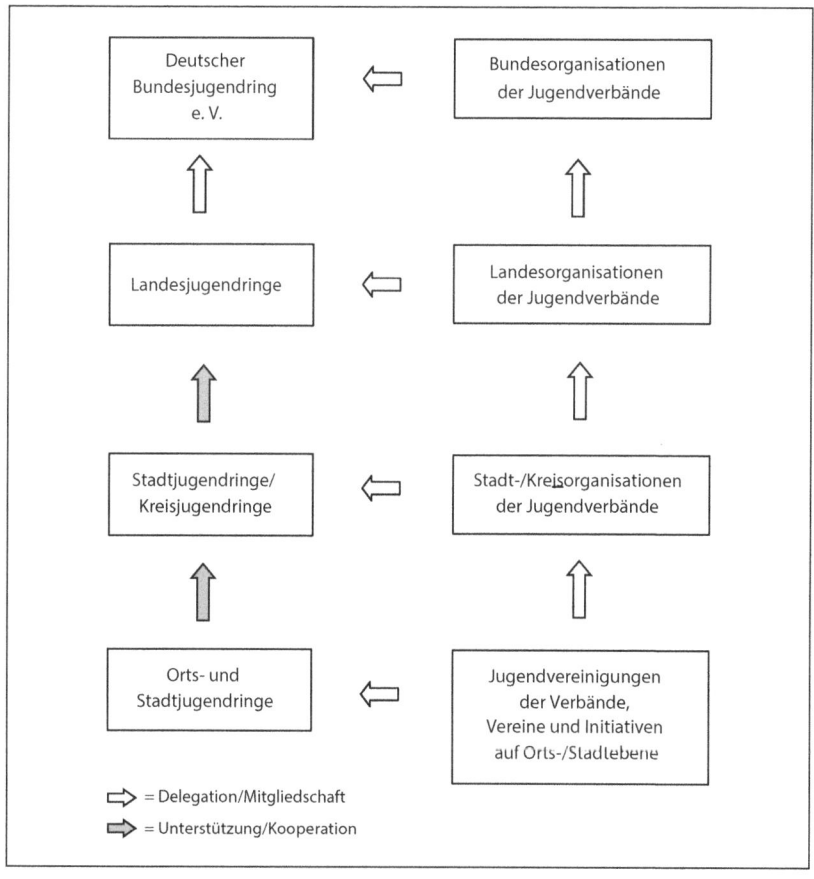

Quelle: eig. Darstellung ©

Der Bundesjugendplan und das Bundesjugendkuratorium

Der Bund finanziert seit 1950 die Tätigkeit der im Bundesjugendring zusammengeschlossenen Jugendverbände durch jährlich aufgelegte Bundesjugendpläne – ähnlich wie zuvor auch schon die Länder mit ihren Landesjugendplänen. Das von der Bundesregierung berufene Bundesjugendkuratorium (zunächst unter der Bezeichnung: „Kuratorium für Jugendfragen") berät die Regierung bei der Durchführung der Bundesjugendpläne. Hier geht es vor allem um die Mittelverwendung

Abbildung 11.2   Der Deutsche Bundesjugendring

Der Deutsche Bundesjugendring – Eine Selbstdarstellung

In den Jugendverbänden engagieren sich Kinder und Jugendliche mit ganz eigenen Wünschen, Sorgen und Interessen, unterschiedlichen Fähigkeiten und Perspektiven. Sie alle brauchen eine starke Stimme in der Politik – ihre Interessenvertretung ist der Deutsche Bundesjugendring. In Gesprächen mit Entscheidungsträgerinnen und -trägern aus Politik und Gesellschaft bringt der DBJR auf den Tisch, was der jungen Generation auf den Nägeln brennt. Er repräsentiert so die Vielfalt jugendlicher Belange und Forderungen gegenüber Parlament, Regierung und Öffentlichkeit. Der DBJR kämpft für eine Jugendpolitik, die junge Menschen wahrnimmt, ihnen selbstbestimmtes Handeln und Aufwachsen ermöglicht, Freiräume einräumt und sie in ihrer persönlichen Entwicklung unterstützt. Für eine gerechte Teilhabe an der Gesellschaft.
Quelle: DBJR [https://www.dbjr.de/der-dbjr/dbjr.html; 20. 02. 2018] ©

und -verteilung. Zudem soll das Kuratorium der Bundesregierung auch in allen Jugendfragen beratend zur Seite stehen. Stimmberechtigte Mitglieder sind dabei Vertreter der Jugendverbände und der Wohlfahrtsverbände (die Aufgaben der Jugendhilfe wahrnehmen), der Länder und Kommunen sowie von Gewerkschaften und der Wirtschaft. Nach Überwindung der größten „Jugendnot" in der Nachkriegszeit, als der Ausgabenschwerpunkt auf Maßnahmen der Jugendberufshilfe (einschließlich pädagogisch betreuter Wohnheime) lag, kam den Jugendverbänden der Großteil der finanziellen Mittel zugute (Naudascher 1990, S. 84–100, 266; Steitz 1993; IJAB 2008, S. 173, 175 f.).

Was die praktische Tätigkeit der Jugendverbände und Jugendgruppen vor Ort angeht, so gibt die letzte Erhebung des Deutschen Jugendinstituts (DJI), die Ju-

Die Jugendverbände 159

Abbildung 11.3   Mitgliedsverbände des DBJR

Deutscher Bundesjugendring

Jugendverbände

1 Arbeiter-Samariter-Jugend Deutschland
2 Arbeitsgemeinschaft der ev. Jugend
3 Bund der Deutschen Kath. Jugend
4 Bund der Deutschen Landjugend
   im Deutschen Bauernverband e.V.
5 Bund Deutscher PfadfinderInnen
6 Bundesjugendwerk der Arbeiterwohlfahrt e.V.
7 Deutsche Beamtenbund-Jugend
8 Deutsche Bläserjugend in der Bundesvereinigung Deutscher Musikverbände e.V. (BDMV)
9 Deutsche Chorjugend e.V.
10 Deutsche Jugendfeuerwehr im Deutschen Feuerwehrverband e.V.
11 Deutsche Schreberjugend Bundesverband e.V.
12 Deutsches Jugendrotkreuz
13 Deutsche Wanderjugend im Verband
14 Deutscher Gebirgs- und Wandervereine e.V.
15 DGB-Jugend
16 DJO-Deutsche Jugend in Europa Jugend der Deutschen Angestellten-Gewerkschaft
17 Jugendwerk der Arbeiterwohlfahrt
18 Jugend des Deutschen Alpenvereins
19 Jugend im dbb Beamtenbund und Tarifunion (dbb-jugend)
20 Jugend der Deutschen Lebens-Rettung Gesellschaft
21 Naturfreundejugend Deutschlands
22 Naturschutzjugend im Naturschutzbund Deutschland e.V.
23 Ring deutscher Pfadfinderinnenverbände
24 Ring deutscher Pfadfinderverbände
25 Solidaritätsjugend Deutschlands
26 Sozialistische Jugend Deutschlands – Die Falken

Landesjugendringe

1. Bayerischer Jugendring
2. LJR Baden-Württemberg e.V.
3. LJR Berlin e.V.
4. LJR Brandenburg e.V.
5. Bremer Jugendring/ Landesarbeitsgemeinschaft Bremer Jugendverbände e.V.
6. LJR Hamburg e.V.
7. Hessischer Jugendring e.V.
8. Kinder-und Jugendring Sachsen e.V.
9. Kinder-und Jugendring Sachsen-Anhalt e.V.
10. LJR Mecklenburg-Vorpommern e.V.
11. LJR Niedersachsen e.V.
12. LJR Nordrhein-Westfalen e.V.
13. LJR Rheinland-Pfalz e.V.
14. LJR Saar e.V.
15. LJR Schleswig-Holstein e.V.
16. LJR Thüringen e.V.

Anschlussverbände

1. AG Neue Demokratische Jugendverbände
2. Arbeitskreis zentraler Jugendverbände e.V.
3. Junge Europäische Föderalisten
4. BUNDjugend
5. Deutsche Esperanto-Jugend e.V.
6. Jugendnetzwerk Lambda e.V.

Quellen: IJAB 2008, S. 281, DBJR [https://www.dbjr.de/der-dbjr/dbjr/mitgliedsorganisationen.html; 20.02.2018] ©

gendverbandserhebung von 2008, darüber Auskunft. Neben den seit den Anfängen traditionell zentralen Gruppenstunden – vergleichsweise verbindliche wöchentliche Zusammenkünfte – und verschiedenen Freizeitmaßnahmen organisieren die Verbände weitere Angebote. Mit offenen, weniger verbindlichen Angeboten und Einrichtungen wie Jugendzentren, offenen Treffs oder Spielmobilen, sollen auch junge Menschen erreicht werden, die sich nicht fest an eine Jugendgruppe binden wollen. In Westdeutschland entwickelten sich die Jugendverbände damit auch zu Trägern von Einrichtungen der offenen Jugendarbeit, die vordem meist in Trägerschaft der Kommunen waren. Die vormalige „Konkurrenz" zwischen offener (Kommunen) und verbandlicher (Jugendverbände) Jugendarbeit, hat sich damit überlebt. In Ostdeutschland dagegen sind es vor allem lokale Vereine und die Wohlfahrtsverbände, die die Einrichtungen der offenen Kinder- und Jugendarbeit übernommen haben (15. Kinder- und Jugendbericht; BMFSFJ 2017, S. 371). Zur Öffnung der Jugendverbände gehört, dass die Verbände inzwischen häufig mit ihren Angeboten auch an die Schule herantreten, um Jugendliche zu erreichen. Die Mitgliedschaft in einem Jugendverband ist heute vielfach nicht mehr Voraussetzung für die Teilnahme an diesen Maßnahmen (vgl. Tabelle 11.3). Dass Jugendverbände und -gruppen inzwischen auch die Kooperation mit der Schule suchen, liegt nicht nur am Mangel an Mitgliedern. Die Entwicklung hin zu Ganztagsangeboten an Schulen gefährdet die Jugendverbandsarbeit (Schäfer 2017; ausführlicher und differenzierter zu Letzterem: 15. Kinder- und Jugendbericht; BMFSFJ 2017, S. 409 f.).

Die angeführte empirische Erhebung des DJI bei Jugendverbänden (Seckinger et al. 2009) und eine Reihe ähnlicher Studien über Jugendringe (Seckinger et al. 2012) oder umfassender über die Kinder- und Jugendarbeit (Seckinger et al. 2016) und die Kinder- und Jugendhilfe (Gadow et al. 2013) insgesamt liefern wertvolles Zahlenmaterial. Was sie aber nicht ersetzen können, sind Vollerhebungen der Jugendverbände selbst. Erfassen etwa die Wohlfahrtsverbände die Anzahl der ihnen angeschlossenen Einrichtungen und Dienste, die nach Arbeitsbereichen differenzierten Angaben über Kapazitäten (Betten/Plätze), KlientInnen bzw. NutzerInnen, Personal und Kosten, so führen die Jugendverbände solche Erhebungen nicht durch (Rauschenbach 1991). Wir wissen deshalb noch nicht einmal zuverlässig, wie viele Kinder- und Jugendliche Mitglied in Jugendverbänden sind und wie viele an ihren Angeboten teilnehmen (vgl. dazu Wissensbaustein). Will man dennoch die Größenordnung der Jugendverbandsarbeit einschätzen, dann sind dafür einige Vorüberlegungen anzustellen und ist dementsprechendes statistisches Material heranzuziehen, wie es etwa vom Statistischen Bundesamt erhoben wird:

Die Jugendverbandsarbeit ist ein Teil der Kinder- und Jugendarbeit. Die Kinder- und Jugendarbeit ist ein (vergleichsweise kleiner) Teil der gesamten Kinder- und Jugendhilfe (→ Kap. 3). Von den Anfang 2015 rund 874 000 Beschäftigten in

Die Jugendverbände 161

Tabelle 11.3 Aktivitäten von Jugendverbänden im Ost-West-Vergleich

	Ost	West	Insgesamt
Ferienmaßnahmen/Freizeiten	79 %	84 %	83 %
Gruppenstunden*	55 %	70 %	65 %
Schulungen*	47 %	70 %	63 %
Sport*	55 %	33 %	40 %
Angebote an Schulen*	53 %	34 %	40 %
Offene Treffs*	48 %	34 %	38 %
Kulturelle Veranstaltungen	36 %	35 %	35 %
Internationale Jugendbegegnungen	26 %	34 %	31 %
Partys	25 %	30 %	28 %
Jungenspezifische Angebote	28 %	25 %	26 %
(Jugend-)Politische Aktionen	18 %	25 %	23 %
Mädchenspezifische Angebote	20 %	24 %	23 %
Eigene Einrichtung* (z. B. Spielmobil, Jugendzentrum)	33	17	22
Medienpädagogische Angebote	15 %	16 %	16 %
Internationale Kinderbegegnungen	10 %	8 %	9 %
Sonstiges	22 %	23 %	23 %

* Ost-West-Unterschied signifikant
Quelle: Seckinger et al. 2009, S. 23

der Kinder- und Jugendhilfe entfielen ca. 642 000 alleine auf die Kindertagesstätten. Die übrigen 231 000 Beschäftigen waren in allen übrigen Bereichen der Kinder- und Jugendhilfe angestellt. Davon entfielen etwas mehr als 17 500 auf die Kinder- und Jugendarbeit – im Jahr 1998 lag diese Zahl noch bei rd. 33 300. Von diesen 17 500 waren 6 288 bei Jugendverbänden, Jugendringen oder in Jugendgruppen angestellt. Bei all diesen Angaben zur Beschäftigung handelt es sich um Umrechnungen auf Vollzeitstellen (dabei sind z. B. zwei 50 %-Stellen eine Vollzeitstelle, „Vollzeitäquivalente"). Wie hoch die Einnahmen und Ausgaben der Jugendverbände sind, lässt sich nicht feststellen. Wir wissen aber, dass sich die Gesamtausgaben für Kinder- und Jugendarbeit auf rund 1,7 Mrd. € (2014) beliefen, was 4,5 % der gesamten Jugendhilfeausgaben entspricht. Bedenkt man, dass die Personalkosten in diesem Bereich regelmäßig den mit Abstand größten Ausgabenposten darstellen, lässt sich vermuten, dass sich das Finanzvolumen aller Jugendverbände zusammen auf ca. ein Drittel – ein Drittel des Personals, also ein auch Drittel der Kosten – der Ausgaben der Kinder- und Jugendarbeit beläuft. Man kann also von einem Wert im oberen dreistelligen Millionenbereich ausgehen (Zahlenbasis: Statistisches Bundesamt 2016; BMFSFJ 2017, S. 373; 378).

Wissensbaustein: Jugendliche in Vereinen und Verbänden

Analog zur offenen Kinder- und Jugendarbeit ist auch die über die Kinder- und Jugendverbandsarbeit erreichte Anzahl an Kindern und Jugendlichen immer wieder Gegenstand von Kontroversen. Gadow und Pluto (2014, S. 108) machen auf Basis der Betrachtung verschiedener Studien auf die Heterogenität der Befundlage, je nach gewähltem Alterszuschnitt, aufmerksam. Insgesamt reicht der Anteil von Jugendlichen, die von Jugendverbänden erreicht werden, je nach Studie und der dort gewählten Operationalisierung von 30 bis 60 Prozent. Entscheidende Bedeutung hat die Frage, ob bei der Zählung der Sport mit einbezogen wird oder nicht. Auf einzelne Verbände bezogen kommen bspw. Fauser et al. (2006) zu dem Schluss, dass etwa zehn Prozent aller Kinder und Jugendlichen zwischen zehn und 20 Jahren in ihrem Lebensverlauf schon einmal Teilnehmende in der evangelischen Kinder- und Jugendarbeit waren sowie knapp neun Prozent in der katholischen (ebd., S. 83). Für Baden-Württemberg kommen Ilg et al. (2014) in einer neueren Studie für die evangelische Kinder- und Jugendarbeit in der Altersgruppe der 13- bis 16-Jährigen auf einen Anteil von 7,1 Prozent, die an regelmäßigen Gruppenangeboten teilnehmen. In der Altersgruppe der 17- bis 20-Jährigen sind es dann noch 3,1 Prozent der Jugendlichen. Und ebenfalls für Baden-Württemberg kommt die Jugendstudie 2015 zu dem Ergebnis, dass 25 Prozent der Jugendlichen zwischen 13 und 18 Jahren die Jugendgruppe in der Kirche/Moschee/Synagoge mindestens zwei- bis viermal im Jahr nutzen. Ein Anteil von elf Prozent der Jugendlichen besucht die Jugendgruppe regelmäßiger (Antes/Schiffers 2015, S. 52).

Quelle: BMFSFJ 2017, S. 384

Dass es neben den hier vorgestellten Jugendverbänden auch politische Organisationen für junge Menschen gibt, die zudem mit den im Bundesjugendring zusammengeschlossen im Bereich der internationalen Jugendarbeit kooperieren, soll am Ende dieses Kapitel durch die nachstehende Abbildung (Abb. 11.4) illustriert werden.

Abbildung 11.4   Deutsches Nationalkomitee für internationale Jugendarbeit

Quelle: IJAB 2008, S. 517 ©

Fragen zur Reflexion

- Was ist Jugendverbandsarbeit?
- Welche Jugendverbände gibt es?
- Was ist der deutsche Bundesjugendring?
- Welche Aufgaben hat ein Landesjugendring?

Literatur zur Vertiefung

- ▶ BMFSFJ (2017): Bericht über die Lebenssituation junger Menschen und die Leistungen der Kinder- und Jugendhilfe in Deutschland – 15. Kinder- und Jugendbericht. Berlin
- ▶ Böhnisch, Lothar; Gängler, Hans; Rauschenbach, Thomas (Hrsg.) (1991). Handbuch Jugendverbände. Weinheim und München: Juventa
- ▶ Naudascher, Brigitte (1990): Freizeit in öffentlicher Hand. Behördliche Jugendpflege in Deutschland von 1900–1980. Düsseldorf: Bröchler
- ▶ Oechler, M.; Schmidt, H. (Hrsg.) (2014): Empirie der Kinder- und Jugendverbandsarbeit. Forschungsergebnisse und ihre Relevanz für die Entwicklung von Theorie, Praxis und Forschungsmethodik. Wiesbaden: VS

▶ Seckinger, Mike; Pluto, Liane; Peucker, Christian Gadow, Tina (2009): DJI – Jugendverbandserhebung. München [Verfügbar über: http://www.dji.de/fileadmin/user_upload/bibs/64_11664_Jugendverbandserhebung2009.pdf; (09.08.2017)]

Quellen

BMFSFJ (Bundesministerium für Familie, Senioren, Frauen und Jugend) (2017): 15. Kinder- und Jugendbericht, Berlin: BMFSFJ

Böhnisch, Lothar; Gängler, Hans; Rauschenbach, Thomas (Hrsg.) (1991): Handbuch Jugendverbände. Weinheim, München: Juventa

Deutscher Bundesjugendring (Hrsg.) (2003): 50 Jahre Deutscher Bundesjugendring. Gesellschaftliches Engagement und politische Interessenvertretung. Jugendverbände in der Verantwortung. Berlin: Eigenverlag

Faltermaier, Martin (1959): Deutscher Bundesjugendring. München: Juventa

Gadow, Tina; Peucker, Christian; Pluto, Liane; Santen van, Eric; Seckinger, Mike (2013): Wie geht's der Kinder- und Jugendhilfe? Empirische Befunde und Analysen. Weinheim und Basel: Beltz Juventa

Gängler, Hans (2002): Jugendverbände. In: Schröer, Wolfgang; Struck, Norbert; Wolff, Mechthild (Hrsg.): Handbuch der Kinder- und Jugendhilfe. Weinheim und München: Juventa, S. 581–593

Gängler, Hans (2011): Jugendverbände und Jugendpolitik. In: Otto, Hans-Uwe; Thiersch, Hans (Hrsg.): Handbuch Sozialarbeit, Sozialpädagogik. 4. Aufl. München: Reinhardt, S. 708–715

Gröschel, Roland (1999): Immer in Bewegung. Einblicke in die Geschichte des Deutschen Bundesjugendrings 1949 bis 1999. Münster: Votum

Hahn, Wilhelm; Karsten, Albert (1965): Jugendpflege. In: Beckerath, Erwin von u.a. (Hrsg.): Handwörterbuch der Sozialwissenschaften. 5. Bd. Stuttgart, Tübingen, Göttingen: G. Fischer, Mohr, Vadenhoeck & Ruprecht, S. 434–439

IJAB – Fachstelle für Internationale Jugendarbeit der Bundesrepublik Deutschland (2008): Kinder und Jugendpolitik, Kinder und Jugendhilfe in der Bundesrepublik Deutschland. Bonn: Eigenverlag

Jordan, Erwin; Maykus, Stephan; Stuckstätte, Eva C. (2015): Kinder- und Jugendhilfe. Einführung in Geschichte und Handlungsfelder, Organisationsformen und gesellschaftliche Problemlagen. 4., überarb. Aufl. Basel und Weinheim: Beltz Juventa

Klönne, Arno (1990): Jugend im Dritten Reich. München: dtv

Niemeyer, Christian (2013a): 100 Jahre Meißnerformel – ein Grund zur Freude? Oder: Wie und warum sich die deutsche Jugendbewegung wider besseres Wissen einen Mythos schuf. In: Zeitschrift für Pädagogik 59 (2013), S. 219–237

Niemeyer, Christian (2013b): Die dunklen Seiten der Jugendbewegung. Vom Wandervogel zur Hitlerjugend. Tübingen: Francke

Rauschenbach, Thomas (1991): Jugendverbände im Spiegel der Statistik. In: Böhnisch, Lothar; Gängler, Hans; Rauschenbach, Thomas (Hrsg.) (1991): Handbuch Jugendverbände. Weinheim und München: Juventa, S. 115–131

Schäfer, Klaus (2017): Jugendverbände. In: Kreft, Dieter; Mielenz, Ingrid (Hrsg.): Wörterbuch Soziale Arbeit. 8. Aufl. Basel und Weinheim: Beltz Juventa, S. 557–560

Schrödter, Thomas (1998): 50 Jahre Einmischung im Interesse der Jugend. Frankfurt am Main: Brandes & Apsel

Schröer, Wolfgang; Struck, Norbert; Wolff, Mechthild (Hrsg.) (2002): Handbuch der Kinder- und Jugendhilfe. Weinheim und München: Juventa

Seckinger, Mike; Pluto, Liane; Peuker, Christian; Gado, Tina (2009): DJI-Jugendverbandserhebung 2008. Befunde zu Strukturmerkmalen und Herausforderungen. München: DJI

Seckinger, Mike; Pluto, Liane; Peucker, Christian; Gadow, Tina (2012): Jugendringe – Kristallisationskerne der örtlichen Jugendarbeit. München: DJI e. V.

Statistisches Bundesamt (2016): Statistiken der Kinder- und Jugendhilfe 2014. Wiesbaden

Steitz, Walter (1993): Der Bundesjugendplan 1950 bis 1990. Strukturwandlungen eines jugendpolitischen Instrumentariums. In: Breuer, Karl Hugo (Hg): Jahrbuch für Jugendsozialarbeit 14 (1993), S. 49–133

Thomm, Ann-Katrin (2010): Alte Jugendbewegung und neue Demokratie. Schwalbach: Wochenschau Verlag

Zusammenfassung

In Jugendverbänden sind Kinder und Jugendliche organisiert, die in vergleichsweise verbindlicher Form – der Jugendverbandsarbeit – jugendpflegerische Angebote und Maßnahmen wahrnehmen. Daneben tragen die Jugendverbände zunehmend offene Angebote, die keine Mitgliedschaft voraussetzen. Die Jugendverbände sind auf den verschiedenen Ebenen – örtlich, regional und bundesweit – angesiedelt und nach weltanschaulichen Unterschieden differenziert zusammengefasst. Sie verstehen sich selbst als Vertreter der Interessen junger Menschen. Sie arbeiten untereinander und mit öffentlichen Stellen im Rahmen von Kreis-, Landes- und dem Bundesjugendring zusammen.

Keywords: Jugendverband, Jugendpflege, Kinder- und Jugendhilfe, Jugendringe

Fachverbände und Berufsverbände 12

▶ **Teaser:** Weitere Arten von Verbänden, die in der Sozialen Arbeit eine wichtige Rolle spielen, sind Fachverbände, über die Sie nachstehend mehr erfahren können. Zudem finden Sie am Ende dieses Kapitels Hinweise auf die lange und mühevolle Geschichte der Berufsverbände der Sozialen Arbeit – ein Weg, der zur Bildung eines gemeinsamen Berufsverbandes geführt hat.

Neben den oben vorgestellten Wohlfahrts- und Jugendverbänden (→ Kap. 10 u. 11) existiert in der Sozialen Arbeit noch eine kaum zu überschauende Fülle weiterer Verbände (vgl. Kreft/Mielenz 2017, S. 1116–1131). Für alle größeren und für sehr viele auch recht kleine Praxisfelder der Sozialen Arbeit gibt es Fachverbände. Besonders bedeutsam sind hier Fachverbände, in denen sich soziale Einrichtungen und Dienste aber auch andere Verbände nach fachlichen Gesichtspunkten – und nicht primär nach weltanschaulichen, wie bei den Wohlfahrts- und Jugendverbänden – zusammenschließen. Fachlich gesehen mögen alle Fachverbände für die jeweils fachlich interessierten Personen und Organisationen gleichermaßen relevant sein; die gesellschafts- und sozialpolitische Bedeutung der jeweiligen Fachverbände ist gleichwohl ungleich. Je größer und wichtiger die Fachgebiete, die sie vertreten, und je gewichtiger die Mitglieder sind, desto bedeutender sind auch die jeweiligen Fachverbände. Zentral ist zudem, über wie viele Mittel – Personal, Organisationsfähigkeit und damit letztlich eben auch Geld – sie verfügen. Im Folgenden sollen exemplarisch nur zwei Fachverbände vorgestellt werden: Der Deutsche Verein für öffentliche und private Fürsorge (DV) und die Arbeitsgemeinschaft für Kinder- und Jugendhilfe (AGJ), weil sie nach den angeführten Kriterien die beiden bedeutsamsten Fachverbände für die Soziale Arbeit sind. Der DV deckt fachlich alle Bereiche der Fürsorge (Wohlfahrtspflege, sozialer Hilfen) ab und umfasst alle Trägergruppen. Die AGJ organisiert ebenfalls alle Trägergruppen und umfasst fachlich alle Bereiche der Kinder- und Jugendhilfe und damit des größten Arbeitsfeldes der Sozialen Arbeit. Von enormer professionspolitischer – wenn auch bedauerlicherweise geringerer fachpolitischer – Bedeutung, sind die Berufsverbände der Sozialen Arbeit, von denen abschließend die Rede sein soll.

12.1 Der Deutsche Verein für öffentliche und private Fürsorge

Im Jahre 1880 trafen sich in Berlin Vertreter der kommunalen Armenpflege mit Repräsentanten von Einrichtungen und Verbänden der Wohlfahrtspflege sowie mit Persönlichkeiten aus Wissenschaft und Politik zum ersten „Deutschen Armenpflegerkongress". Um ihren Gedankenaustausch über Fragen der Ausgestaltung der Armenpflege/Wohlfahrtspflege – moderner: der sozialen Hilfen – auf Dauer zu stellen, gründeten sie den „Deutschen Verein für Armenpflege und Wohltätigkeit". Seinen heutigen Namen: „Deutscher Verein für öffentliche und private Fürsorge" gab sich der Verein 1919. Seitdem und bis zur Gegenwart veranstaltet der DV die Deutschen Fürsorgetage – inzwischen aller drei Jahre. Der 1920 eingesetzte hauptamtliche Geschäftsführer und dann auch langjährige Vorsitzende, Wilhelm Polligkeit (1876–1960), schuf die auch heute noch in den Grundzügen existierende Struktur und Arbeitsweise des DV, mit hauptamtlichen Fachreferenten und ständigen wie Ad-hoc-Ausschüssen bzw. -Arbeitskreisen zur Bearbeitung der jeweiligen Angelegenheiten. Damit wurde er zu einem modernen, handlungsfähigen Verband, der für die Wohlfahrtspflege nach „innen" als fachliche/fachpolitische „Clearingstelle" und nach „außen", in erster Line auf das politisch-administrative System gerichtet, als Fach- und Experteninstitution wohlfahrtspflegerische Interessen formulierte, vermittelte und vertrat. Der DV nahm maßgeblichen Einfluss auf die Weimarer Fürsorgegesetzgebung und im Nachkriegsdeutschland (West) auf die Weiterentwicklung dieses Rechts. Nicht nur Gesetzgebungsverfahren, sondern auch die konkrete Ausgestaltung und praktische Umsetzung gestaltet(e) der DV durch seine Aktivitäten (Aushandlungen, Beratung, Stellungnahmen, Empfehlungen usw., vgl. Wissensbaustein) entscheidend mit. So begleitete und förderte der DV die sozialen Hilfen und die Soziale Arbeit von den Anfängen bis zur Gegenwart. Heute sind neben den Kommunen, den kommunalen Spitzenverbänden, den Wohlfahrtsverbänden und sonstigen Fachverbänden auch Bundes- und Landesbehörden, Vertreter von Universitäten, Fachhochschulen und Ausbildungsstätten der Sozialen Arbeit Mitglieder (Hammerschmidt 2012).

> **Wissensbaustein: Hauptaufgaben des Deutschen Vereins**
>
> - Anregung und Beeinflussung der Sozialpolitik
> - Erarbeitung von Empfehlungen für die Praxis der öffentlichen und freien sozialen Arbeit
> - Gutachterliche Tätigkeit auf dem Gebiet des Sozialrechts
> - Ständige Information der auf diesem Gebiet tätigen Personen und die Förderung des Erfahrungsaustausches
> - Fort- und Weiterbildung von Führungskräften und MitarbeiterInnen des sozialen Bereiches
> - Förderung der für die soziale Arbeit bedeutsamen Wissenschaften
> - Beobachtung und Auswertung der Entwicklung der sozialen Arbeit in anderen Ländern
> - Förderung der internationalen Zusammenarbeit
> - Internationaler Sozialdienst
> - Herausgabe von Schriften und sonstigen Veröffentlichungen zu Fragen der sozialen Arbeit
>
> Quelle: Deutscher Verein für öffentliche und private Fürsorge [http://www.deutscher-verein.de/verein/20-zieleundaufgaben; 20.04.2015]

Der DV trägt die Rechtsform eines eingetragenen Vereins. Neben Vorstand und Mitgliederversammlung sind der Hauptausschuss, das Präsidium und der Präsidiumsausschuss weitere Organe. Der DV verfügt über eine Geschäftsstelle mit hauptamtlichen MitarbeiterInnen, die von einem Vorsitzenden und einer Geschäftsführerin geleitet wird. Neben allgemeinen Verwaltungsabteilungen (etwa für Finanzen, Personal usw.) umfasst die Geschäftsstelle für fünf (soziale) Arbeitsfelder Verwaltungseinheiten, in der unter jeweils einer Leitung eine Reihe von FachreferentInnen tätig sind. Daneben, auf der gleichen Ebene angesiedelt, bestehen zwei Stabsstellen für Internationales und Bürgerschaftliches Engagement sowie aktuell das Projekt „Umsetzung Bundesteilhabegesetz". Diese mit Fachpersonal ausgestatteten Stellen unterstützen die Arbeit, die die Vereinsmitglieder in den zwölf (bei Bedarf mehr) Fachausschüssen und Arbeitskreisen leisten.

Abbildung 12.1   Der Deutsche Verein – Eine Selbstdarstellung

Deutscher Verein
für öffentliche
und private Fürsorge e.V.

Deutscher Verein – einzigartig in Deutschland und Europa

Der Deutsche Verein für öffentliche und private Fürsorge e.V. ist seit über 135 Jahren das gemeinsame Forum für alle Akteure in der sozialen Arbeit, der Sozialpolitik und des Sozialrechts in Deutschland.
Mit unserer Erfahrung und Expertise begleiten und gestalten wir die Kinder-, Jugend-, und Familienpolitik, die Grundsicherungssysteme, die Altenhilfe, die Pflege und Rehabilitation, das Bürgerschaftliche Engagement, die Planung und Steuerung der sozialen Arbeit und der sozialen Dienste sowie die internationale und Europäische Sozialpolitik und das Sozialrecht.
So vielfältig wie unsere Themen sind auch unsere ca. 2 000 Mitglieder. Seit der Gründung des Deutschen Vereins im Jahre 1880 zählen u. a. Kommunen, die Freie Wohlfahrtspflege, die Wissenschaft, Einzelpersonen und zahlreiche weitere Akteure aus dem sozialen Bereich zu unserer Mitgliedschaft.
So vielfältig wie unsere Themen sind auch unsere ca. 2 000 Mitglieder. Seit der Gründung des Deutschen Vereins im Jahre 1880 zählen u. a. Kommunen, die Freie Wohlfahrtspflege, die Wissenschaft, Einzelpersonen und zahlreiche weitere Akteure aus dem sozialen Bereich zu unserer Mitgliedschaft.
Wir sind überparteilich und weltanschaulich neutral, arbeiten konsensorientiert und mit hoher Fachlichkeit. Mit unseren Publikationen und Fachveranstaltungen informieren wir über aktuelle soziale Entwicklungen
Quelle: DV [https://www.deutscher-verein.de/de/wir-ueber-uns-1162.html; 12. 08. 2017] ©

12.2 Die Arbeitsgemeinschaft für Kinder- und Jugendhilfe

Die Arbeitsgemeinschaft für Kinder- und Jugendhilfe (AGJ) wurde auf Initiative der Landesjugendbehörden im Mai 1949 gegründet. Sie trug bis 1971 den Namen: Arbeitsgemeinschaft für Jugendpflege und Jugendfürsorge (AGJJ) und ab 2006 Arbeitsgemeinschaft für Kinder- und Jugendhilfe (AGJ). Ihre Mitgliederbasis, Organisation und Arbeitsweise gleichen der des Deutschen Vereins. Neben den (1) Obersten Jugend- und Familienbehörden der Länder (die Landesministerien) umfasst die AGJ (2) die BAG der Landesjugendämter, (3) die Jugendverbände und Landesjugendringe (federführende Stelle: Deutscher Bundesjugendring), (4) die Spitzenverbände der freien Wohlfahrtspflege, (5) bundeszentrale Fachverbände und Organisationen der Jugendhilfe und (6) die Organisationen im Bereich „Personal und Qualifikation in der Jugendhilfe". Zur letzten Gruppe gehören Berufsverbände (wie der Deutsche Berufsverband für Soziale Arbeit; → Kap. 12.3), die Gewerkschaft ver.di, Verbände von Ausbildungseinrichtungen, wissenschaftliche Fachgesellschaften wie die Deutsche Gesellschaft für Erziehungswissenschaft (DGfE) und Forschungseinrichtungen, wie das Deutsche Jugendinstitut (DJI). Insgesamt gehören der AGJ aktuell 100 Mitglieder an (Auflistung aller Mitglieder s. www.agj.de/wir-ueber-uns/mitglieder.html). Die AGJ trägt die Rechtsform eines eingetragenen Vereins und verfügt deshalb über einen Vorstand und eine Mitgliederversammlung als Vereinsorgane. Die AGJ unterhält eine Geschäftsstelle, in der unter Leitung einer Geschäftsführung die inhaltliche Arbeit in Arbeitsfeldern von hauptamtlichem Personal organisiert wird. Die Mitglieder wirken bei der inhaltlichen, d. h. fachlichen wie fachpolitischen Arbeit in themenspezifischen Fachausschüssen, im Vorstand, der Mitgliederversammlung sowie weiteren Gremien zusammen (https://www.agj.de/wir-ueber-uns/mitglieder.html; letzter Zugriff 12.08.2017; vgl. Abb. 12.3; IJAB 2008, S. 613–616).

Abbildung 12.2 Organisationsstruktur der AGJ

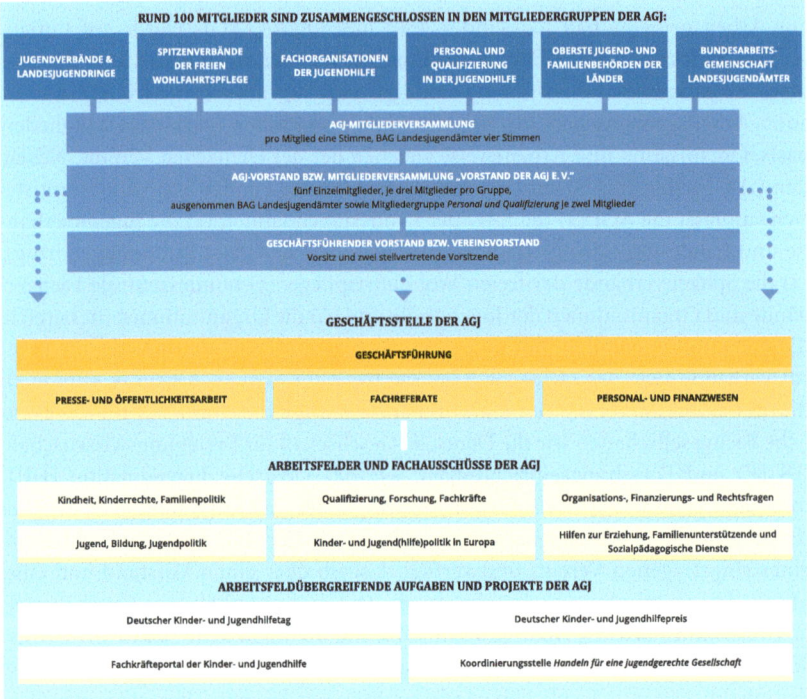

Mit freundlicher Genehmigung und Unterstützung der AGJ ©

Abbildung 12.3 Aufgaben und Ziele der AGJ

- Verbesserte Lebensbedingungen für junge Menschen und ihre Familien,
- Weiterentwicklung der Kinder- und Jugendhilfe auf der Bundesebene aber auch im Europäischen bzw. internationalen Kontext,
- Transfer zwischen Forschung und Praxis,
- Politikberatung,
- Positionierung auf gesetzgeberischer und fachpolitischer Ebene durch Stellungnahmen und Empfehlungen,
- Veröffentlichung von Fachpublikationen im Eigenverlag
- Vergabe des „Deutschen Jugendhilfepreises" und Veranstaltung von Deutschen Kinder- und Jugendhilfetagen.

Quelle: AGJ [www.agj.de; 20. 02. 2018] ©

12.3 Berufsverbände der Sozialen Arbeit

Soziale Arbeit wurde in ihren Anfängen als Ehrenamt ausgeübt. Das änderte sich sehr allmählich erst gegen Ende des Deutschen Kaiserreiches. Einen Entwicklungsschub in Richtung Verberuflichung brachten dann die Entwicklungen während des Ersten Weltkrieges. Einem Aufruf Hedwig Wachenheims und Gertrud Israels an die (neuen) Berufsarbeiterinnen der Sozialen Arbeit folgend, bildete sich dann im Oktober 1916 der „Deutsche Verband der Sozialbeamtinnen" (DVS). Dieser Verband gilt als erster Berufsverband der Sozialen Arbeit. Einen Monat später konstituierte sich der „Verein dt. kath. Sozialbeamtinnen", der dann mit dem (nicht-konfessionellen) DVS und dem schon seit 1903 bestehenden „Verband der Berufsarbeiterinnen der Inneren Mission" (ab 1921 „Verband der ev. Wohlfahrtspflegerinnen Deutschlands") eine Arbeitsgemeinschaft bildete. In den folgenden Jahren gründeten auch Männer – damals wie heute eine Minderheit der Berufskräfte der Sozialen Arbeit – eigene Berufsorganisationen. Zunächst entstand (1925) der weltanschaulich nicht gebundene „Verband der Wohlfahrtspfleger" und wenige Jahre später entsprechende konfessionelle (Konkurrenz-)Organisationen. Eigenständige Berufsorganisationen waren während der NS-Zeit nicht zugelassen; die Berufsverbände lösten sich auf (Hammerschmidt/Tennstedt 2012; Reinicke 2017; Paulini 2010).

Nach dem Zweiten Weltkrieg bildeten sich die Verbände neu. In der Tradition des DVS erfolgte 1950 die Gründung des „Deutschen Berufsverbandes der Sozialarbeiterinnen" (DBS) und daneben ein Verband für männliche Sozialarbeiter und wieder die ev. und kath. Verbände – ebenfalls jeweils für Frauen und Männer gesondert. Diese starren Aufteilungen nach dem „Weimarer Muster" sollten sich erst allmählich auflösen. Zunächst öffnete sich der DBS 1959 für Männer, woraufhin sich der (nicht-konfessionelle) Männerverband mit dem (größeren) Frauenverband zusammenschloss. Sozialpädagoginnen und Sozialpädagogen konnten dann ab 1968 ebenfalls Mitglied im DBS werden. Etwas später, nämlich 1967 bzw. 1968 öffneten sich die ev. und kath. (Frauen-)Verbände ebenfalls für Männer, was dort dann auch zu Fusionen führte. Drei weitere Entwicklungsschritte führten schließlich zu der heute bestehenden Lage. (1) Nach Auflösung des Evangelischen Verbandes 1970 schlossen sich deren (vormalige) Mitglieder mehrheitlich dem DBS an. (2) Die kath. Berufsverbände schlossen sich mit drei zwischenzeitlich entstandenen neuen Organisationen – die der Heilpädagogen, der Supervisoren, und einer Fachgruppe der Sozialen Arbeit für Beratung und Therapie – 1978 zum „Berufsverband der Sozialarbeiter/Sozialpädagogen, Heilpädagogen – Vereinigte Vertretung sozialpädagogischer Berufe" (BSH) zusammen. Fünfzehn Jahre später, 1993 schlossen sich die damit verbliebenen beiden Berufsverbände DBS und BSH zum „Deutschen Berufsverband der Sozialarbeiterinnen/Sozialarbeiter, Sozialpädagoginnen/Sozialpädagogen und Heilpädagoginnen/Heilpädagogen e. V." (DBSH) zusammen. Im November wählte der DBSH dann einen kürzeren und prägnanteren Namen, den er bis heute trägt: „Deutscher Berufsverband für Soziale Arbeit e. V." (DBSH) (vgl. Reinicke 2017; Glimm/Gosejacob-Rolf o. J.).

Der Organisationsgrad der beruflichen Kräfte der Sozialen Arbeit ist – das zeigt nicht nur die Mitgliederzahl des einzigen Berufsverbandes, des DBSH – sehr gering. Auch relativ geringer als etwa in den Anfängen oder in den 1950er Jahren. Gegen Ende der 1950er Jahren waren ca. 6 000–7 000 Personen in den seinerzeit sechs Berufsverbänden der Sozialen Arbeit Mitglied, davon alleine 4 400 im DBS. Dabei zählten seinerzeit SozialarbeiterInnen und SozialpädagogInnen nur einige Zehntausende, während es heute viele Hunderttausende gibt (→ Kap. 12).

Berufsverbände der Sozialen Arbeit 175

Abbildung 12.4 Der DBSH – Eine Selbstdarstellung

Tariffähige Gewerkschaft
Mitglied der IFSW (International Federation of Social Workers)

Der Deutsche Berufsverband für Soziale Arbeit e.V. (DBSH) ist der größte deutsche Berufs- und Fachverband für Soziale Arbeit und damit die berufsständische Vertretung der Sozialarbeiter_innen und Sozialpädagog_innen. Sitz des Berufsverbandes ist Berlin.
Der DBSH vertritt die gesellschaftsbezogenen und berufspolitischen sowie die arbeits- und tarifrechtlichen Interessen seiner Mitglieder. Knapp 6 000 Kolleg_innen haben sich zusammengeschlossen, um Maßstäbe in der Sozialen Arbeit zu setzen.
Der DBSH arbeitet berufspolitisch, fachspezifisch und gesellschaftsbezogen.
Der DBSH vertritt die arbeits-, tarif- und besoldungsrechtlichen Interessen seiner Mitglieder.
Der DBSH ist weltanschaulich nicht gebunden und überparteilich.
Der DBSH setzt sich im Rahmen der Interessensvertretung insbesondere für folgende Ziele ein:

- Verbesserung der Bedingungen Sozialer Arbeit, fachliche Profilierung und leistungsgerechte Anerkennung der sozialen Berufe
- Zusammenarbeit aller in sozialen Arbeitsfeldern beschäftigten Fachkräfte
- Einhaltung von Berufsethik und Qualitätsstandards der Sozialen Arbeit

Quelle: DBSH [https://www.dbsh.de/der-dbsh.html; 20. 02. 2018] ©

Fragen zur Reflexion

- Was unterscheidet einen Fachverband von einem Wohlfahrtsverband?
- Welche Mitglieder umfassen der DV und die AGJ?
- Nennen Sie jeweils die wichtigsten Hauptaufgaben dieser Fachverbände.
- Warum engagieren sich die Berufskräfte der Sozialen Arbeit so wenig für ihre beruflichen Interessen?

Literatur zur Vertiefung

- ▶ Deutscher Verein für öffentliche und private Fürsorge (Hrsg.) (2005): Forum für Sozialreform. 125 Jahre Deutscher Verein für öffentliche und private Fürsorge. Berlin: Eigenverlag
- ▶ Paulini, Christa (2001): Der Dienst am Volksganzen ist kein Klassenkampf. Die Berufsverbände der Sozialarbeiterinnen im Wandel der Sozialen Arbeit. Opladen: Leske + Budrich

Quellen

Glimm/Gosejacob-Rolf (o. J.): DBSH (Deutscher Berufsverband für Soziale Arbeit e.V). 100 Jahre berufsverbandliche Sozialarbeit [https://www.dbsh.de/fileadmin/downloads/20161130_Glimm_Gosejacob_Rolf_Schaubild_100Jahre_berufsverbandliche_Sozialarbeit.pdf; 11.08.2017].

Hammerschmidt, Peter (2012): Deutscher Verein für öffentliche und private Fürsorge. In: Horn, Klaus-Peter; Kemnitz, Heidemarie; Marotzki, Winfried; Sandfuchs, Uwe (Hrsg.): Klinkhardt Lexikon Erziehungswissenschaft. Stuttgart: Klinkhardt, S. 261

Hammerschmidt, Peter; Tennstedt, Florian (2012): Der Weg zur Sozialarbeit: Von der Armenpflege bis zur Konstituierung des Wohlfahrtsstaates in der Weimarer Republik. In: Thole, Werner (Hrsg.): Grundriss der Sozialen Arbeit. 4. Aufl. Wiesbaden: VS, S. 73–86

IJAB – Fachstelle für Internationale Jugendarbeit der Bundesrepublik Deutschland (2008): Kinder und Jugendpolitik, Kinder und Jugendhilfe in der Bundesrepublik Deutschland. Bonn: Eigenverlag

Paulini, Christa (2010): Zur Bedeutung von Berufsverbänden für die Professionalisierung Sozialer Arbeit. In: Hammerschmidt, Peter; Sagebiel, Juliane (Hrsg.): Professionalisierung im Widerstreit. Zur Professionalisierungsdebatte in der Sozialen Arbeit – Versuch einer Bilanz. Neu-Ulm: AG Spak, S. 77–94

Reinicke, Peter (2017): Berufsverbände. In: Kreft/Mielenz (Hrsg.): Wörterbuch Soziale Arbeit. 8. Aufl. Weinheim, Basel: Beltz Juventa, S. 192 f.

Sachße, Christoph; Tennstedt, Florian (2005): Der Deutsche Verein von seiner Gründung bis 1945. In: Deutscher Verein für öffentliche und private Fürsorge (Hrsg.): Forum für Sozialreform. 125 Jahre Deutscher Verein für öffentliche und private Fürsorge. Berlin: Eigenverlag, S. 17–115

Zusammenfassung

Für die Soziale Arbeit spielen Fachverbände eine große fachliche, aber auch fachpolitische Rolle. Besonderes Gewicht haben Fachverbände, die umfassend Akteure einbinden und deren Gegenstand große, übergreifende Arbeitsfelder sind. Das gilt besonders für die exemplarisch vorgestellten Verbände DV und AGJ, denen es mit ihrer Expertise gelingt, die Setzung der rechtlichen Rahmenbedingungen und die praktische Ausgestaltung der Sozialen Arbeit maßgeblich mitzugestalten. Weniger wirkungsmächtig waren die Berufsverbände der Sozialen Arbeit. Zwar konnte nach Jahrzehnten die Trennung der Verbände nach Geschlecht und Konfession 1993 mit dem Zusammenschluss zum DBSH überwunden werden, doch die geringe Bereitschaft der Professionellen, sich berufspolitisch zu organisieren, schrankt dessen Einfluss ein.

Keywords: Fachverbände, Berufsverbände, Deutscher Verein (DV), Arbeitsgemeinschaft Jugendhilfe (AGJ), Deutscher Berufsverband für Soziale Arbeit (DBSH)

Soziale Einrichtungen und Dienste und soziale Berufe

13

▶ **Teaser:** Durch die nachfolgenden Abschnitte können Sie erfahren, was soziale Einrichtungen und Dienste sind – besonders, was das „Soziale" daran ist. Sie erhalten einen Überblick über diese Einrichtungen und ihre AdressatInnen (13.1). Im selben Zusammenhang stellen wir Ihnen soziale Berufe vor. Was kennzeichnet sie und welche gibt es? Und in welcher Größenordnung sind soziale Berufe heute in Deutschland vorhanden (13.2).

13.1 Soziale Einrichtungen und Dienste

Was haben Kinder und Jugendliche, Familien, Frauen, ältere Menschen, ArbeitnehmerInnen, Arbeitslose, Kranke und Pflegebedürftige, Suchtkranke, psychisch Kranke, Behinderte, Personen in sozial schwierigen Lebenslagen, SpätaussiedlerInnen, AusländerInnen, Asylsuchende und Personen mit Beratungsbedarf gemeinsam? Sie alle sind AdressatInnen sozialer Einrichtungen und Dienste, wie etwa Kindertagesstätten, Erziehungsheime, Frauenhäuser, betreute Wohneinrichtungen, Drogenberatungsstellen, Behindertenwerkstätten usw. usf. (vgl. dazu Tab. 13.1).

Beispielhafte Aufzählungen, wie die vorstehende, können einen ersten Eindruck von einer Sache vermitteln, aber eine begriffliche Klärung nicht ersetzen. Weitere Ausführungen sind also erforderlich. Wichtige erste Anhaltspunkte einer begrifflichen Klärung gibt uns die Systematik von Rudolf Bauer (Tab. 13.2). In seinem ersten Punkt zur Terminologie stellt Bauer fest, dass häufig (auch in der Wissenschaft) nicht klar zwischen der Handlung „Soziale Dienstleistung" und der Organisation „Sozialer Dienst" unterschieden wird. Dieselbe Unschärfe findet sich auch in der ersten Überblickdarstellung (Tab. 13.1). Das kann durchaus zu Ver-

Tabelle 13.1 Ausgewählte soziale Dienste und Einrichtungen

AdressatInnen	Dienste und Einrichtungen
Kinder und Jugendliche	Kinderkrippen, Kindergärten, Kinderhorte, Tagespflege, außerschulische Jugendbildung, Jugendfreizeitstätten, Jugendsozialarbeit, Kinderschutzzentren
Familien	Ehe- und Scheidungsberatung, Schwangerschaftskonfliktberatung, Familienbildung, Familienerholung, Erziehungsberatung, Hilfe zur Erziehung, sozialpädagogische Familienhilfen
Frauen	Wiedereingliederungshilfen nach familienbedingter Berufsunterbrechung, Beratungsstellen für misshandelte Frauen, Frauenhäuser, Prostituiertenhilfe
Ältere Menschen	Altenberatungsangebote, Hilfen zur Aufrechterhaltung der selbstständigen Lebensführung, spezielle Wohnungsangebote wie betreutes Wohnen
ArbeitnehmerInnen	Betriebliche Sozialarbeit, berufliche Integrationshilfen für besondere Beschäftigtengruppen (z. B. Behinderte), Maßnahmen zur Vorbereitung auf den Ruhestand
Arbeitslose	Beschäftigungsprojekte, berufsvorbereitende Maßnahmen und andere Jugendberufshilfen, Unterstützungs- und Trainingsprogramme für Langzeitarbeitslose, Arbeitslosenzentren
Kranke und Pflegebedürftige	Ambulante, teilstationäre und stationäre medizinischpflegerische Versorgung, häusliche Krankenpflege, nachgehende Betreuung, Öffentlicher Gesundheitsdienst
Suchtkranke	Suchtkrankenhilfe, Drogenberatung, Therapiezentren und -kliniken
Psychisch Kranke	Sozial-psychiatrische Dienste, betreutes Wohnen, Kontaktclubs, Telefonseelsorge
Behinderte	Eingliederungshilfe, Sonderkindergärten und -schulen, Behindertenwerkstätten, Wohnheime, betreutes Wohnen, begleitende Hilfe im Arbeits- und Berufsleben
Personen in sozial schwierigen Lebenslagen	Jugendgerichtshilfe, Bewährungshilfe, Straffälligenhilfe, Hilfen für Wohnungslose
SpätaussiedlerInnen, AusländerInnen, Asylsuchende	Sprachkurse, Ausländersozialberatung, Wohn- und Unterbringungsangebote
Personen mit Beratungsbedarf	Mieterberatung, Schuldnerberatung, Verbraucherberatung

Quelle: Bäcker et al. 2010, S. 517

Soziale Einrichtungen und Dienste 181

Tabelle 13.2   Elemente und Aspekte sozialer Dienstleistungen

Begriffliche Elemente und besondere Aspekte	Erläuterungen
1. Terminologie	„Soziale Dienstleistungen" (Handlungsaspekt) und „Soziale Dienste" (Organisationsaspekt) werden terminologisch nicht exakt unterschieden
2. Klassifikation	Soziale Dienstleistungen werden als Unterkategorie personenbezogener Dienstleistungen klassifiziert
3.a inhaltlicher Aspekt	Soziale Dienstleistungen weisen die besonderen Eigenschaften von Hilfen (für abhängige Personen) auf
3.b formaler Aspekt	Soziale Dienstleistungen werden im Rahmen staatlicher Sozialpolitik erbracht: zentral, bürokratisch, bezahlt, verberuflicht
3.c historischer Aspekt	Soziale Dienstleistungen sind ein geschichtliches Novum; entsprechende Dienstleistungen wurden in früheren Zeiten im soziokulturellen Bereich „familiennah" und „natural" erbracht

Begriffliche Elemente und besondere Aspekte „Sozialer Dienstleistungen" (Zusammenstellung nach Badura/Gross)

Quelle: Bauer 2001, S. 65

wirrung beitragen. Als erste Klärung soll deshalb Folgendes festgehalten werden: Soziale Dienste sind die Erbringer sozialer Dienstleistungen. Oder genauer und vollständiger: Soziale Dienste sind die Erbringer sozialer, personenbezogener Dienstleistungen.

Was sind Dienstleistungen?

Dienstleistungen sind eine besondere Art von Gütern. Hierbei wird eine Leistung erbracht, die – anders als ein materielles Gut – nicht transport- und lagerfähig ist. Deren Herstellung und Verbrauch, ihre Produktion und Konsumtion finden gleichzeitig statt (Uno-actu-Prinzip). Zu unterscheiden ist dabei zwischen sachbezogenen Dienstleistungen, wie das Reparieren eines Autos, was uns im Folgenden nicht mehr interessiert, und personenbezogenen Dienstleistungen, wie etwa das Haareschneiden oder eine zahnärztliche Wurzelbehandlung. Bei personenbezogenen Dienstleistungen ist zudem die gleichzeitige Anwesenheit (Präsenzprinzip) erforderlich. In der Regel bedeutet dies, dass sich der Dienstleistende und der Dienstleistungsempfänger während der Dienstleistungserbringung im selben (physischen) Raum befinden müssen. In der Regel, d.h. nicht immer. So kann es bei bestimmten Formen auch ausreichend sein, wenn sich beide denselben sozialen Raum teilen. Das ist z. B. bei einer telefonischen Beratung (etwa einem Frauennotruf oder „Kummer-Nummern" für SchülerInnen) und oder auch bei einer Online-Beratung in einem Chatroom der Fall.

Was ist das „soziale" an sozialen personenbezogenen Dienstleistungen?

Die letzte und wichtigste begriffliche Bestimmung dessen, was soziale personenbezogene Dienstleistungen ausmacht, ist die Frage nach dem „Sozialen", über die immer wieder erstaunliche Unklarheit herrscht. Knapp formuliert: Das „Soziale" daran ist, dass mit dieser speziellen Art der Dienstleistungen soziale Probleme bearbeitet werden. Was ein soziales Problem ist, wird immer wieder aufs Neue im gesellschaftlichen und sozialstaatlichen Rahmen ausgehandelt; nicht selten sehr strittig. Es unterliegt damit auch einem historischen Wandel und kann in dieser Allgemeinheit nur konkret darüber beantwortet werden, dass es eben Sachverhalte sind, die gesellschaftlich als Problem bewertet werden, weshalb zu ihrer Bearbeitung auch entsprechende Mittel zur Verfügung gestellt werden. Die davon betroffenen Personen werden dabei zu AdressatInnen der sozialen Dienstleistungen und ihrer Einrichtungen und Dienste. Der Zweck der Angebote geht aber über die Einzelpersonen hinaus. Der Endzweck ist das gesellschaftliche Interesse. Deshalb ist die rechtliche wie handlungspraktische Gestaltung auch so, dass die Inanspruchnahme der sozialen personenbezogenen Dienstleistungen unabhängig von der Zahlungsfähigkeit und -willigkeit erfolgen kann. Um dies sicherzustellen, geschieht die Bereitstellung dieser Dienstleistungen i. d. R. in Form des sog. „sozialleistungsrechtlichen Dreiecksverhältnisses" (vgl. Abb. 13.1).

> ▶ Definition: Soziale Einrichtungen und Dienst
> Soziale Einrichtungen und Dienste sind die Erbringer von sozialen personenbezogenen Dienstleistungen, die zur Bearbeitung sozialer Probleme im sozialstaatlichen Rahmen aufgrund von Sozialgesetzen in der Form des sozialleistungsrechtlichen Dreieckverhältnisses erbracht werden. Sie werden unabhängig von der Zahlungsfähigkeit und Zahlungswilligkeit gewährt.

Anders als etwa bei wirtschaftlichen Dienstleistungen, bei denen sich Kunden und Verkäufer gegenüberstehen und der Austausch über Geld („geldkräftiger Kaufwunsch") geregelt wird, tritt bei sozialen Dienstleistungen der Staat als weiterer Akteur hinzu. Der (Sozial-)Staat räumt seinen (Sozial-)BürgerInnen Sozialrechte

Soziale Einrichtungen und Dienste

Abbildung 13.1 Das sozialleistungsrechtliche Dreiecksverhältnis

Öffentliche Kostenträger
(Sozialhilfestellung,
Sozialversicherungen,
Landesbehörden)

übernimmt die *Finanzierung*
und hat ggf. gesetzlichen
Sicherstellungsauftrag
für ein ausreichendes Angebot

Einrichtungsträger
(frei-gemeinnützige,
öffentliches,
privat-gewerbliches
Sozialunternehmen)

übernimmt die *Produktion*
und das Angebot

privatrechtlicher oder öffentlich-rechtlicher Vertrag
(Rechtsverhältnis ist zum Teil nicht eindeutig geklärt)

Leistungsbeschaffungsverhältnis

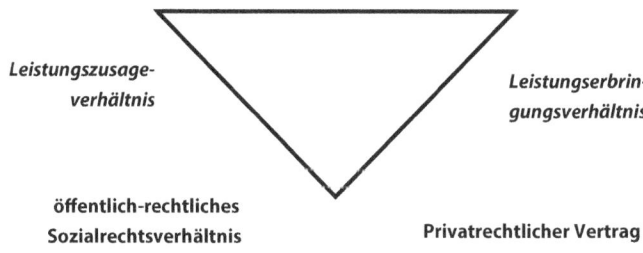

*Leistungszusage-
verhältnis*

*Leistungserbrin-
gungsverhältnis*

**öffentlich-rechtliches
Sozialrechtsverhältnis**

Privatrechtlicher Vertrag

Hilfeempfänger
(Sozialhilfeempfänger, anspruchsberechtigte
Versicherte und andere Anspruchsberechtigte)

Empfangen *soziale* Dienstleistungen
als *Sachleistungen*
Ausnahme:
Geldleistungen des PflegeVG

Quelle: Mayer, Dirk: Wettbewerbliche Neuorientierung der Freien Wohlfahrtspflege, 1999, veröffentlicht im Zwölften Hauptgutachten der Monopolkommission 1996/1997, Bonn 1999, 449; nach Bauer 2001, S. 84 ©

ein. Gestützt auf den jeweiligen Rechtsanspruch finanziert der zuständige (Kosten-)Träger den sozialen Dienst, der daraufhin seine Dienstleistung dem Leistungsberechtigen zugutekommen lässt. Wer Kostenträger ist – z. B. das Jugendamt, das Sozialamt oder eine Krankenkasse – und welche sozialen Dienstleistungen finanziert werden, regelt das Sozialleistungsrecht (wie etwa das Kinder- und Jugendhilfegesetz; SGB VIII). Diese Form und der Zweck, die Bearbeitung eines sozialen Problems, machen aus einer personenbezogenen Dienstleistung erst eine „soziale". Der konkrete Inhalt der Tätigkeit spielt dafür keine Rolle. So können etwa Betreuen, Erziehen oder Pflegen soziale Dienstleistungen sein – nämlich dann, wenn sie im Rahmen des sozialrechtlichen Dreiecksverhältnisses durchgeführt werden. Dieselben Tätigkeiten können aber auch im privaten, familiären Bereich unentgeltlich und nicht beruflich vollzogen werden – hierhandelt es sich „nur" um private „Eigenversorgung". Oder sie werden beruflich von einem Unternehmen gegen Entgelt erbracht – dann handelt es sich „nur" um eine kommerzielle Dienstleistung, die nicht zustande kommt, wenn der Kunde nicht über genügend Geld verfügt.

Wissensbaustein: Arten von Sozialleistungen

SGB 1 § 11 Leistungsarten
Gegenstand der sozialen Rechte sind die in diesem Gesetzbuch vorgesehenen Dienst-, Sach- und Geldleistungen (Sozialleistungen). Die persönliche und erzieherische Hilfe gehört zu den Dienstleistungen.

13.2 Soziale Berufe

Was sind soziale Berufe? Die Kerntätigkeit in den sozialen Einrichtungen und Diensten, nämlich die Erbringung der sozialen personenbezogenen Dienstleistungen, wird von den sozialen Berufen durchgeführt. Ist damit auch die Kerntätigkeit der sozialen Berufe charakterisiert, so bleibt eine exakte begriffliche Abgrenzung schwierig. Das zeigt sich auch in der statistischen Erfassung dieser Berufsgruppen. So untergliederte das Statistische Bundesamt die sozialen Berufe nach Berufskennziffern (BKZ) lange folgendermaßen:

BKZ 86 Soziale Berufe
861 Sozialarbeiter/innen, Sozialpädagogen/innen
862 Heilpädagogen/innen
863 Erzieher/innen
864 Altenpfleger/innen
865 Familienpfleger/innen, Dorfhelfer/innen
866 Heilerziehungspfleger/innen
867 Kinderpfleger/innen
868 Arbeits- und BerufsberaterInnen
869 Sonstige soziale Berufe

Mit dieser Systematik wurde aber etwa eine große Berufsgruppe, die sicher auch zu den sozialen Berufen gezählt werden muss, nämlich die (Kranken-)PflegerInnen, nicht erfasst. Diese wurde stattdessen unter der Hauptgruppe Gesundheitsberufe (Berufskennziffer: 85) rubriziert, was sicher auch plausibel ist. Nach der neuen, im Jahre 2010 auf den Weg gebrachten „Klassifizierung der Berufe" (KldB) sind die Soziale Arbeit und weitere sozialpädagogische Kernberufe nunmehr unter der Ziffer 83 „Erziehung, soziale und hauswirtschaftliche Berufe, Theologie" zusammengefasst. Zur Hauptgruppe 83 gehören jetzt nicht mehr neun, wie früher bei Hauptgruppe 86, sondern 43 Untergruppen. Diese hohe Zahl ergibt sich, weil hier nicht nur nach Berufen, sondern auch nach den Anforderungsniveaus innerhalb der Berufe unterschieden wird. Letztes erfolgte auf Anregung der Europäischen Union, die sich um eine Anpassung von statistischen Daten bei den Mitgliedsstaaten bemüht. Die PflegerInnen sind auch hier anderweitig zugeordnet und die AltenpflegerInnen werden fortan einer anderen Berufsgruppe (821) zugeordnet (vgl. Buttner 2011; 2017 a, b; Rauschenbach 2017, S. 876 f.).

> **Wissensbaustein: Berufsbezeichnungen in den sozialen Berufen**
>
> Bezeichnung für eine Gruppe an Berufstätigkeiten, die im Kern auf Dienste am Menschen abzielen, auf beratende, unterstützende, pflegende, erziehende, moderierende Hilfen in sozialen Bedarfslagen. Berufsbezeichnungen, die diesem Feld zugeordnet werden, sind z. B. ErzieherInnen, HeilpädagogInnen, KrankenpflegerInnen, SozialarbeiterInnen, SozialpädagogInnen, AltenpflegerInnen, KinderpflegerInnen, Dorf- und FamilienhelferInnen, JugendpflegerInnen, FürsorgerInnen, JugendleiterInnen, HeimleiterInnen, BerufsberaterInnen, LogopädInnen, SozialpflegerInnen, SozialassistentIn-

nen, Kinderdorfmütter, GemeindepflegerInnen, SozialbetreuerInnen, WohlfahrtspflegerInnen, RehabilitationspädagogInnen, Diplom-PädagogInnen, GruppenpädagogInnen, KulturpädagogInnen, GemeinwesenarbeiterInnen, usw.

Die angeführten Unzulänglichkeiten der Statistik sowie erfolgte Veränderungen der statistischen Erfassung machen es schwierig, vollständige Angaben über die sozialen Berufe und ihre Entwicklungen zusammenzustellen. Hinzu kommt, dass sich die Erfassungen des Bundesamtes für Statistik erheblich von denen der Bundesagentur für Arbeit unterscheiden. So weist die Bundesagentur für Arbeit für 2011 (das Jahr der letzten Erhebung nach den alten BKZ) 1,376 Mio. sozialversicherungspflichtig Beschäftige für die Sozialen Berufe (BKZ 86) aus, davon 570 440 SozialarbeiterInnen und SozialpflegerInnen (BKZ). Für dasselbe Jahr beziffert das Statistische Bundesamt die Anzahl der Erwerbstätigen in den sozialen Berufen (BKZ 86) auf 1,914 Mio., davon 333 000 SozialpädagogInnen. Dennoch können die zusammengestellten Tabellen (Tab. 13.3 und 13.4) eine Vorstellung über den Umfang sozialer Berufe vermitteln (für ausführlichere Angaben vgl. Rauschenbach 2017, S. 874 ff.).

Die Zahlenreihen der beiden Tabellen 13.3 und 13.4 reichen nur bis zum Jahr 2011, da ab 2012 die erwähnte statistische Umstellung zum Tragen kam. Nach den

Tabelle 13.3 Erwerbstätige in sozialen Berufen nach Berufsordnungen in Deutschland (1993–2011); Angaben in 1 000

Jahr	BKZ 86 gesamt	BKZ 861	BKZ 862	BKZ 863	BKZ 864	BKZ 865	BKZ 866	BKZ 867	BKZ 869
1993	866	154	12	408	194	7	14	22	41
1997	1 039	202	19	417	254	8	26	43	53
2000	1 176	225	23	419	318	7	35	54	73
2005	1 394	255	34	465	397	7	56	57	92
2011	1 914	333	27	596	573	9	85	70	156

BKZ – Berufskennziffern nach der Klassifizierung des Statistischen Bundesamtes von 1992 (nach Angaben der Bundesagentur für Arbeit)

Quelle: Statistisches Bundesamt (Mikrozensus), Fachserie 1, Reihe 4.1.2. (verschiedene Jahrgänge); Züchner et al. 2010; S. 933–954, Rauschenbach 2017, S. 874 ff.

Soziale Berufe

Tabelle 13.4 Sozialversicherungspflichtig Beschäftigte in den sozialen Berufen (1980–2011)

Jahr	Sozialversicherungspflichtig Beschäftigte BKZ 86	davon		
		BKZ 861	BKZ 862	BKZ 864
1980	280 005	72 520	60 423	139 459
1985	339 313	103 292	79 848	149 488
1990	443 538	145 468	110 975	181 080
1995	622 839	209 391	150 178	267 309
2001	971 370	370 506	223 114	368 456
2005	1 060 065	408 106	245 396	393 002
2011	1 376 230	570 440	296 291	482 847

Ab 1997 inkl. der neuen Bundesländer
Quelle: Rauschenbach 2017, S. 874

aktuellsten Erhebungen waren im Jahr 2014 laut der Bundesagentur für Arbeit in der neuen Gruppe „831 Erziehung, Sozialarbeit, Heilerziehungspflege" 1 222 000 Personen sozialversicherungspflichtig beschäftigt. Die Mikrozensusdaten des Bundesamtes für Statistik beziffern die Erwerbstätigen in dieser Gruppe auf 1,4 Mio. Menschen (Rauschenbach 2017, S. 877). Wie dem auch sei: Die Soziale Arbeit und die übrigen sozialen Berufe weiten sich – gemeinsam mit den sozialen Einrichtungen und Diensten – aus.

Wissensbaustein: Klassifikation der Berufe

Um die Vielfalt der Berufe in Deutschland abbilden zu können, werden diese systematisch gruppiert.

Auf nationaler Ebene wurde ab dem Jahr 2011 die Klassifikation der Berufe 2010 (KldB 2010) eingeführt. Diese neu entwickelte Klassifikation löste die beiden bisherigen Berufsklassifikationen – die Klassifizierung der Berufe 1988 (KldB 1988) der Bundesagentur für Arbeit und die Klassifizierung der Berufe 1992 (KldB 1992) des Statistischen Bundesamtes – ab. Auf internationaler Ebene wird die International Standard Classification of Occupations (ISCO) verwendet. Ab dem Jahr 2011 wird entsprechend der Empfeh-

lung der Kommission der Europäischen Gemeinschaften die aktualisierte Fassung von 2008 (ISCO-08) genutzt.
Die Angabe des Berufes oder der beruflichen Tätigkeit ist in allen Statistiken und Erhebungen zum Arbeitsmarkt oder zur sozioökonomischen Lage in Deutschland unverzichtbar. Der Beruf ist weiterhin ein dominierender Aspekt in der Beschreibung von Ausgleichsprozessen am Arbeitsmarkt. Auch in der Vermittlungsarbeit der Arbeitsverwaltung hat die Angabe des Berufes eine zentrale Bedeutung. Eine Berufsklassifikation schafft für die Vermittlung die Möglichkeit, über sinnvolle und praxisgerechte Zusammenfassungen von ähnlichen beruflichen Tätigkeiten zu verfügen.
Statistik Arbeitsagentur [https://statistik.arbeitsagentur.de/Navigation/Statistik/Grundlagen/Klassifikation-der-Berufe/Klassifikation-der-Berufe-Nav.html; 06. 8. 2017]

Fragen zur Reflexion

- Welche sozialen Dienste gibt es? Nennen Sie aus unterschiedlichen Bereichen mindestens fünf Beispiele!
- Was charakterisiert eine Einrichtung als „sozial"?
- Wie werden soziale Einrichtungen und Dienste finanziert?
- Was sind soziale Berufe?

Literatur zur Vertiefung

- ▶ Bauer, Rudolph (2001): Personenbezogene Soziale Dienstleistungen. Begriff, Qualität und Zukunft. Opladen: Westdeutscher Verlag
- ▶ Dahme, Heinz-Jürgen; Wohlfahrt, Norbert (2013): Lehrbuch Kommunale Sozialverwaltung und Soziale Dienste. 2. Aufl. Weinheim, Basel: Beltz Juventa
- ▶ Evers, Adalbert; Heinze, Rolf G.; Olk, Thomas (Hrsg.) (2011): Handbuch Soziale Dienste. Wiesbaden VS

Quellen

Bäcker, Gerhard; Bispinck, Reinhard; Hofemann, Klaus; Naegele, Gerhard (2010): Sozialpolitik und soziale Lage in der Bundesrepublik Deutschland, 2 Bde. 5. Aufl. Wiesbaden: VS

Buttner, Peter (2011): Soziale Berufe. In: Deutscher Verein (Hrsg.): Fachlexikon Soziale Arbeit. 7. Aufl. Baden-Baden: Nomos, S. 783–786

Buttner, Peter (2017a): Gesundheitsberufe. In: Deutscher Verein (Hrsg.): Fachlexikon Soziale Arbeit. 8. Aufl. Baden-Baden: Nomos, S. 364

Buttner, Peter (2017b): Soziale Berufe. In: Deutscher Verein (Hrsg.): Fachlexikon Soziale Arbeit. 8. Aufl. Baden-Baden: Nomos, S. 780–783

Rauschenbach, Thomas (2017): Soziale Berufe. In: Kreft, Dieter; Mielenz, Ingrid (Hrsg.): Wörterbuch Soziale Arbeit. 8. Aufl. Basel und Weinheim: Beltz Juventa, S. 871–878

Züchner, Ivo; Cloos, Peter (2012): Das Personal der Sozialen Arbeit. In: Thole, Werner (Hrsg.): Grundriss Soziale Arbeit. 4. Aufl. Wiesbaden: VS, S. 933–954

Zusammenfassung

Soziale Einrichtungen und Dienste sind die Erbringer von sozialen personenbezogenen Dienstleistungen, die zur Bearbeitung sozialer Probleme im sozialstaatlichen Rahmen aufgrund von Sozialgesetzen in der Form des sozialleistungsrechtlichen Dreieckverhältnisses erbracht werden. Sie werden unabhängig von der Zahlungsfähigkeit und Zahlungswilligkeit gewährt. Die Kerntätigkeit in den sozialen Einrichtungen und Diensten, nämlich die Erbringung der sozialen personenbezogenen Dienstleistungen, wird von den Angehörigen der sozialen Berufe – wie etwa SozialarbeiterInnen und SozialpädagogInnen – geleistet.

Keywords: soziale Einrichtungen und Dienste, soziale Berufe, sozialleistungsrechtliches Dreiecksverhältnis, soziale Probleme

The manufacturer's authorised representative in the EU is Springer Nature Customer Service Centre GmbH, Europaplatz 3, 69115 Heidelberg, Germany. If you have any concerns regarding our products, please contact ProductSafety@springernature.com

Printed and bound by CPI Group (UK) Ltd, Croydon, CR0 4YY
23/03/2026
02076666-0002